U0165666

第二版

西洋上古史

劉增泉 編著

五南圖書出版公司 印行

修訂版序

　　古代史是指從人類歷史開始書寫和記錄，一直延伸到後古典歷史的過去事件的總和。這個詞意可以用來指時間段或學術學科。

　　記錄的歷史跨度約為五千年，從蘇美楔形文字開始；最早發現的連貫書寫形式是西元前三十世紀左右的原始文化時期。西洋上古史涵蓋了西元前 3000 年至西元 500 年期間人類居住的所有大陸。

　　廣義的「西洋上古史」一詞不能與古典時代相混淆。「古典時期」一詞通常用來指西元前 776 年（第一屆奧林匹克運動會）有記錄的希臘歷史開始時在古地中海的西方歷史。這與西元前 753 年羅馬的傳統建國日期、古羅馬歷史的開始以及古希臘的古代時期的開始大致吻合。

　　學術術語「歷史」不應與對過去時代的俗語混淆。歷史基本上是通過文獻對過去的研究，可以是科學的（考古學）也可以是人文的（通過語言的歷史）。

　　雖然古代歷史的結束日期有爭議，但一些西方學者使用的是西元 476 年西羅馬帝國的滅亡（使用最多），柏拉圖學院在西元 529 年關閉，查士丁尼一世在西元 565 年去世，伊斯蘭教的到來，或者說查理曼大帝的崛起是歐洲古代和古典歷史的終結。在歐洲以外，作為從古代到後古典時代的過渡時期，西元 450 年至 500 年作為古代結束的時間框架一直很困難。

　　在古代歷史時期（大約從西元前 3000 年開始），由於正在全面進行的新石器時代革命，世界人口已經成倍增長。據估計西元前 10000 年，世界人口已達二百萬，到西元前 3000 年增至四千五百萬。到西元前 1000 年鐵器時代的興起，人口已增至七千二百萬。到西元 500 年這一時期結束時，世界人口估計已達 2.09 億。三千五百年來，世界人口增長了一百倍。

　　歷史學家們有兩條主要的途徑來更好地了解西洋上古史：考古學和對原始文字的研究。主要來源是那些最接近所研究資訊或想法的來源。主要

來源與次要來源不同，後者經常引用、評論或建立在主要來源的基礎上。

考古學是對文物的挖掘和研究，旨在解釋和重建人類過去的行為。考古學家挖掘古城遺址，尋找有關這一時期人們生活方式的線索。考古學家研究古代歷史的一些重要發現包括：埃及金字塔：古埃及人從西元前2600年開始建造的巨型陵墓，作為他們皇室的最後安息地。龐貝城（義大利）：西元79年維蘇威火山爆發後保存下來的一座古羅馬城市。它的保存狀態是如此之好，以至於它是一扇了解羅馬文化的寶貴窗戶，為我們提供了對伊特魯里亞人和薩莫奈人（Samnites）文化的洞察。諸如由伊文斯（Arthur Evans）發現的克諾索斯以及薛里曼（Heinrich Schliemann）發現的特洛伊。

對西洋上古史的了解大多來自於古代歷史學家的記載。儘管考慮到每一位古代作者的偏見很重要，但他們的敘述是我們理解古代歷史的基礎。一些著名的古代作者包括希羅多德、修昔底德、阿里安（Arrian）、普魯塔克（Plutarch）、波利比烏斯（Polybius）、薩盧斯特（Sallust）、李維（Livy）、約瑟夫斯（Josephus）、蘇埃托尼烏斯（Suetonius）和塔西佗（Tacitus）。

研究西洋上古史的一個根本困難是，有紀錄的歷史無法記錄人類的全部事件，而且這些檔案中只有一小部分保存至今，必須考慮從這些倖存的紀錄中獲得的資訊的可靠性。很少有人能夠寫歷史，因為直到古代歷史結束很久以後，識字在幾乎任何文化中都不普及。

已知最早的系統歷史思想出現在古希臘，始於哈利卡納索斯（Halicarnassus）的希羅多德（西元前484年至西元前425年）。修昔底德在他對雅典和斯巴達戰爭的敘述中，基本上消除了神的因果關係，確立了一種理性主義的元素，為後來的西方歷史著作開創了先例。他也是第一個區分事件起因和直接起因的人。

羅馬帝國是一個文化古國，識字率相對較高，但它最廣為人知的歷史學家的許多著作都遺失了。例如，生活在西元前一世紀的羅馬歷史學家李

維（Livy）寫了一部名為《城市起源》（*Ab Urbe Condita*）的羅馬歷史，共 144 卷；儘管其餘大多數的簡短摘要確實存在，但仍然只有 35 卷。事實上，羅馬主要歷史學家的著作中，只有少數倖存下來。

史前史是信史之前的時期。在舊石器時代早期的人類遷徙中，直立人在一百八十萬年前遍布歐亞大陸。火的控制使用最早發生在八十萬年前的舊石器時代中期。二十五萬年前，人類（現代人）出現在非洲。六十萬至七萬年前，智人沿著通往南亞和東南亞的海岸線從非洲遷徙到澳大利亞。五萬年前，現代人類從亞洲傳播到近東。四萬年前，現代人類首次到達歐洲。大約一萬五千年前舊石器時代晚期，人類移居美洲。

西元前 10 世紀是農業發明的最早日期，也是古代的開始。哥貝克力石陣（Göbekli Tepe 是）西元前 10000 年（約 11500 年前）在人類定居出現之前由狩獵採集者建造的。它與涅瓦里切里（Nevalı Çori）一起，徹底改變了人們對歐亞新石器時代的認識。西元前 5000 年，新石器時代晚期的文明見證了輪子的發明和原始書寫文字的傳播。西元前 4000 年，烏克蘭－摩爾多瓦（Moldova）－羅馬尼亞地區的庫庫特尼－特里皮利安（Cucuteni-Trypillian）文化得到發展。西元前 3400 年，「原始文字」楔形文字開始在中東傳播。西元前三十世紀，被稱為早期青銅時代，見證了美索不達米亞和古埃及文字時期的開始。根據最早可靠的統治時期，大約在西元前二十七世紀建立了埃及古王國和烏魯克第一王朝。

青銅時代是三個時代體系的一部分。在世界上的一些地區，它遵循著新石器時代。在大多數文明領域，青銅冶煉成為更先進社會的基礎。與新世界社會形成了一定的對比，新世界社會出於功利的目的，往往還是偏愛石材而不是金屬。

西元前二十四世紀，阿卡德帝國在美索不達米亞建立。文明和青銅冶煉從蘇美向西傳播到埃及、米諾斯人和西臺人。

西元前二十二世紀埃及的第一個中間時期之後是西元前二十一至十七世紀埃及的中王國時期。蘇美文藝復興也在西元前二十一世紀的烏爾發

展起來。大約在西元前十八世紀，埃及的第二個中間時期開始了。當時埃及是一個超級大國。西元前 1600 年，希臘邁錫尼文明發展並入侵了米諾斯文明的遺跡。東地中海地區西臺人統治的開始也出現在西元前十六世紀。西元前十六世紀至西元前十一世紀，尼羅河周圍被稱為埃及新王國。西元前 1550 年至西元前 1292 年，阿瑪納（Amarna）時期在埃及發展起來。

鐵器時代是三個時代體系中的最後一個主要時期，在青銅時代之前。其日期和背景因國家或地理區域而異。整個鐵器時代的特徵是，鐵廣泛使用。事實證明，與銅或青銅等早期金屬相比，煉鐵更為耐用，從而使社會生產力提高。鐵器時代發生在世界不同地區的不同時期，並在一個社會開始保存歷史紀錄時結束。

西元前十三至西元前十二世紀，拉美西斯時期發生在埃及。西元前 1200 年左右，特洛伊戰爭被認為已經發生了。到西元前 1180 年左右，西臺帝國正在解體。西臺王朝的崩潰是西元前 1200 年左右發生在古代近東的青銅時代大規模崩潰的一部分。在希臘，邁錫尼和米諾亞（Minona）都解體了。一波海洋民族襲擊了許多國家，只有埃及安然無恙。後來，東地中海出現了一些全新的後繼文明。

大約在西元前十世紀至西元前七世紀，新亞述帝國在美索不達米亞發展起來。西元前 800 年，希臘城邦開始崛起。西元前 776 年，有記載的第一屆奧林匹克運動會舉行了。與周邊文化不同的是，希臘城邦並沒有成為一個單一的軍國主義帝國，而是作為獨立的城邦相互競爭。

由於歷史學（歷史紀錄）的興起，以前的鐵器時代通常被認為在西元前 550 年左右而在中東結束。軸心時代是用來描述西元前 800 年至西元前 200 年間歐亞大陸的歷史，包括古希臘、伊朗、印度和中國。這一時期各地區之間廣泛地貿易和交流，包括絲綢之路的興起。這一時期見證了哲學和宗教信仰的興起。

軸心時代及其後果見證了大規模的戰爭和龐大帝國的形成，其範圍已

超出早期鐵器時代社會的範圍。波斯阿契美尼德（Achaemenid）帝國在當時意義重大。帝國的遼闊領土和宗教從現代的埃及延伸到新疆。帝國的遺產包括通過歐亞大陸的陸路貿易的興起以及波斯文化在中東的傳播。這條皇家公路允許有效的貿易和稅收。儘管馬其頓的亞歷山大大帝完全征服了阿契美尼德王朝，但亞歷山大征服的統一並沒有延續到他有生之年。希臘文化和科技傳播到西亞和南亞，經常與當地文化融合在一起。

埃及托勒密王朝鼓勵和亞洲貿易交流，就像早期的波斯政府一樣。加上中國漢朝向西擴展絲綢之路，一系列的路線使地中海盆地、南亞和東亞之間的貨物交換成為可能。

在西方世界，羅馬共和國和波斯帕提亞帝國的崛起取代了正在交戰的希臘王國。作為帝國的結果，城市化和文學傳播到以前被大帝國稱為文明邊緣的地方。在千年之交，部落民族和小國的獨立受到更先進國家的威脅。帝國不僅因其領土面積而引人注目，且因其管理和文化貿易的傳播而引人注目，因此帝國的影響力往往遠遠超出其國界。貿易路線由陸地和海洋擴展，即使在沒有通信的情況下，也允許貨物在遙遠地區之間流動。羅馬帝國和中國漢朝等遙遠的國家很少交流，但商品貿易確實發生了，中國和現在越南的羅馬硬幣等考古發現證明了這一點。

擁有巨大軍事力量的帝國仍然脆弱，但也不易受到內戰、經濟衰退和國際政治環境變化的影響。西元 220 年，而歐洲羅馬帝國在三世紀的危機中開始遭受挑戰。在波斯，政權發生了變化，從帕提亞帝國轉向更集中的薩珊（Sassanian）帝國。陸上絲綢之路繼續為貿易帶來利潤，但不斷遭到歐亞國家北部邊境遊牧民族的襲擊。較安全的海上航線在西元前幾個世紀開始受到青睞。

宗教開始在許多領域取代多神教和民間宗教。基督教在羅馬帝國獲得了廣泛的追隨，瑣羅亞斯德教成為波斯的國教，社會變革，政治變革以及生態事件都促成了上古時代的結束以及大約五百年左右歐亞大陸的後古典時代的開始。

　　文明的興起與信仰神靈、超自然力量和來世的制度支持相一致。在青銅時代，許多文明採用了自己的多神教形式。通常，多神教的神表現出人類的個性、力量和失敗。早期的宗教通常是基於地理位置，城市或整個國家都會選擇一個神，這會讓他們比競爭對手有偏好和優勢。崇拜包括神的形象的建構和祭祀。祭品可以是物質物品、食物，或者在極端的情況下是人類為了取悅神而做出的犧牲。

　　在西方，以蘇格拉底、柏拉圖和亞里斯多德為代表的希臘哲學傳統，在西元前四世紀被馬其頓亞歷山大大帝的征服而在整個歐洲和中東傳播開來。青銅時代和鐵器時代的宗教形成後，基督教在羅馬世界的興起和傳播標誌著希臘哲學的終結，開啓了中世紀哲學的開端。

　　在古代文明發展過程中的技術和古代科學史上，古代技術的進步是在工程領域產生的，工程產生了古代技術進步。這些進步刺激了其他社會採取新的生活方式和治理方式。有時，技術開發是由國家贊助的。

　　古埃及科技的特點是由一套延續數千年的文物和習俗所體現的。埃及人發明並使用了許多基本的機器，如坡道和槓桿，以幫助施工過程。埃及人在發展地中海上的航海技術，包括船隻和燈塔方面也發揮了重要作用。

　　古希臘科技在西元前五世紀，以前所未有的速度發展，一直延續到並包括羅馬時期，甚至以後。古希臘人的發明，如齒輪、螺絲、青銅鑄造科技、水鐘、水器、扭轉彈射器以及使用蒸汽操作一些實驗機器和玩具。這些發明中的許多都發生在希臘化時代晚期，通常是受到戰爭中改進武器和戰術的需要的啓發。羅馬科技是近千年來支撐羅馬文明，使羅馬商業和軍事擴張成為可能的工程實踐。羅馬帝國擁有當時最先進的一套科技，其中一些科技可能在古代晚期和中世紀早期的動盪時期遺失了。羅馬在許多不同領域的科技成就，如土木工程、建築材料、運輸科技，以及一些發明，如機械收割機，直到十九世紀都是無與倫比的。

　　古代航海的歷史始於人們乘著木板船和懸掛在桅杆上的帆推動的船隻出海，就像西元前三世紀中葉的古埃及古夫船（Khufu ship）一樣。

根據希臘歷史學家希羅多德的說法，古埃及第二十六王朝法老尼科二世（Necho II）派遣了一支腓尼基人探險隊，用了三年的時間，從紅海繞著非洲航行到尼羅河入海口。

漢努（Hannu）是一個古埃及探險家（西元前 2750 年），也是第一位有知識的探險家。他做了第一次有記錄的探險，用石頭寫下了他的探險紀錄。漢努沿著紅海前往蓬特（Punt），並航行到現在衣索匹亞東部和索馬利亞（Somalia）的一部分。他帶著貴重的沒藥、金、木等財寶回到埃及。

古代戰爭是從有記載的歷史開始到上古史結束的戰爭。在歐洲，上古史的終結常常等同於 476 年西羅馬的衰亡。史前戰爭和古代戰爭的區別，與其說是戰技的區別，不如說是組織的區別。首先是城邦，然後是帝國的發展，使得戰爭發生了巨大的變化。從美索不達米亞開始，各國產生了足夠的農業剩餘，全職執政精英和軍事指揮官可以脫穎而出。雖然大部分軍隊仍然是農民，但社會可以支持他們參加戰爭活動，而不是每年一部分時間在土地上勞作。因此，有組織的軍隊第一次發展起來。

這些新軍隊可以幫助各國擴大規模並變得越來越集權，第一個帝國，蘇美人的帝國，形成於美索不達米亞。早期的古代軍隊繼續主要使用弓和矛，這與史前時期用於狩獵的武器相同。埃及早期軍隊也採用了類似的模式，即用弓箭和長矛集結步兵。

美索不達米亞是世界上一些最早已知文明的所在地。沖積平原的早期定居從歐貝德（Ubaid）時期（西元前 6000 年晚期）一直持續到烏魯克時期（西元前 4000 年），直到西元前 2000 年早期巴比倫的崛起。這種經濟所創造的可儲存糧食的過剩，使人口能夠在一個地方定居，而不必追趕農作物和牲畜。它還允許更大的人口密度，並反過來需要廣泛的勞動力和分工。這個組織導致了記錄的必要性和寫作的發展（約西元前 3500 年）。

巴比倫是美索不達米亞下游（現代伊拉克南部）的一個阿摩利人（Amorites）國家，首都是巴比倫。巴比倫出現時，漢摩拉比（西元前

1728 年至西元前 1686 年）在蘇美和阿卡德前王國的領土之外建立了一個帝國。阿摩利人是講閃族語的古代民族，巴比倫採用書面的阿卡德語作為官方語言；他們保留蘇美語作為宗教用途，到那時已不再是一種口頭語言。阿卡德文化和蘇美文化在後來的巴比倫文化中發揮了重要作用，即使在外部統治下，該地區仍將是一個重要的文化中心。最早提到巴比倫城的地方可以追溯到西元前二十三世紀的阿卡德（Akkad）薩爾貢（Sargon）統治時期的碑文中。

　　新巴比倫帝國，或稱加爾底亞（又譯迦勒底），是巴比倫在第十一（加爾底亞）王朝的統治下，從西元前 626 年納波帕拉薩爾（Nabopolassar）的叛亂到西元前 539 年居魯士（Cyrus）大帝的入侵。尤其是尼布甲尼撒二世（Nebuchadnezzar II）統治時期，他征服了猶大和耶路撒冷王國。

　　阿卡德是美索不達米亞中部的一座城市及其周邊地區。阿卡德也成為了阿卡德帝國的首都。這座城市可能位於幼發拉底河西岸，在西帕爾（Sippar）和基什（Kish）之間（在今天的伊拉克，位於巴格達中心西南約 50 公里。儘管進行了廣泛的蒐索，但從未找到確切的地點。阿卡德在西元前二十四世紀至西元前二十二世紀達到其權力的頂峰。由於阿卡德帝國對語言同化的政策，阿卡德也將它的名字命名為主要的閃族方言：阿卡德語，反映了在古巴比倫時期使用阿卡德語來表示閃族語版本蘇美文字。

　　亞述最初（在青銅時代中期）是底格里斯河上游的一個地區，以其最初的首都阿舒爾（Assur）古城命名。後來，作為一個國家和帝國，它控制了肥沃月彎，埃及和安納托利亞的大部分地區，「亞述本土」一詞大致指美索不達米亞北部（南部為巴比倫），以尼尼微為首都。亞述國王在歷史上的三個不同時期控制了一個大王國。它們被稱為舊王國（西元前二十世紀至西元前十五世紀）、中王國（西元前十五世紀至西元前十世紀）和新亞述王國（西元前 911 年至西元前 612 年）或時期，其中最後一個王國是最著名和有據可查的。亞述人發明了挖掘來破壞城牆，用撞車來推倒城

門，還發明了一個工程師團的概念，他們用浮筒架起河橋，或者為士兵們提供充氣的羊皮。

米坦尼（Mitanni）是西元前 1500 年左右美索不達米亞北部的一個印度－伊朗帝國。在米坦尼王朝鼎盛時期，西元前十四世紀，它包圍了今天的土耳其東南部、敘利亞北部和伊拉克北部，以其首都瓦蘇坎尼（Washukanni）為中心，其確切位置尚未由考古學家確定。

以色列和猶太是古代黎凡特（Levant）鐵器時代的王國，在鐵器時代和新巴比倫、波斯和希臘時期就已經存在。以色列這個名字最早出現在埃及第十九王朝麥倫普塔（Merneptah）法老的石碑上，西元前 1209 年，「以色列已經荒廢，他的後裔也不復存在了」。這個「以色列」是中央高地的文化和政治實體，其根基足以使埃及人認為對他們的挑戰，考古學家麥克努特（Paula McNutt）說：「大概是……在鐵器時代，人們開始將自己標識為『以色列人』，從而使其與眾不同。通過禁止通婚，強調家庭歷史和家譜以及宗教來與鄰居保持聯繫。」

以色列是在西元前九世紀中葉出現的，當時亞述王沙爾馬那塞爾三世（Shalmaneser III）在加爾喀爾（battle of Qarqar）戰役（西元前 853 年）中將他的敵人命名為「以色列人亞哈（Ahab）」（亞哈是北以色列王國的第七任君主）。猶大國出現的時間比以色列晚一些，可能是在西元前九世紀，但這個問題是一個相當大的爭議。以色列與不斷擴張的新亞述帝國發生了越來越多的衝突，新亞述帝國首先將其領土分割成幾個較小的單元，然後摧毀其首都撒瑪利亞（Samaria）（西元前 722 年）。新巴比倫帝國在西元前 597 年至西元前 582 年間的一系列戰役導致了猶大國的毀滅。巴比倫淪陷為波斯帝國之後，居魯士大帝允許猶太人返國。

迦太基由提爾城（Tyre，又譯泰爾或推羅）的腓尼基移民於西元前 814 年建立，帶來了城市之神梅爾卡特（Melqart）。從西元前 575 年到西元前 146 年，古代迦太基是整個北非和現代西班牙腓尼基城邦的非正式霸權。在提爾被巴比倫軍隊攻陷之後，它或多或少地受到腓尼基的控制。在

這座城市的鼎盛時期，它的帝國包括了西地中海的大部分地區。帝國與羅馬共和國一直處於鬥爭狀態，導致了一系列稱為布匿戰爭的衝突。在第三次也是最後一次布匿戰爭之後，迦太基被摧毀，然後被羅馬軍隊占領。迦太基幾乎所有的領土都落入了羅馬人的手中。

古埃及具有悠久的文明，地理位置位於非洲東北部。它集中在尼羅河中下游，在西元前 2000 年（即新王國時期）達到最大的延伸。它從尼羅河三角洲向北延伸，一直向南延伸到尼羅河第四大瀑布的博爾戈爾山（Jebel Barkal）。古埃及文明地理範圍的擴展，在不同時期包括南黎凡特地區、東部沙漠和紅海海岸線、西奈半島和西部沙漠（集中在幾個綠洲）。

古埃及至少發展了三千五百年。它開始於西元前 3500 年左右尼羅河流域政治的初步統一，通常認為在西元前 30 年結束，當時羅馬帝國征服並將托勒密埃及作為一個省（儘管這最後一個時期並不代表外國統治的第一個時期，但羅馬時期見證了尼羅河流域政治和宗教生活的顯著轉變，實際上標誌著古埃及獨立文明發展的終結）。

古埃及的文明是建立在對自然資源和人力資源進行精細平衡控制的基礎上的，其主要特徵是對肥沃的尼羅河流域進行有控制的灌溉、對河谷和周圍沙漠地區進行礦產開發、早期發展獨立的書寫系統和文學作品、集體項目的組織、與東非／中非和東地中海周邊地區的貿易，最後，在不同時期表現出帝國霸權和對鄰近文化的領土統治的強烈的軍事冒險。推動和組織這些活動的是一個社會政治和經濟精英，他們通過一個精心設計的宗教信仰體系，在一個（半神）統治者（通常是男性）的形象下，從一個連續的統治王朝取得社會共識，並通過多神信仰與更大的世界相聯繫。

根據對墓地、文物和文字的考證，可以相對準確地追溯伊特魯里亞人的歷史。西元前 900 年，伊特魯里亞人的文化在義大利得到了真正的發展，這是可以確定的，與鐵器時代的維拉諾萬（Villanovan）文化有關，被認為是伊特魯里亞文明最古老的一個階段。後者在西元前七世紀逐漸

被逐漸東方化的文化所取代，該文化受到希臘商人和義大利南部希臘文明麥格納‧格拉西亞（Magna Graecia）的希臘鄰國的影響。這些墓葬，其中一些被裝潢得非常華麗，提倡貴族城邦的理念，集中的權力結構維持秩序，建設公共工程，如灌溉網絡、道路和城鎮防禦。

　　古希臘是希臘歷史上持續近一千年直到基督教興起的時期。大多數歷史學家都將其視為西方文明的基礎文化。希臘文化在羅馬帝國產生了強大的影響，並在歐洲許多地方傳播了它的文化。

　　希臘最早的人類住區是在克里特島上，距今九千多年。古希臘文明的最早證據是克里特島上的米諾斯人，可追溯到西元前 3600 年。在希臘大陸，邁錫尼文明在西元前 1600 年左右崛起，取代克里特島上的米諾斯文明，並一直持續到西元前 1100 年左右，導致了一個被稱為希臘黑暗時代的時期。

　　古希臘時期通常被認為是從西元前八世紀左右持續到西元前 480 年被薛西斯入侵。這一時期，希臘世界在地中海周圍擴張，希臘城邦西至西西里島，東至黑海相繼建立。在政治上，古希臘時期見證了舊貴族勢力的崩潰，隨著雅典民主改革和斯巴達獨特憲法的發展。古希臘時代的結束也見證了雅典的崛起，在梭倫的改革和皮西特拉圖（Pisistratus）的僭主政治之後，雅典的崛起將成為一個主導力量。

　　古希臘世界在西元前五世紀被雅典和斯巴達的主要強國統治。通過提洛（Delian League）同盟，雅典得以將泛希臘主義的情緒和對波斯威脅的恐懼轉化為一個強大的帝國，而這一點，連同斯巴達和雅典之間的衝突最終導致了伯羅奔尼薩斯戰爭，是古典時期第一階段的主要政治發展。

　　從亞歷山大大帝去世到羅馬帝國崛起，並於西元前 30 年征服埃及的希臘歷史時期被稱為古希臘時期。這個名字來源於希臘語單詞希倫（Hellenistes）（「講希臘語的人」），並描述了隨著亞歷山大的征服和他的繼任者的崛起，希臘文化向非希臘世界的傳播。

　　西元前 146 年科林斯戰役後，希臘受羅馬統治，由馬其頓省統治。西

元前 27 年，奧古斯都將希臘半島劃入亞該亞省。在羅馬帝國解體之前，希臘一直處於羅馬的控制之下，在羅馬帝國解體後，希臘仍然是東帝國的一部分。希臘的大部分地區一直受拜占庭統治，直到 1453 年拜占庭帝國滅亡為止。

　　古羅馬起源於西元前九世紀義大利半島上的一個小型農業區。在其存在的十二個世紀裡，羅馬文明從君主政體轉變為寡頭共和國，成為一個日益專制的帝國。

　　羅馬文明常與古希臘一起被歸為「古典時代」，古希臘文明激發了古羅馬的許多文化。古羅馬為西方世界的法律、戰爭、藝術、文學、建築和語言的發展做出了巨大貢獻，其歷史至今仍對世界產生重大影響。羅馬文明通過征服和同化統治了歐洲和地中海地區。

　　在古羅馬統治下的整個疆域上，建築從非常簡陋的房屋到鄉村別墅應有盡有。許多羅馬的城市都有紀念性的建築：許多噴泉中裝有幾百英里長的水渠、劇院、體育館、浴室，還有圖書館和商店、市場，具有功能性的下水道。導致羅馬帝國最終衰亡的因素有很多。帝國的西半部，包括西班牙、高盧和義大利，最終在五世紀分裂成獨立的王國；東羅馬帝國，由君士坦丁堡統治，在西元 476 年後被稱為拜占庭帝國，這是「羅馬的淪陷」和隨後的中世紀開始的傳統日期。

劉增泉
書於淡江大學文學院研究室

自序

　　西洋上古史所包含的範圍很廣，本文僅以埃及、兩河流域、希臘、羅馬為主要的篇章，其他未涉及部分可以參考相關資料。

　　埃及是一個具有燦爛文明的國家，然而在十九世紀以前，人們對埃及的了解並不多。西元 1822 年，法國學者尚波力翁（Champollion）依據 1798 年跟隨拿破崙到埃及的學者所蒐集的資料，成功地辨讀出古埃及象形文字，從此之後，我們對埃及歷史的了解才開始增加。埃及文明的發展與尼羅河的定期氾濫有關，河水定期的氾濫帶來豐富的淤泥，此也提供了兩岸綠洲的水源和耕地。埃及文明的古老性和延續可溯源於新石器時代，毋庸置疑其文化也是一脈相承的。

　　和埃及一樣，兩河流域也是一塊古老的文明地區。由於底格里斯河與幼發拉底河穿越美索不達米亞，所造成的沖積平原，使當地土地異常地肥沃，氣候炎熱，卻有利於糧食和棕櫚樹椰棗等植物生長。

　　從考古學的研究發掘我們了解到美索不達米亞的起源，遠在西元前 4000 年以前，這個地區就有三處文明：歐貝德（Obéid）文明、烏胡克（Ourouk）文明、那什（Nash）文明。

　　而上述的兩大文明皆屬於大陸文明，亦是起源於農業文明，它們或多或少通過陸地或河流進行商業往來。此外從尼羅河三角洲到敘利亞的腓尼基港，沿海的交通航行往來，還是沒有改變這些大陸文明的特徵。但在同一時期，愛琴海的文明也於焉誕生，它的特點是其航海與商業活動都占著重要的地位。

　　雖然愛琴海文明對希臘文明起了重大的影響，但我們對此地方以前文明所知甚少，對它們的認識也比較晚，這是因為對他們的文字辨認得還不夠緣故。自西元 1953 年以來，根據英國人溫楚斯（Ventris）和夏德維克（Chadwick）所做的研究，我們對線形文字 B 的記載已經有所了解，但對於線形文字 A 和楔形文字則仍是一無所知。

　　從考古文獻可以知道，義大利早在西元前 2000 年就已經開始有人類的活動，印歐語系民族在波河平原上亦建造了所謂「土丘上的房屋」，但一直到了西元前八世紀對義大利而言才是一個新的時期開始。同時希臘人也開始在義大利南部建立他們的殖民地，從考古文獻資料裡我們已經看到了希臘人在義大利的輝煌紀錄，因而希臘文化影響羅馬文化也是必然的趨勢。

　　本文的編撰幸賴劉晃如同學鼎力襄助，同時王惠玲老師、劉瑋琦小姐亦出力甚多。當然由於個人才疏學淺，也望先進多為指正。

劉增泉

書於淡江大學文學院研究室

CONTENTS
目錄

第一章
埃及文明

　　今天，我們所知道的古埃及歷史文明，開始於西元前3200年，這段時期是從新石器到有文字記載的時期，它保持了埃及文化的古老性與延續性。然而我們對它的歷史有深刻了解，則是在西元1822年左右才開始萌芽。法國學者尚波力翁（Champollion）根據當時到埃及蒐集資料的學者們（西元1798年跟隨拿破崙至埃及的考古學者）中之資料，成功地解讀古埃及象形文字，此亦致使我們對埃及有更深一層的認識。

　　尼羅河的定期氾濫孕育了三角洲地區生生不息的生命，而這種大河文明更帶來具有與眾不同的獨特文明性格。氾濫過後的尼羅河地區，隨之帶來了豐富而適於耕作的淤泥，尤其它提供了兩岸綠洲的水源和耕地。古埃及人擅於對尼羅河氾濫的週期性做出有利的判斷，他們利用尼羅河的漲潮和退潮，平均地分配水源，並有效地增加灌溉面積，且對沼澤地區進行排水工程，古埃及人對於水資源的充分利用亦發揮了尼羅河定期氾濫

尼羅河的風光

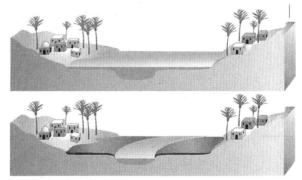

尼羅河氾濫與枯水期

所給予的正面作用及意義。

　　根據早期所遺留下來的文獻資料顯示，古埃及人在西元前4000年時來自廣大的撒哈拉沙漠地區，西元前4000年之末期，他們建立了上埃及和下埃及兩個王國；這時期他們意識到，需要有一個強而有力的中央集權力量來鞏固政治組織，並掌管人民的生活起居及勞動和公共利益，於是將上埃及的首都定都於埃哈貢博里斯（Hierakonpolismes，又譯希拉孔波利斯），即位於現今的利比亞和阿拉伯沙漠邊緣，而下埃及則定都於布陶（Buto），全區由廣闊的三角洲所形成。由於上、下埃及的特殊關係，因而呈現了兩個重要的意義：

　　「地理因素」使得這種中央集權的政治制度處於不穩定狀態。下埃及的河川密布，在扇形地中有多處沼澤，使得通行困難。上埃及則為一狹長的谷地，東西兩側山巒起伏，在山峰外更是一望無際的沙漠。由於上、下埃及地理環境有極大的差異，因此在戰亂時期中央的極權制度便自然地劃分出來。正因埃及地理位置的重要性，也使得它和西亞及愛琴海地區，很早就已經建立起雙邊的關係。

　　首都安置的特色。如果首都位於北部，如孟斐斯（Memphis），則可促使兩個自然的區域交通聯繫，但容易遭受外敵入侵；若位於南部，如蒂尼斯（Thinis），則因地處偏僻，且接近努比亞（Nubie）的繁盛區域，可以使人文發展與富庶生活同時並進，亦可避免大量的移民以防止敵國的征服；不過由於遠離了商貿活動，蒂尼斯的發展也有其局限。所以無論首都設置在哪裡，都須秉持一個要素：即以航行順暢的河流為據點，並促使河道交通順暢便利，讓對外往來及聯繫極為頻繁，這樣才能使中央集權的政治制度處於穩定狀態中，並減少其分裂之危機。

　　在西克索人入侵之前，埃及曾經出現過統一的局面，人口的流動並未對埃及造成很大的影響，相對地，埃及人建立了一種極獨特的文明，這種文明也一直持續至西元前1200年。

一、前王朝時期的王朝統治

亞洲文明自從由佩呂斯地峽（Péluse）傳入之後，埃-歐貝德（El-Obeid）文明和德加代-那什（Djemdet-Nash）文明也相繼傳入，終於在西元前3200年，埃及經由一場革命之後而統一。考古學家考據了在埃哈貢博里斯所發現的斯哥皮翁

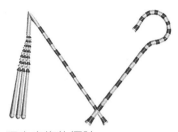

王室家族的標誌

（Scorpion）——「蠍子王國」的統治，其中發掘象牙權標誌。在上面所顯示的圖像中，蠍王頭帶白冠，後面有兩個侍者爲之持扇，頗有王者威嚴，蠍王的腳底下有若干名的奴隸替其勞動。在此幅畫中，有王公貴族、平民、奴隸和外國人及被征服的異族，它完全反映當時城邦內的階級制度，也反映了當時埃哈貢博里斯一部分城邦的眞實社會情景。

(一) 蒂尼斯王朝

在納爾邁爾王（Narmer）的統治時，他持有兩頂王冠，分別是上埃及的白色王冠與下埃及的紅色王冠，希臘人則稱他爲美尼斯（Ménès）國王，他滅下埃及而統一全國，創建了第一王朝。

在納爾邁爾王之後，最初的兩個王朝皆定都蒂尼斯。而埃及的君主制度起源於西元前3200年左右，從這個時候，便開始了埃及三十個王朝的第一王朝，王朝延續直到西元前332年亞歷山大大帝侵入埃及爲止。在第一王朝時期，埃及的傑特（Djet）和烏迪慕〔Oudimou，即登（Den）〕此時已經開始進行軍事遠征，並曾攻打西奈半島（Sinai）的貝都因人（Bédouins），亦曾經侵入紅海附近的商業港。

第二王朝和第一王朝一樣皆建都於蒂尼斯城，也因此這兩個王朝被稱爲「蒂尼斯王朝」（The Thinite Dynasty），此時它們在三角洲的頂端處建立起孟斐斯城，用以觀察下埃及的一舉一動。之後，國王的墓地多在阿比多斯（Abydos）被發現，也由於此處的發現使得我們得知埃

及的第一王朝有八位國王。不過在薩卡拉城（Saqqara，位於孟斐斯城附近）附近，考古學者們也發現了一座國王的墓地，由此明顯地可以看出埃及首都有由南向北遷移之傾向，不過這一時期埃及依然內戰頻繁，政治表現也顯得極其平庸。

(二) 孟斐斯王朝

在西元前2700年至西元前2400年，美索不達米亞地區出現了阿卡德奴隸制的國家時期，此時與之相輝映的埃及則是處於第三、第四和第五王朝時期，同時它們也是古埃及的鼎盛時期；由於皆定都孟斐斯，故亦稱之爲「孟斐斯帝國」（Memphite Empire）。由於它們實行專制與神權的政治制度，亦奠定了中央集權與君主官僚組織。第三王朝的國王爲佐賽爾（Djéser），著名大臣爲印和闐（Imhotep），國王自詡爲太陽神之子，在皇宮內國王則是極盡奢侈之能事，且將大權皆委託於大臣；而政治權力則被書記等所壟斷，一般平民則幾乎淪爲奴隸。到了第三王朝後期，因經濟混亂，人民只好以物易物，貨幣制度則暫時消失。

第四王朝時期，是埃及歷史上的黃金時代，這一時期的國王——古夫（Khufu）、卡夫拉（Khafra）、麥凱林努斯（Mykénnos）等皆相繼建造了金字塔，爲「金字塔建築全盛期」；他們向南侵略亞斯文（Assouan）和努比亞，向東侵略西奈半島，戰績極其輝煌。

第五王朝則是富有神權性，它是由埃里奧波里斯（Héliopolis）的祭司們所共同建立的王朝，極尊崇太陽神—賴神（Soleil-Ré）。此時，賴神亦取代了孟斐斯的普塔神（Ptah），在文化和藝術的發展過程中臻於頂峰，而燦爛的光芒亦不曾被超越。

西元前2342年至西元前2322年，由於法老烏尼（Ouni）發動對努比亞的戰爭，使得第五王朝開始走向沒落。

第六王朝的國王佩比一世（Pépi I）曾率軍出征，但佩比二世（Pépi II）卻昏庸地統治埃及九十四年（由六歲至一百歲），由於遭受

貝都因人的攻擊，也導致埃及越來越多的省份開始獨立自主，且政客們經常挑起窮人與富人的不平，潛在的社會革命一觸即發，國家的衰弱逐漸顯示出來，埃及也隨之四分五裂。

　　西元前2280年，埃及有了新的局勢，這時期也產生了四個不同的政權傾向，彼此間則相互對立著。首先為東方人開始侵略尼羅河三角洲地帶，其次為舊王朝繼續在孟斐斯生存；另外，赫拉克來俄波里斯（Hérakléopolis）為獨立省長所長期控制著，最後為因提夫（Antef）王統治了南方的蒂尼斯。

二、中王國時期的王朝統治

　　中王國時期（The Middle Kingdom）大約在西元前2100年至西元前1788年，這一時期包含第十一王朝和第十二王朝。西元前2065年貝都因人的勢力被逐出埃及，第十一王朝亦開始興起，由門圖霍特普二世（Mentouhotep II）所建立，他平息所有的反對勢力而自立為國王，並將權力延伸至上埃及。這個時期也是埃及的繁盛時期，且仍然對巴勒斯坦及努比亞進行征伐。

　　第十二王朝是由阿蒙涅姆赫特（Amenemhet）和辛努塞爾特三世（Senousret III）所統治，在辛努塞爾特一世（Sesostris I）時期埃及更是鼎盛的黃金時期。

　　阿蒙涅姆赫特王無論在文學、藝術、建築或文化方面均有極大的成就。而辛努塞爾特一世則曾修築尼羅河至紅海之間的運河，並大舉修建神廟。辛努塞爾特一世亦針對沼澤地進行排水工程，耕作條件也有極大的改善，此外他還修建宮殿等建築物。歸納言之，第十二王朝的君主們有下列幾項改革措施：

1. 將莫里斯（Moeris）湖改良成為排水、灌溉均宜的湖泊。
2. 通過殖民化政策改善與人民之間的關係。

3.在辛努塞爾特三世統治時期，埃及省長的職權被取消，省長失去了統轄地方的權力，權力重新歸屬於中央政府。

4.行政首府以及宗教中心位於底比斯，由於它距離海洋有一百公里，故能躲避貝都因人及東方人的侵襲，而國王們的墓地也建築於伊克－陶伊（Ikhet-Taoui）地區。

5.平民能夠普遍接受教育，並能獲得宗教上的平等權，且能開始有個人的墓地。

6.促使被埃及統治的腓尼基人，將商業帶至敘利亞，並擴展至克里特島。

7.成功地防禦了貝都因人及利用山峽掩護抵抗努比亞人的入侵，並且征服了少部分的努比亞人。

　　赫爾莫波利斯的阿蒙神－賴神（Amon à Hermopolis）在第十二王朝時期，成爲埃及最高神祇，並取代原本的卡普多斯神（Coptos）及埃爾蒙迪斯的芒杜神（Mentou d'Hermonthis）。而此時期埃及已達「政教合一」的境界，神祇擔負了保護君主們的事業及政權的穩固及延續性。祭司和行政官員們及政治官員們互相有政權上的利益。

　　西元前1800年，埃及發生了政變，此時埃及開始遭遇第一批入侵者——西克索人的入侵。而同一時期的巴比倫政體也向西臺人與卡西特人屈服了，此乃是必然之趨勢。從此君主政體再也無法獨斷獨行，他們必須在新的世界及社會中有不同的作爲才能繼續生存。

(一) 法老制度

　　法老政體從蒂尼斯時期就已確定，它具有濃厚的宗教特色。法老是「大房子」（Grand maison）的主人，他是荷魯斯神（Horus）及賴神的兒子，極受阿蒙神寵愛，他頭戴二頂王冠，並有三位女主人隨行於側。神龕周圍有紙莎草及睡蓮兩種植物裝飾，一旁還有蘆葦和蜜蜂，這些東西象徵由南方和北方帶來的財富。法老並不附屬於祭司，他的職責

阿肯那頓和納芙蒂蒂

主要在於確保王國的秩序及正義和物質上的繁榮。他是中央集權的君主，具有絕對的權力，他的言行意志即是法律。法老之下設有宰相，他統籌軍政、財政、政治、司法、祭祀及水利等職，但這些職位大部分由皇室親屬或王子分別擔任。

法老制度中確保物質來源的是軍隊，法老憑藉著強大的軍事武力，對內鎮壓人民，對外進行征伐，並搶奪敵人的財產、土地，把戰俘納為奴隸。祭司們亦擅長於將這些政權套於法老身上並作為其光圈，而法老亦成為人民精神上的枷鎖，強化了對人民的統治權，並迫使人民接受「君權神授」的觀念。從另一角度觀之，此也是

法老王和他們的敵人

使埃及大量的勞動人力甘願接受奴隸主人的壓迫。而階級統治及對百姓的剝削則極至明顯，法老權勢之大，則可由金字塔之建築證明。

蒂尼斯家族開創了行政管理的先例。如國王與國家的財產互相混淆，國王的僕人亦成為行政官員，此外最棘手的莫過於地方管理問題（尤其是對省長的管制），因為地理位置關係，狹長的地形使得國家在

缺少迅速便捷的公路交通，聯繫亦感困難，因而產生了一些特別的現
象——只要國王權勢衰弱，地方勢力即迅速竄起。

在第四王朝至第十二王朝之間，則明顯表現出強勢王權和宗教的
結合力量。但在這時期，國王也確實做到「管制」的工作。如同前述，
國王除了修築金字塔，更大肆地向人民要求巨額的稅收。為了使這些勤
勞且順從的人民能夠永遠地對國王們效忠，國王也必須要保證社會的秩
序，以及維持各地水壩和溝渠等水利設施，並防止敲詐勒索及不義之事
發生，國王亦會促使地方官員成為各種糾紛的仲裁者。在經濟上讓人民
得到滿足，生產大麥、小麥、水果、蔬菜等作物。此外，捕魚、打獵、
紡織、製油等亦為國家帶來巨大的財富。戰俘是最佳的勞動力，國王令
其開發礦山並提供了埃及政府黃金、寶石等珍貴的礦產，此外挖掘沙漠
附近的巨石，作為提供金字塔建築的石塊材料，在木材方面，則須依賴
進口。

所謂的「公營企業」即是政府所負責的產業，不論是土地或礦山皆
由政府授權公家企業開採，而社會中的每一項手工業及工業生產，皆由
公營企業所掌控。此外，埃及的祭司、行政官員、士兵、僕人等，亦由
政府負責其生計。

尼羅河流域的商業活動仍停滯不前，此與政府的絕對控制有密切的
關係，此外城市生活有一定的局限性，埃及境內亦極少有外國人，此一
時期的埃及主要是屬於自給自足型的經濟生活型態。

三、社會

埃及的社會主要是依循一個不變的原則——即法老統治之君主體體
系。此時，百姓們必須不斷地勞動以供養國王，而埃及境內的物品亦皆
屬於國王所有。這些勞動者是一般的農民，他們生活質樸、順從且不反
抗，並努力從事生產，為的是能依附於法老王之下。

　　手工業者也是一群容易滿足的平民，他們的技藝高超，作品栩栩如生，並有豐富的藝術色彩。其大部分的職業則以雕刻家、工匠、畫家、金銀匠等最多，由於大部分集中於城市或商業區，故較農民自由，其所遭受的剝削也較少。

　　埃及的士兵數量很少，且大部分是外籍傭兵，他們負責替埃及征戰，但不受尊重，戰爭勝利亦可獲得土地，因此他們也甘於服務法老。

　　書記是國家的僕人，即今日的公僕，他們是屬於特權階級，對人民傲慢、專橫，常利用其職務之便而濫用其職權。

　　祭司通常是由極具威望的人所擔任，也是寺廟管理人，他們承接神祇與國王之間的溝通者角色，並因國王的捐獻而富有，由於他們擁有神聖使命，因而也成為特權階級，並常用神權壓榨驅使人民，權傾全國。

採收葡萄的人

釀啤酒

耕牛

抄寫員

四、宗教、精神生活及文化

因爲原始的圖騰或崇拜而產生宗教的論點雖然頗受爭議，但埃及的宗教信仰可由許多動物或人的形狀之器物得知，在由來已久的宗教傳承中，它一直以地方化和平民化的姿態和人們接觸，動物形狀的神祇多是源自埃及本土，人形神祇則大多自外傳入。

埃及人的信仰是多神論者

埃及宗教強調與自然、宇宙合一，有太陽神、火神及光神；也有城市的保護神，例如：阿蒙神（Amon or Ammon）護衛著底比斯、阿頓神（Aton）爲太陽堡之城的保衛者等。一般神祇皆具有動物之形，如男神爲公羊、公牛、鷹或豺狼；女神爲母牛或母獅、雌貓等，除此之外，各種植物、花草、水果亦是被崇敬爲神。眾神祇中以太陽神最受崇拜，並和自然神中的月神有著密不可分的淵源，由此也產生許多富有神祕色彩的傳說。

埃及神的性質與其自然環境或地區性有很大關係，如南方的神祇又比北部的神祇活潑、更政治化及富有人情味。北方之神有孟斐斯的普塔神（Ptah）、赫里奧波里斯（Heliopolis）有太陽神—賴神、三角洲有荷魯斯神（L'Horus）、德哈（Dendérah）有山羊神—哈托爾（Vache-Hathor）；南方有埃爾蒙迪斯（Hermonthis）之芒杜神、卡普多斯之神祇、底比斯的月神孔蘇（Khonsou），以及阿蒙神及其子等。但從第五王朝起，埃里奧波里斯的賴神則成爲埃及最高的神祇，直至第十二王朝，才由底比斯的阿蒙神所取代。

在這種宗教信仰中，人們不須依賴任何教義或神學之說，他們懷

著一顆虔誠的心來膜拜地方神祇，長期以來此種力量亦毫無消退的痕跡。

冥世的思想一直爲埃及人所重視，最深入民心的故事乃謂奧西瑞斯（Osiris）的傳說：奧西瑞斯原本是尼羅河三角洲的國王，由於其弟塞特（Seth）深具野心，最後將其殺害，隨之把屍體切成塊丟入尼羅河中。他的妻子（同時也是奧西瑞斯之妹）伊西斯（Isis）得其妹奈夫提斯（Naphthis）之助，共同拾回屍塊並一一拼湊起

伊西斯、奧西瑞斯、荷魯斯

來，塗上防腐劑後埋葬了他，使他的靈魂復活。從此奧西瑞斯成爲死者之王（The King of the Dead）以及尼羅河之神，伊西斯痛哭其夫之死的眼淚亦成爲尼羅河水每年固定的氾濫，他們的兒子荷魯斯（Horus）也成爲繼承人，亦是人們所崇拜的太陽神，埃及法老們則是奧西瑞斯的後代，奧西瑞斯也是靈魂的審判官及陰間的國王。對奧西瑞斯的崇拜表現了一種生命於死後復活的觀念，此反映了農業社會的埃及對農物一歲一枯榮過程的看法。

埃及民間的信仰一直深刻地烙印於人民的心中，尤其是透過對巫術的崇拜及祕密教條（來自祭司），並以渾沌原始神的創造來解釋

埃及人的信仰是多神論者

世界之起源，這對後來的天體演化論形成，造成一定的影響。

　　在靈魂觀的概念上，則有巨大的轉變，例如在古王國時期，只有國王能與奧西瑞斯或賴神合一，並生活在九泉之下，一般人民則不行；到中王國時期，人民和官員們已經有此權利，但必須沒有犯過錯誤才允准。依據奧西瑞斯的說法，人在死後必須經由奧西瑞斯之審判，他們將死者之心取出置於秤上，衡量有否合乎真理：若不合乎真理則永遠被放逐於墳墓之中，不得重見光明；若合乎真理，則能接受封賞，快樂地雲遊。也因為這種靈魂觀，故人們為了使靈魂在死後能獲自由，因而埃及人相信魔法能帶來神祕的力量，並使靈魂重量得以平衡。

五、科學

　　埃及人在很早以前就已經累積許多關於天文學、化學、醫學、數學、物理等科學知識，今日的考古學者在埃及的金字塔中發現許多不可思議的知識及巫術，他們在讚嘆之餘亦用更加謹慎的態度來探討古埃及的歷史。此外埃及的宗教和科學一直有著密不可分的關係，此也證明了科學及人文方面相互影響。埃及人與美索不達米亞地區皆深信宗教及經驗的主宰，此外致使現代人們無法用最理論的、純粹科學的角度來闡釋當時真正的科學內涵。

(一) 天文學

　　天文觀察是祭司的職責，目的在找出吉凶禍福的徵兆，埃及人在上古時期即懂得如何觀察星象，在新王國時期則已經知道四十多個星座，並有類似「星位圖」的記載。他們以天文觀察的基礎制定曆法以配合當時的需要，他們最初使用陰曆，後改用陽曆。由於尼羅河每年必會氾濫，故計算河水的漲退期成為政策的指標。根據天文學家的看法，每年古埃及曆的七月十九日（即陰曆的六月十五日左右）是尼羅河的漲潮日，此時前後潮頭會到達孟斐斯，故埃及人們把它定為一年之始；這一

天，在下埃及正好是太陽和天狼星共同出現的日子。此項創舉最早可追溯至西元前4245年或西元前4242年之間，埃及人制定自己的曆法，並依照尼羅河作物生長的規律，將一年分為三季，各四個月，每月三十天，年終增加五個特別的節日，共為三百六十五天，可謂全世界最早的陽曆。

(二) 醫學

因為巫術的威望而對醫學有所局限，因此對解剖學和心理學也只有初步的認識。但醫生們皆能有所長，並將醫術和巫術運用在一起，他們可以治療牙痛、腹痛、外傷及眼睛方面的疾病；在木乃伊的製作過程中，亦運用許多解剖、神經、血液、器官等方面的知識；因此，古埃及人在外科醫術方面特別發達。埃及人將屍體存於無空氣的金字塔及墓穴之中，木乃伊主要是作為將來復活之用，融合了許多古代的物理、化學的知識。

(三) 數學

古埃及人數學的天份極高，他們擁有算術、代數和幾何三大類知識，且從金字塔的修建，我們確信他們充分掌握了必要且高超的數學知識，他們已知幾何學的運用，並能求得三角形、梯形和圓形的面積（且定圓周率為3.16），雖然在當時無法使用詳細的文字記載，但如同古代中國一樣，他們以類似繩結的方法，用各種方法留下其計算過程。

六、文學

文學作品的內容以敘事詩篇及民間故事為主，在民間故事中，有多諷刺性的評論，也有道德方面及神祕玄學的啟示。敘事詩篇中最有名的為拉美西斯二世的〈卡迭石戰役〉（Bataille de qadesb），它深切地反映新王國時期的文學發展，也是研究古埃及軍事史的典範。宗教類的

文學作品則以《阿頓頌詩》（*Aton*）最為著名，它影響爾後舊約聖經中讚嘆耶和華神的創作。其他還有一些奴隸階層的自傳及旅行者之類的著作，此也反映了當時的社會狀況。

七、藝術

在新王國時期之後保留下來的藝術作品有明顯的進步，數量也增多，表現手法更加成熟及穩健。整個古埃及的藝術新穎而有活力，因為藝術的創作顛峰期正是君主統治的極盛期，國王大力支持藝術的發展，並提供資金使其不輟。

古埃及人常使用金、銀、青銅、玻璃等作為原料，許多雕刻藝術鑲於建築上，展現富有創意的特殊技藝。

八、建築

阿布辛貝神殿

金字塔的成就，以及神廟的建造，為埃及塑造了古代文明的象徵。雖然這些建築多和宗教有關，大部分都是為奴隸之主所建造。「馬斯塔巴」（Mastaba）是古埃及的貴族石墓及華麗的建築，其神廟也保有濃厚的宗教氣息及現實主義的精神，阿蒙神廟則建立於中王國時期，但卻直至新王國之後才完成，並擁有柱廊和

柱頭，是一個非常龐大的建築群。卡納克神廟（Karnak）也具有宏偉之氣勢，其總面積已達五千平方公尺，神廟由一百三十多根巨石柱支撐，石柱達一百二十公尺高，柱身有許多各式各樣的浮雕，此亦反映出當時的思想及風俗。

金字塔亦反映出許多日常生活中的雕像，無數珍貴的金銀財寶，顯現出法老王們的高貴與權威。埃及一直受到傳統藝術的影響，因此它的光芒一直是獨特的，並在尼羅河峽谷中持續地大放異彩。

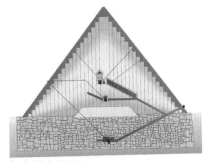

金字塔剖面圖

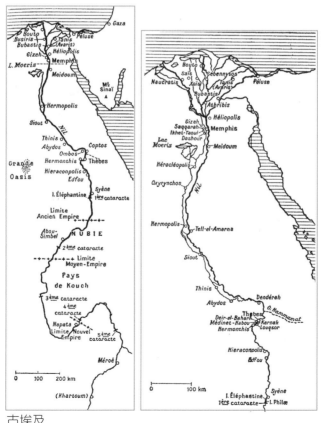

古埃及

第二章
埃及新王國時期

　　埃及王位的繼承方式是：若無合法的男性繼承人，則必須將王位傳予女兒，而女兒則須嫁給他們同父異母的兄弟，通常這些兄弟們皆是由皇室和外國公主（米達尼公主），或是平民所生。

一、第十八王朝

　　圖特摩斯（Thoutmosis）在執政三十年之後，由於膝下無子可繼承王位，便將政權交予他的女兒——哈特雪普蘇（Hatshepsout），由哈特雪普蘇與其夫圖特摩斯二世共同執政。圖特摩斯二世本已指定由三世繼承，但是哈特雪普蘇卻沒有執行而獨攬大權，在阿蒙祭司的同謀之下，他自動將攝政權延長了二十二年，以至於無論圖特摩斯三世表現多傑出，終究被掩其光芒，也造成他在統治初期的艱難。

　　哈特雪普蘇統治時期，埃及堪稱平靜，但她喜歡將自己神格化，並用以往法老們的各種男性名稱為自己取名，她喜愛將自己裝扮為雄偉及嚴肅的男性，並戴假鬍子攝政。她為埃及建造許多嘆為觀止的美麗建築，如代埃勒－巴哈瑞（Deir et Bahari）之神廟，並豎立

圖特卡門墓室

方尖碑，也於皇后谷為自己建築一座華麗巍峨的陵墓。但她沒有軍事指揮能力，致使各小國紛紛興起。

繼哈特雪普蘇之後，圖特摩斯三世開始他的雄才大略，除了十七次親征之外，還直搗巴勒斯坦及敘利亞，此次的勝利使亞述和巴比倫紛紛與埃及建立友好關係。他所獲得的奴隸更是不計其數，他在軍事擴張方面亦達到空前規模，將埃及的邊界南到尼羅河第四瀑布，北更到達小亞細亞，使得兩河流域及小亞細亞的統治者不得不向埃及法老納貢，此時期也是埃及新王國時期的顛峰。

埃及王位幾乎由阿蒙霍特普家族及圖特摩斯家族輪流繼承，傳位至阿蒙霍特普三世（Amenhotep III，西元前1411年至西元前1357年）時，他為埃及奠定藝術的基石——對於許多神廟、塔樓、宮殿、金字塔之巨門，皆極用心；他秉持成功的外交政策，樹立良好的和平關係。

當阿蒙霍特普四世（Amenhotep IV，西元前1370年至西元前1352年）繼位後便展開他平凡又令人爭議的傳奇一生，他非常地獨特，對於國家的一切事務漠不關心，但對太陽神卻有著狂熱的信仰，甚至稱自己為阿肯那頓（Akhénaton）；對宗教亦進行了一連串的改革：首先他削弱了阿蒙祭司過度膨脹的權力，並離開首都底比斯，來到埃赫塔頓（Akhoutaton）之地，傳播他的宗教理念——他深信太陽的圓盤即象徵著太陽展開無垠的雙手，將綻放出萬丈的光芒照耀每一個人，並散播著快樂及繁榮。

阿蒙霍特普四世的宗教狂熱令人不解，他以赫里奧波里斯的太陽神——賴神（Ré）代替底比斯的阿蒙神，此外對自然崇拜及一神論之間亦做宗教改革。但從另一角度而言，出於他的宣傳及簡化宗教皆使得信仰開始普遍，甚至反映出他的宗教深具人心，藉由太陽光芒將東方聯繫起來，並產生埃及化的表徵，及帝國的野心等說法。對於埃及藝術他的貢獻亦良多——他擺脫了祭司及傳統式的作風，使藝術風格獨樹一格，且內容充滿蓬勃的新興氣息。

但由於他不擅於治國，使得晚年各邦開始獨立，埃及國勢亦遭受打擊，他膝下無子，只好傳位給六個女兒之中的二位女兒的夫婿。

二、第十九王朝

拉美西斯二世（Ramses II，西元前1298年至西元前1235年）是埃及歷代以來非常重要的君主，現今位於開羅的博物館仍保存一具非常完整的拉美西斯二世木乃伊。他統治埃及很長的時期，沉醉於國力強大的虛幻中，致使國家不斷地衰落，祭司們便趁虛而入，以攫取他們自身的利益。而拉美西斯二世並不能奮發再起，他一再誇大戰績，並大肆迎娶西亞美女為嬪妃，妻妾、子女數以百位計。此外，他強迫大量奴隸修建神廟、宮殿，並築城捍衛國防，大興土木的結果也加速了埃及的衰亡。

他的繼任者為麥倫普塔（Ménéphtah，西元前1235年至西元前1224年），在此時已有大批海洋民族威脅著埃及，他們於利比亞登陸，並和各民族結盟，例如亞該亞人（Achaeans）、呂基亞人（Lycian）等，但由於麥倫普塔時的戰略成功，使他在西元前1320年暫時避免戰爭。他統治期間，希伯來人逐漸興起，但在他之後，埃及也開始遭受外族的入侵。

直到第二十王朝法老拉美西斯三世（西元前1198年至西元前1166年）時，再次將海洋民族擊退，他是埃及歷史上最關鍵的人物，也是最後一位還具有影響力的法老。此時，首都仍在底比斯，但社會已是一片紛亂，負責造墓的底比斯工匠既貧窮又挨餓，因而引發一連串的抗爭，他們挑戰貪贓的官員，因為抗爭事件此起彼落，亦使得社會形成明顯的階級關係，此時埃及出現「富者越富，貧者越貧」的情況。

拉美西斯三世之後，國勢衰落，因阿蒙神祭司掌控政權，使得法老王僅是虛位君主，國家走上徒具虛名的道路。

三、新王國的君主制度

埃及曾被西克索人入侵，但經由十八王朝的法老王們重建威聲，使得人民對於王權的概念又重新賦予新的定義，而埃及也成為一個地跨西亞、北非的大國。

在神學的解釋方面，人們依舊認為：法老由神賦予神力，他既是阿蒙神的兒子、賴神的兒子，也是奧瑞西斯的兒子，由於法老王的超然神力，使他在自然的傳承力量中擁有特殊的待遇。他不但能同時擁有多位妻子，而且其傳位的王子皆有神性，王位的傳承是由阿蒙神直接授予，王子擁有與他父親神似的外貌（事實上，亞歷山大後來也接受這種宗教上的觀念，稱自己為宙斯神的兒子，並且認為應該去拜訪他的母親奧林匹亞）。

在人性的解釋上，因為西克索人帶來的危機，使君主權力更為加強，法老掌握了各種精良的軍隊（如重裝兵、輕裝兵、戰車兵種步兵等），並驅使他們發動戰爭。

戰爭使大量財富和勞動力湧入埃及，加速國內階級分化，使長久以來的封建制度消失，自由民因西克索人的入侵而無法從事商業活動，導致國王和平民間亦不再有任何其他階級存在，因而簡化為主與奴的關係，但也因此逐漸地發展出奴隸制度的經濟。由於對於埃及境內的原料需求，以及對重大工程人力來源需求孔急，致使法老不斷地對外發動戰爭，被征服的人民或被埃及流放或是成為奴隸。東方來的大批奴隸也導致埃及人民、農民及手工業者的生活出現困境，因為他們失去許多工作機會，雖然名義上，國王仍舊是和平地財富分配者、施恩者和保護者，但人民卻沒有因此而更富裕，甚至有時還是得承擔極大的壓力。

將西克索人驅逐之後的新王國中，有二種勢力開始發展起來：一是阿蒙神的祭司，因為他們是對國王最初的支持者，並極獲國王的信賴及恩寵，當西克索人被逐後，他們理所當然地接受國王所賜予的贈品，如

戰俘、土地管理及貢品等。故法老也順理成章地成為大祭司,掌控政權,並自由地發布命令。此外底下之祭司、農人、僕人、奴隸們亦皆必須參與政治;二是職業軍人,透過戰爭的勝利則可領有土地作為獎賞。

對於新王國,底比斯一直擔負著歷史上的重任,它是新王國的首都,更是新王國的搖籃,除了拉美西斯二世至三世時,是以三角洲東部阿瓦里斯(Avaris)的新城培爾－拉美西斯(Pi-Ramses)為首都之外,底比斯發揮極大的作用。但也由於更換首都而導致在地方上

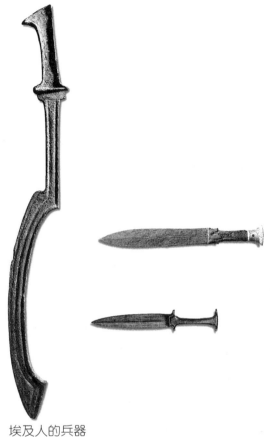

埃及人的兵器

出現更複雜的行政管理。財政方面,由於中央開始設立行政區,使得省長不再是榮譽性的管理者,中央開始派遣二位大臣,負責全國治安並擔任審判者,一個位於底比斯,一個位於孟斐斯,二位各掌其事。此外他們還負責公共事務,如國庫、糧食、公共建設等,手下有一群書記官,這些人大部分是由達官貴人中招募,他們擁有各國的贈品及鉅大的財富,因此也深受重視。

君主制度在社會及經濟方面的影響是:當時在社會上可能存有資本主義,人們有少數的個人自由經濟權,但受國家的管理。在埃及的文獻中,我們可發現到籍冊已使用於財政上,徵稅也進行著。埃及的土地歸

收割

王室或神廟所有，由
士兵、軍人、官員及
祭司負責管理，但卻
由農民來耕作。手工
業者和農民必須以食
品替代財稅，且有類
似行會形式的聚集，
隨著社會生產力的發
展，埃及商業也出現蓬勃的現象。

　　新王國時期，工藝技術已進步頗多，青銅器已被普遍使用，這時已
有許多大型工作坊，並有各類工匠製造武器以供國家使用，坊間擁有一
種皮革製的腳踏風箱以此冶煉金屬，提高了工作效率。手工業者雕刻著
精美裝飾品，製造各式金耳環、項鍊、寶石飾品等。當時也有紡織品，
以及帆布的運用，並使帆船業勃興。在農具的使用方面，如梯形犁，增

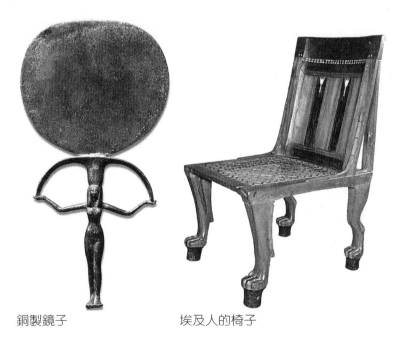

銅製鏡子　　　　　　埃及人的椅子

加新式的灌溉耕地技巧，皆大幅提高農業生產力。

　　在商業方面，即使國家給予人民稅制的負擔，及統治階級的不合理徵稅，但埃及的貿易依然活躍，例如努比亞一帶的香料、象牙、金銀，和兩河流域的油品、織物都是埃及人交換的對象。由征服戰爭的戰利品、國家工程及資金的增多、豪奢物品的充斥與品味的高雅，我們可以確定新王國的真正繁榮和鼎盛。

埃及婦女所用的化妝用品匙

四、新王國時期的文明

(一) 建築

　　新王國時期的建築數量在埃及可說是首屈一指，不論是在路克索（Luxor）、代埃勒—巴哈瑞、底比斯或卡納克（Karnak），或是尼羅河西岸懸崖的帝王谷，都有許多神廟及王宮建築，這些建築仍令我們驚嘆。不論是哈特雪普蘇的壯麗陵墓、圖特摩斯三世的花崗石方尖碑（Obelisks），或阿蒙霍特普三世的陵寢，與各法老王所修建神廟，或圖特摩斯四世的壁畫、浮雕等，都被認為是

路克索神殿

不朽之作。尤其在法老身後所葬的陵寢，無論是在雄偉壯盛的岩洞或是在隱蔽的山谷中被發現，他們的線條優美，技藝高超皆是傑出之作。

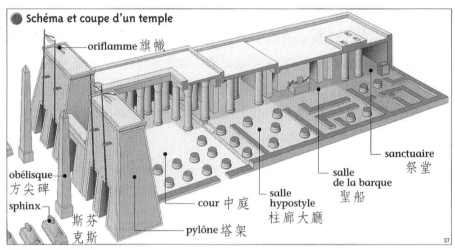

塞馬神殿剖面圖

(二) 文學

　　埃及新王國時期在文學上有輝煌的成就，各種紀念碑上皆留有敘述性的文字雕刻，官方文字也發揮作用，例如圖特摩斯特三世的勝利年鑑亦不斷地被翻抄，大部分皆是用來歌頌神或國王的功績。此時已有墓葬文學，例如：《死者之書》、《復活之書》、《山谷、白天和黑夜之

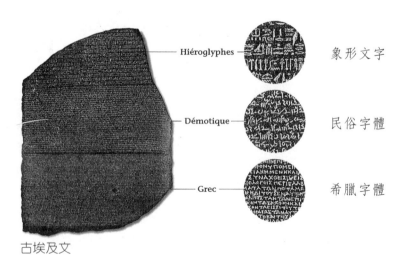

古埃及文

書》，內容保有讚美、咒語及虔誠的描述。此外還有宮廷詩，如西元前1291年的戰勝加代什（Kadesh）的宮廷詩、戰勝努比亞的麥倫普塔的以色列石柱、龐達吾爾（Pentaour，拉美西斯三世的兒子）的作品。很多文學的內容深刻反映出宗教情感。此外，民俗文學也極發達，在創作的新體裁方面也有文書的論戰，各種奇幻的故事、抨擊性的小冊子、各種愛情故事等包羅萬象，但大多爲私人文學。對於私人詩詞方面，也有阿克納唐的《太陽讚美詩》，及《雅歌》等創作。

(三) 藝術

新王國的藝術傳承自古王國的美學，也感染了東方精緻之美。在小飾品上，他們能以極精細的雕工，琢磨出微乎其微的作品，在首飾、雕像或浮雕上也展現出優雅的風格，甚至顯示出帶有女性品味的華麗韻味。在雕像的表現上，他們創造了一種富有神和人合體的生命，而藝術也常於神廟樑柱上、牆壁及金字塔內表現出來，手法是一種自然主義及現實主義所融合的精神展現。巨大作品爲數極多，如各種雕像、獅身人面像等皆運用大量的石材、木材及金屬製品等。

埃及獅身人面像

埃及新王國的藝術秉持古王國特色，是一種不斷追求美的積極展現。

(四) 宗教

廣大人民的心中仍存在古老的宗教形式，無論新王國的法老們如

埃及的木乃伊

何闡釋阿肯那頓，人們亦幾乎是無動於衷，也由於人們對阿蒙神的虔誠不移，使得祭司的地位也越來越重要。在人們的生活中，祭司的介入已經是必需，祭司們常以神諭來顯示神聖動物的降生。此種思想更深入人心，巫術亦開始興起。

在東方已有香料的出產，使得製作木乃伊的技術亦更加進步，屍體更能保持不腐。人們依賴著神學，認為死者在賴神的保護下，重返天堂，或是在通過苦難之後，死者靈魂可經由奧瑞西斯的審判後，幸福地生活在冥間。

埃及人對於巫術的信仰甚巨，人們認為葬墓時應先使死者有安身之處，經由作法使得死者於日間時，能搭乘賴神行駛的船，生活在大地上，而日間時也能活於光明之中，不再黑暗。故他們很重視死者的墳墓，若是死者對於人生極有貢獻或德行甚高，則可藉由巫術來擊破妖魔的詭計，使死者能順利重返天堂。通常於墳墓的牆壁下，能夠發現大量的巫術咒語，可見當時巫術的盛行及受重視的程度。

五、西臺王國

西元前二十世紀左右，西臺人（Hitties）生活於黑海或裏海的西部地區，在建立起屬於自己的小王國後便開始向南擴張，直至西元前十六世紀初，這群生活於小亞細亞的人開始和胡里特人（Horrites）、米達尼人（Mitanniens）、印歐人、亞利安貴族等來往密切。

此時胡里特人居住於旺湖（Van）附近，而和胡里特人緊連的國家正是米達尼，之後米達尼併吞了胡里特，以幼發拉底河為中心，不但占領美索不達米亞地區，還定都於哇蘇加尼（Washoukanni），在散播文化的貢獻上影響深遠。西臺人則是在米達尼人、亞尼克人、巴比倫人、印歐語系人民的多重影響下，建立自己的文明。

西臺王國並非純粹西臺人建立的國家，而是由西臺民族融合印歐語系的少部分人民所共同組成，建國長達三百多年。最早的首都定於庫薩爾（Koussar），國王馬西里斯（Mursilis）帶領人民往南進攻巴比倫，並開始統治漢摩拉比所建立起的帝國，之後，再將首都遷往哈圖沙（Hattousas）。

西元前十五世紀、西元前十四世紀，西臺國王蘇比魯留馬斯（Suppiluliumas，西元前1380年至西元前1340年）消滅了米達尼王國，並征服敘利亞。但西臺王國因內部爭鬥不斷，終於在西元前1190年結束。

(一) 文明

西臺人所留下的是一種極具特色而令人感興趣的文明，它帶有一種令人極欲探索的神祕感，雖然人們對於西臺人並無明顯的整體概念，但他們傳播文化的力量是很大的，他們將胡里特及美索不達米亞地區的文化間接地傳給印歐民族，如弗里吉亞人、亞述人及呂底亞人。

(二) 軍事

西臺人在西元前十六世紀已發現鐵礦，並且已知鐵的硬度較銅為

高，開始提升煉鐵技術，製造武器和用具，而此項技術也是西臺人最大的成就之一。西臺人在軍事方面有許多發明，由於戰車戰和攻城戰使得他們的裝備成為當時最好的，在攻城方面更是讓人驚嘆，他們曾經以八天的時間攻破防守堅固的卡其米希城（Carchemish，又譯卡爾凱美什），創下軍事史上令人咋舌的紀錄。

宗教及軍事性的國家必擁有一些小藩國及聯盟。當王權強大時，藩國們一一歸屬，團結一致，若當王權削弱時，他們則開始傾向獨立，所以西臺王國常在王位繼承時出現許多的紛爭。

(三) 宗教

對西臺人而言，宗教是極為神聖的，在文獻中同一個神常出現使用不同的名字來記載，他們預知了伊特拉斯坎人的出現。西臺人主要的一對神為阿瑞那（Arinna）的太陽女神及夥伴暴風雨神——氣候神是帖蘇布（Teshub）——之外，鹿神和太陽神也加入了宗教行列，祂們是屬於印歐語族帶來的神祇，也可能是包容了胡里特人及伊阿西里加亞（Iasilikaia）的聖殿神祇文化。

西臺人的神祇具有可愛的性格，會發怒也會懶惰，但也會改過，並擁有豐富的四季循環故事。

(四) 法律及社會

西臺王國的法律非常嚴格，他們不但須遵守各項協約，並強調道德法典。法典中常使用附加條款，並給予商業和農業較高的保護。法律雖然嚴格，但國家卻極少使用死刑，且強調經濟賠償及個人的責任。

社會中有自由人、貴族、商人和手工業者，以及被亞尼克或亞述所統治的人。與美索不達米亞早期居民不同的是：人們小心地伸張正義，並且以字據、重要文件為行事的依據，並以「人」為主。

(五) 藝術

　　藝術的表現上，西臺人以混合性爲主，不但擁有多套的書寫系統，也使用多種語言，在西臺的工業或雕刻品上，我們常發現這種特色。西臺人較注重「人」的表現，無東方藝術的莊嚴限制，故藝術的表現也更爲自由、開放。

　　此外繪畫中的國王，大部分出現於祭祀或打獵時，很少是以征服者的姿態出現；王后也以面對著一個替她打扇的侍女，並懷抱孩兒於膝上，充分發揮母愛光輝的方式出現。這些雕刻品表現純樸而簡單，並沒有任何複雜的雕飾。

　　西臺的青銅雕像、石頭、印章等，常在敘利亞及美索不達米亞被發現。宗教的大型繪畫往往被刻畫浮雕於巨石上，有許多神祇、妖魔及各種迎神活動，其表現的手法並不是很精緻，且缺少了透視和布局的方法。

　　在伊阿西里加亞地方，有一塊描繪西臺人對於神祇虔誠的作品。當中眾神們富有生命力，祂們正迎接一對神祇夫婦，其雕刻的作品不但有感情，且充滿了活力。

(六) 文學

　　西臺人所留下的部分文獻讓人難以解讀，考古學家們也大傷腦筋，因爲西臺人使用多種語言，導致研究更爲困難。例如他們除了使用各國文字外，並使用古老的象形文字及遠古語言，但經解讀之後，卻發覺文獻雖然粗糙，卻不失幽默，不嚴肅卻富有教育意義。

　　西臺文學中有一些歷史性文件及外交函件，但大部分的書板都已被燒毀，以史詩留下最多，詩中不但富有詩意更是包含趣味。一些贈予國王的詩，也顯示了當時國王壽宴的情形，如哈杜一世（Hattaui I）的作品，反映出米爾西勒二世（Mursil II）的禱告情況及豐富描述。

第三章
埃及文化背景

　　埃及基本上是一部政治史，是從最早留下文字紀錄的定居者到亞歷山大征服這一段時間內的敘述。但是關於一些較普遍的文化問題的簡短討論也是必要的，因為他們與我們講述的歷史息息相關。

　　宗教是埃及文化中必不可少的一部分，如果你讓一個埃及人概要地描述一下他的國家的歷史，他必定會從埃及在水源中誕生和眾神的形成與循環開始。這些講述中，對我們來說有一些是頗為自相矛盾的。但在他的講述中還會有神的名字，可能還有神是這片國土上主要祭拜中心，此外他還會描繪神的特點，宣傳神的力量。

　　一個埃及人對歷史的敘述，似乎是神話和一系列的宗教儀式結合。這些神話便是靠著這些宗教的儀式來演出的，主角常常是一個戲子國王，這個國王建造神廟獻給神靈，來保證神的安樂並取得神的青睞，在角色表演活動中，他演出殺死對手的場面。埃及人的敘述並不一定會包含一些細節，如金字塔建造者的名字——斯奈夫魯（Snefru）、古夫（Khufu）、克夫瑞恩（Chephren）和美西里納斯（Mycerinus），或著是圖特摩斯三世（Thutmose III）、哈特雪普蘇（Hatshepsut）、阿肯那頓（Akhenaten）和拉美西斯二世（Ramses II），至於戰爭，如美吉多（Megrddo）戰役和卡迭石（Kadesh）戰役，以及西克索人（Hyksos）和波斯人（Persian）的統治也可能只會提到一些或者根本不提。

一、語言
　　古埃及人的語言是用一種圖案符號系統來書寫的。一個符號可以

代表一個輔音、一組輔音或者是所描述物體的名稱，也可能在一組發音
後以圖像來顯示某個詞的意義或範圍（例如：後腿的圖案象徵著一個代
表行動的動詞）。這樣書寫的語言是所謂閃族語言的一個分支。閃族
（Semitic）語言包括阿卡德語（Akkadian）、亞述語（Assyrian）、巴
比倫語（Babylonian）、希伯來語（Hebrew）和阿拉伯語。雖然這種
埃及語言在其最初階段與閃族語言的最初階段完全不同，但它們有許多
同源的詞語以及在動詞結構上常常不易發現的相似性。這種語言的幾個
發展階段是分別為古、中、晚埃及語，德謨迪克語（Demotic）（世俗
體）和哥普特語（Coptic）。這種發展在許多方面與從拉丁語到法語或
西班牙語的發展相似。埃及的官方文字中，一般都能辨認出來，它被
稱為象形文字（hieroglypic），它被用來在石上刻銘文，或著被雕刻在
牆壁的表面上。這種文字的草寫體與它的聯繫和現在的書寫體與活字印
刷體或打字之間的聯繫相類似。它被稱為僧侶使用的簡化象形文字，象
形文字簡化後其圖案不能一下子辨別出來。這種草寫的變體常用於商業
和文學文獻，它一般是用蘆管或燈蕊草為筆，以黑或紅色墨水書寫在莎
草紙上。莎草紙是從莎
草這種植物的莖中提煉
出來，製成一種植物纖
維性紙張。一般來說，
是從右至左向橫寫文
件，跟我們的書寫規則
正好相反，但是為了對
稱起見，有時也從左至
右或垂直地從上至下地
書寫。

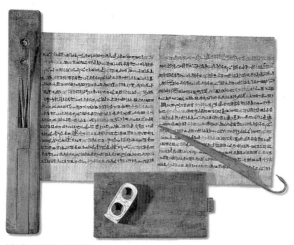

抄寫員使用的筆

二、文學內涵

　　埃及文學包括敘事文學、智慧文學書籍、詩歌和大量的宗教文獻等。中王國時期的一些作品在新王國時期成為了學校的教材，例如：《西奴荷（Sinuhe）的故事》在新王國時期的一些莎草紙文稿（書寫在莎草紙上的文獻）和大量的Ostrake（石灰石薄板）以及在陶器碎片上都曾出現幾行或更多行的作品。

　　埃及的書記官書寫了大量的書面文件，但只有其中的極少部分被留存至今。他們的職業更像我們現代的會計師，他們要進行法老政府中不同分支所要求的精確計算。自然而然，圍繞書記官高級的生活方式和這種職業的優點，發展出一種文學，例如這些作品中最古老的《對幾種行業的諷刺》，它描述出其他人不如意的生活處境。在以下的摘錄中也可以發現這種態度：

　　用你的眼睛尋找你自己，各式各樣的職業皆擺在你面前。洗衣工整天跑上跑下，他整個身體因為替鄰居漂白衣裳，洗淨他們的亞麻布而疲憊不堪，渾身發軟。陶工渾身沾滿了泥土，好像他的一個親人剛剛埋葬，他的手上、腳上全是泥土，好像一個陷在泥坑中的人。……一個木匠，在工棚裡工作，搬運堆放木材。如果他今日才把昨天的產品做出來，他四肢就要吃苦！造船人站在他身後向他說些不吉利的事。在城外築城堡外壘的工人，他的工作比任何一種都還要辛苦。整天他手裡是沉甸甸的工具，離不開他的工具箱……。但是一個書記官，他計算所有這些職業的產品，牢牢記住這一點。

三、書記官

在拉美西斯（Ramessoda）時期的《諷刺信函》中，一個書記官譏笑他那笨拙地計算建築坡道所需工人的同事。這些關於書記官的記載，在一系列莎草紙文稿中被一再地提出。在這些文獻中還交織著充滿術語的行政信件，以此來測量一位書記官的知識程度。此外還有如馬車零件、異國植物和布料的傳遞、異國的地名與獻給神的讚美詩等。

通過對實習書記官練習和他們爲人所熟知的作品研究，我們對古埃及的文化背景有了許多了解，正如同古牆上的浮雕和繪畫提供了對當時生活和時代的說明一樣。

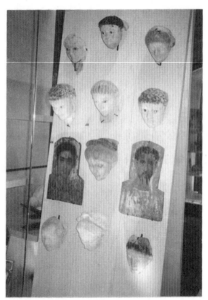

古埃及人頭像（貴族、官員）

第四章
兩河流域

　　美索不達米亞地區與埃及一樣是一個文化悠久的地方，它位於兩河流域的中下游，地勢平坦，古希臘人稱之爲「美索不達米亞」即是指河間之地之意。氣候炎熱，土地因河流流域的灌漑而肥沃，亦有利於棕櫚樹、椰棗等作物的生長。

　　美索不達米亞地區之於兩河流域，如同尼羅河之於埃及，但此區不如尼羅河區域封閉，它不僅通過敘利亞沙漠，更沿著幼發拉底河直至敘利亞北部順著這個地區，人們稱之爲「肥沃月彎」，此處地理環境條件十分良好。美索不達米亞的北部及西部通向地中海，而南部則通往印度洋（這一地區相當於現今伊拉克）。

　　此地區由北到南大致分爲三部分：北部在古代稱爲「亞述」，即現今的巴格達至波斯灣等地；中部在古代稱爲「巴比倫」，而位於巴比倫的北方稱「阿卡德」（Akkad）；南部則爲蘇美地區。

　　由於兩河流域的南北條件不盡相同，產生兩種不同的生活方式。北部多丘陵，並有較豐富的雨水，盛產木材、砂石等；南部地處氣候炎熱區，雨水稀少，大部分生產自然資源如椰棗、黏土等，但只要遇到兩河每年的氾濫期，即會造成許多沼澤地，爲了解決問題，須大量地使用人力來從事於灌溉、蓄水、排澇等工作，因此他們發明出一種蓄水的方法，不但建造類似水壩的儲水大槽，更在四周圍建以水壩，且在每年的氾濫之後，因水量充足，可將大蓄水槽內的水引導到小渠道，再引至田裡而得以灌

美索不達米亞黏土製品

溉。

透過考古挖掘顯示出，美索不達米亞文明的起源早在西元前四千多年即已有三處文明，它們分別是歐貝德（Obéid）文明、烏胡克（Ourouk）文明以及那什（Nash）文明。

在當時居民們可能是一些亞尼克人，他們在黏土、石頭及骨頭、銅器、寶石上留下了文化的遺跡。此時亦有另一個位於伊朗高原上的埃蘭（Elam）小城邦，首都為蘇薩（Suse），此地居民以相當發達的技術製作加工的銅器成品、陶器及紡織等，亦發展出具有獨特風味的單線條自然裝飾。

但這些文明後來消失，其原因與諾亞時代大洪水的傳說有關，其文明可能消失於爆發的洪水中，爾後又出現了蘇美文明。

一、最早的蘇美人

西元前4000年末期時，居住於兩河流域南部的主要是蘇美人（Sumeria），他們主要居住於埃里都（Eridou）、烏爾（同時也是王室墓地區）、烏胡克、拉格什（Lagash）及烏瑪（Oumma）等城市。此時，蘇美的文明早已超越北部，進入銅、石並用時代，開始了氏族社會解體和向文明過渡的過程，故產生了最早的蘇美文明。

至於蘇美人的起源，迄今未有定論。在西元前5000年時，兩河流域南部已有人居住，不久蘇美人便來與他們相融合。居住於南部的他們，必須面對兩河流域的氾濫，及附近民族對他們肥沃土地的覬覦，因而必須從事保衛家園及防禦的工作，戰鬥成為生活的一部分。

在防禦敵人和儲蓄灌溉水源的種種問題中，能有智慧解決及應付各種危機的人，便成為蘇美人的領袖。他有絕對的權力帶領每一座城市，人民認為他們的領袖深受神的特別愛護，故稱之為「神的代理人」或「昂薩格」（Ensag）、魯加勒（Lougal）。西元前三千多年前蘇美

地區也曾被「巴代西」（Patesi，也是神的代理人）領導，而此時已成為城邦國家。這些城市因為鄰近海洋而成為經濟活動熱絡的新興據點，並開始走向君主政體，此導致蘇美氏族制度的崩潰，奴隸制度形成的開端。

這個時期，各城邦之間不斷地鬥爭，拉格什城則占上風。西元前2378年的改革派國王烏魯卡基那（Ouroukagina）建立神廟及水利設施，他被人民稱為「拉格什與蘇美的國王」，同時他也創立蘇美的第一條法規。

烏爾國王烏魯卡基那，他不僅廢除奴隸制度，並大舉肅貪和整飭官員，此外他還頒布簡明的法令，使人們可以安居樂業。

摧毀拉格什的是盧加爾札吉西（Lougal-zage-si），他定居於烏胡克，並建立了「第一個美索不達米亞王國」，人民稱他為「烏胡克地區的國王」。

二、阿卡德時期

西元前2350年，蘇美人被阿卡德人（Akkadians）所取代，他們屬於閃族的一支，原居住於兩河流域的中部，在西元前三千多年時，由於阿拉伯的塞姆族人的遷入，他們隨之亦定都於阿卡德（Akkad-Agade），後來被稱為阿卡德人。阿卡德人起初仿用蘇

阿卡德國王獵獅圖

美人的文字、語言、建築、藝術等，直到後來才逐漸發展出自己的文化。他們擴張的速度很快，西元前3000年，他們已擴展至美索不達米亞地區。

　　阿卡德人的首領是薩爾貢（Sargon）或薛胡金（Sharroukin），他們帶領阿卡德人由敘利亞阿慕戶（Amourrou）地區登陸，從死海、西奈半島的摩阿布（Moab）、伊多姆（Édom）、納讓布（Négeb）進入蘇美地區，並發展出屬於自己的文明。

　　著名的君王薩爾貢是「阿卡德王朝」（The Akkadian Empire，西元前2350年至西元前2170年）的創始人，他以阿卡德為首都，加強國家的作戰武器，建立兩河流域第一支常備軍作為軍事上的防禦。他統一度量衡，使商業及貿易都獲益。薩爾貢對外邦征伐更是不遺餘力，不僅揮軍直逼古波斯海灣，還占領埃蘭，並向北攻占阿慕戶、黎邦（Liban）等地，昔日的蘇美城邦幾乎遭到摧毀，地方舊貴族的勢力受到沉重的打擊，但相對地，也使一些依賴國王的新官僚集團開始出現。

薩爾貢王朝的使者們

戰爭圖

　　薩爾貢總共統治了五十五年之久，他自稱「萬物之王」（King of Universal Dominion），全國人民都視他為神而尊崇。可是因為薩爾貢不斷地迫使被征服之地繳納大量的金銀、稅收，且還須提供勞役，導致被征服地區的人民產生不滿。由於，因他大肆地征戰使國庫負債，人民淪為奴隸或成為他國戰俘，致使薩爾貢統治晚期，國內平民不斷起義，戰亂頻仍。

　　繼承王權的分別是他的三個兒子，在薩爾貢的幼子納拉姆辛（Naramsin）繼位後，即開始大舉擴張勢力，他稱自己為「宇宙四方

之王」，進行對阿卡德、蘇美、蘇巴湖（Soubarrou）及阿慕戶的統治。直至現今，不論是巴黎羅浮宮的古代雕像，抑或是「納拉姆辛紀念碑」（Stele of Naramsin），都將他塑造成一個英勇的征服者形象。

阿卡德國王

在納拉姆辛去世後，阿卡德王國的國勢也漸衰，王位在三年之內亦更動了四次，蘇美各城邦亦不斷地騷動，而阿卡德王國也一蹶不振，致使居住於裏海南岸札格羅斯（Zagros）山附近的蠻族古蒂人（Gouti），大舉入侵兩河流域，並滅阿卡德王國，他們統治兩河流域近一百年。

三、蘇美人的鼎盛時期：烏爾的第三王朝

因爲古蒂人的入侵致使兩河流域產生極大的混亂，他們與被入侵者之間的爭戰，使得蘇美地區獲得極大的喘息及復興的機會，蘇美人此時更在文學上達到顛峰。

烏魯克的國王烏圖－凱格爾（Utu-Khegal）聯合蘇美人趕走古蒂人，建立烏爾第五王朝。第三王朝則建立於西元前2150年至西元前2050年之間，當時蘇美文化達到最鼎盛的時期。

王朝的創始人是烏爾那姆（Ournammou），他實行中央集權制，使政治趨向穩定，原先的城邦成爲地方行政單位。他任命軍隊、兼掌司法、立法，以及國內一切事務，並集所有力量於一身，至他的兒子時，國王開始被視爲神。此外，他建立國內的貿易站，不但引水灌溉，並修

建大型廟宇，發展農業、商業、手工業，也規定各種油、鹽、銅、羊毛之價格，執行統一度量衡，以白銀爲全國通用之貨幣。烏爾那姆爲這個宗教王國建立起完善的管理制度，並彙編歷史上最早的法典《烏爾那姆法典》，法典的序言裡強調，禁止欺凌孤兒寡婦，且不許富者欺侮貧者，但法典中也主張奴隸制和私有制，由法典中可以看出當時社會的貧富懸殊，而奴隸階級更是毫無地位可言。此部法典後來成爲《漢摩拉比法典》的範型，但卻比《漢摩拉比法典》更有人情味，更加實際。但是這樣的成就卻因埃蘭、阿摩瑞特人（Amorrites）與西部的閃族人的反抗所摧毀，西元前2006年，由於奴隸制發展加劇自由民內部分化，使自由民處境日益惡化，且奴隸逃亡現象普遍，自由民大量破產，影響國家兵源，使烏爾第三王朝亦開始崩潰瓦解了。

西部的閃族人於伊辛（Isin）建立屬於自己的王朝，並於西元前1950年，在巴比倫之「神門」定居，建立阿摩瑞特王朝。漢摩拉比王是此王國的第六位國王。根據專家巴羅特（A.Porrot）和西德尼・史密斯（Sydney Smith）的說法，漢摩拉比曾於幼發拉底河中游的城邦建立馬里文明（Mari）。而如此多樣且豐富的藝術城邦，藉由巴貝特的挖掘，使我們能夠得到歷史的見證。

四、漢摩拉比王的統治

現今收藏於羅浮宮的《漢摩拉比法典》（The Code of Hammurapi），是一座華美的閃嚴石柱。我們也可經由在伊拉克所發現的石板塊，對當時的政治、經濟、宗教、司法等有更深入的認識，漢摩拉比王不但造就巴比倫王國的鼎盛，更使兩河流域文明的

閃石浮雕

氣息影響至今甚遠。

　　法典分爲序文、正文、結語三部分。序文中竭力宣傳一個概念，即是「君權神授」，並歌頌漢摩拉比的政績；正文則針對財產、貿易、婚姻、債務、訴訟、軍人份地、租佃關係、親屬、遺產繼承、工作及奴隸處罰等訂定法令，比較全面地反映古巴比倫時期社會情況。法典主要在保護貴族及奴隸的主人或大商人、高利貸者，並對於廣大的奴隸進行統治，但仍有相當進步的地方──乃在於保障婦女的地位：姊妹可和兄弟們同分財產，奴隸們擁有一些權利與自由，若奴隸因債務須使子女爲奴者，期限不得超過四個月，即還予自由。在法典中，刑罰非常嚴厲，但也充分地達到穩定社會秩序的作用。

　　漢摩拉比將帝國擴展至整個美索不達米亞地區，從古波斯灣、蘇美地區至阿卡德地區，再到環繞亞述和上敘利亞的山區皆屬於他的統治範圍。由於人民對他的敬畏，各地所列舉的碑文皆尊稱他爲「國王們的神」或是「人民的太陽」。因爲漢摩拉比在此地區擁有崇高的地位，他成功地使巴比倫的「瑪爾杜克神」（Mardouk）成爲眾神之首，並同化了農神杜姆茲（Doummouzi）及聖尼布爾（Sainte Nippour）的恩利爾神。此時如太陽神「沙瑪什」（Shamash）也開始擁有瑪爾杜克的外型。將宗教的力量置於他的政治領域中，使得漢摩拉比順利地將王室神學滲進他的廣大統治區域，並成爲所有臣民對他的崇拜並自詡爲神的代理人，而「名正言順」地接受瑪爾杜克神所賜予他的封地。

　　在之前我們所提到的《漢摩拉比法典》序言中將君權「神化」，可由以下的碑文一覽無遺：

　　爲了使法律照耀著國家，爲了使惡人能聲名狼藉，爲了使強者不對弱者施以暴力，爲了使太陽神能普照著國家，爲了滿足人們在肉體上的需要，恩利爾和阿努姆（天神和地神）提出我，漢摩拉比的名字，我是崇敬及感謝神靈的傑出國王。

漢摩拉比計畫的碑文，也展現巴比倫閃耀光芒的原因。

漢摩拉比不但爲其尊崇之神瑪爾杜克修建巍峨的神廟，並重建美化巴比倫最重要的工作是開通運河，使交通順暢及使蘇美地區永無水患之災。此外，他也將宗教的管理中心設於宮殿之中，文書也須使用官方語言——盧卡德語，但於法律上又以蘇美語爲主。

他在政治上富有前瞻性，爲了防止叛亂，漢摩拉比努力削弱附庸的權力，並派遣各個總督作爲君主的代理人，並聽命於中央，同時他也極富智慧地尊重各城邦的領導人，讓其擁有一定程度的自治權。

五、蘇美文明

蘇美人創造了許多文明的開端，尤其是以城邦轉化爲王國的政治形式，或是宗教思想的奠基、國家司法、立法、軍政制度或生活方式及文化的形式——技藝、楔形文字、文學等皆深刻地影響漢摩拉比的統治，我們將針對宗教上、政治上及社會上的動態而個別探討。

(一) 宗教

對於蘇美人而言，宗教是生活的中心。早在新石器時代，已有宗教的起源，諸神們來自於宇宙，他們主要的神，分別爲天神—阿努姆；地神—恩利爾；海神—埃阿，主要是以自然神爲主。這些神祇中又創造了天體神，天體神主要掌管人類，如：沙瑪什爲太陽神、辛（sin）是月神、杜姆茲是陰界和每年復活的農神、伊什塔爾（Ishtar）是金星神，宗教聖地位於尼布爾。在他們的文明時期，也一直流傳著許多神話及傳說，不論是充滿魔力的伊什塔爾神話，或描述英雄吉爾伽美什（Gilgamesh）的史詩、恩利爾的宇宙神話，及杜姆茲的農業傳說或伊加爾（Icare）和黃金時代的寓言，都能使我們更加了解當時的民情、習俗及文化思想。

(二) 政治

對於蘇美的文明，最重要的階段即烏魯卡基那、古薩爾貢王國（Sargon）及烏爾的第三王朝。此時，政治上的極大轉變，即是政府開始擺脫原始組織形式，雖然還不能完全脫離宗教的皇室神學，但已使用了平等的法律，且因為南部的經濟發達而提供了人民生活上的便利。

最早由城邦轉化為國家的是在烏爾王朝，尤其在烏爾那姆和舒爾吉（Shulgi）王朝之時完成了蘇美至阿卡德的統一。此時每一個城邦都有一位總督為王室官員；而中央的財稅、公共工程及田產等，皆由專人管理。烏爾城則被建築於多層塔樓的神廟及王宮附近，占地非常寬闊且出現大型的石造塔廟。

(三) 社會

蘇美人已知大量使用銅器和陶器，並在農業、手工業和畜牧業有長足的進步及技術。他們已知十進位和六十進位法，也已相當普遍地將科學知識運用於日常生活中。

但土地私有制及城邦內的貧富差距相當大，因為王室和貴族的侵奪與剝削，無形之中使得農村土地日漸減少，且壟斷於富豪之手，此導致了農民們因失去土地或無土地而形成與貴族間的抗爭，並為各城邦間的奴隸、土地、水源等爭奪戰種下潛在因素。

六、巴比倫文明

雖然巴比倫的文化不像蘇美文化一樣具有獨特性，但是它所造成的效應及影響則更加廣泛，不僅在傳播範圍上較廣，持續的時間也更長，最重要的是它向東方人傳承了用蘇美楔形文字傳抄的阿卡德語，使得此種語文被持續保留直到西元前二千多年末期。

《漢摩拉比法典》於西元1902年在蘇薩（Suse）被發現，它是人

漢摩拉比法典

類歷史上最具傑出貢獻的文獻之一，它不但是一部對烏魯卡基那及舒爾吉蘇美法典創作的彙編，也是對被征服地區人民的自然法及習慣法之編纂。

西元1902年發現另一項明顯的事實，即是《漢摩拉比法典》不但比蘇美法律更有系統，且比亞述的法令更有人性、更文明。

法典裡的刑罰極為殘酷及苛刻，但每個人所面對的是相同的，有如現今「法律之前人人平等」之進步觀，但是此種形式的裁決掌握於國家法官手中；此時，已知判決時須面對聽取證人之陳述及誓言，充分地顯示出已捨棄之前的神意裁判。雖然法律中條文公平而精確，但不能否認還是有令人詬病之處，例如在法典中，人民被分為三種階級：自由人、次等人、下等人及奴隸。當罪行發生時，若受害者為自由人，法律則判定對方必須被報復；若受害者是下等人時，則被定以金錢賠償了事。此為極不合乎人權平等的觀念，也顯示出階級造成的不公平及奴隸的不自由和被剝削。

在婚姻方面，雙方關係必須建立於「忠誠」二字之上，對通姦則施予殘酷的懲罰，但只有丈夫才能提出離婚的要求。

巴比倫的經濟有其特殊之處，但卻隱約包含進步的自然資本主義形式。其經濟以灌溉的農業經濟為基礎，而灌溉的事業是由國家的受利者來經營；或由一些承租人、次承租人向國家借貸租金。由此，國家間接享受到相當的利潤；此時有許多國營事業，對糧食的徵收及捐獻品的處理也有一套完善的制度，國家累積了相當的財富，如金銀飾品、寶石、

美索不達米亞地區黏土製品　　美索不達米亞地區鳥首人身浮雕

大麥、小麥、椰棗、棉布、毛布、家禽等，以及各式各樣的雕飾材料。國家積極地進行各種商業進口、買賣及建築的石材運送開發。在地方貿易中，開放以物易物，並經由政府核定合格與否，再打上國家印記標明其價值。由於巴比倫經濟的鼎盛及閃族商人的努力傳播，逐漸使得巴比倫文明擴展至巴勒斯坦、愛琴海、希臘、敘利亞、小亞細亞及地中海世界。

　　巴比倫人的精神生活具有宗教傾向，但不同於埃及的是，巴比倫人的宗教思想消極，他們雖然也相信靈魂不死，但卻認為人的死後生活是悲慘的，因此人們應在活著的時候盡情地享受快樂的生活，而不必為建造墳墓費事（這樣的觀念可由在烏爾挖掘出的西元前3000年的食品、首飾中窺知）。他們崇敬宇宙及自然現象之星體，如太陽、月亮等各種星體，並由於神與人同形之說，而打破了埃及的動物、植物、圖騰崇拜及泛神論。

　　他們會因經常地恐懼魔力，而虔誠地祭祀神祇，但也促使神廟興盛及將宗教交由國家管理。每一個城邦皆能擁有神廟及主神，例如西巴爾（Sippar）的沙瑪什、烏爾的「辛」、尼布爾的恩利爾、烏魯克的安努

等，皆受到各邦人民的愛戴，並默允國王擁有神人同形之說，更達政教
合一。

　　神廟聖殿的建造、塔樓的增修，也一直是國內的重大工程及神聖之
事，人民從不擅自闖入神廟，藉著祭司和神祇聯繫，而產生另一種權勢
之興起，形成一種特殊的階級。

　　巫術、占星術、星象學間接成為巴比倫的天文之母，相較於其他
文明，此種文化卻是巴比倫宗教精神中，流傳最為久遠的，深受其影響
的加爾底亞人（即迦勒底人）將之發揚光大，更精確地掌握大自然的
力量。

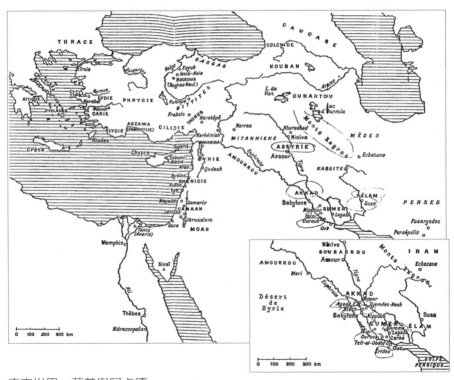

東方世界：蘇美與阿卡德

第五章
美索不達米亞地區文明

一、文字與語言

楔形文字

　　根據最新的資料顯示，美索不達米亞南部最早的文字紀錄，來自於西元前4000年末期的烏魯克（Uruk），這是用蘆管製成的針狀物在濕泥版上印字，然後再烘培乾而成。這些符號，雖然是線形圖案，但已不再跟以前沒有文字的符號時期一樣，而是帶有意義的線形符號，而且在相當大的程度上是具有事物的表達能力。這種發明亦很快地證明了它的

價值，因爲它明顯地刺激西元前3000年左右的埃及和波斯及原始埃蘭人（Proto-elamite）的象形文字的產生。

在西元前3000年間，一些重要的進展既影響到楔形文字內部結構，也影響外在的形式，和它的各種使用方法。人們很快地發現蘆管製的針狀物在泥版上留下了不同的楔形印痕，而且這種楔形文字的特點漸成爲一種標準，它最初刻在泥版上，後來透過模仿，也刻在石頭和其他表面堅硬的物體上。在這個過程中，這些符號最初所具有的圖像上的聯繫已經大體上不復存在了，當書寫的方向後來發生了九十度的大轉變時，這個過程也就完成了。與此同時，發音的規則也已經產生，使文字不再依賴於象徵性的圖案描繪，並且使之不但能有單獨的詞彙而且還有獨立的發音（包括語法因素），同時在一定的範圍內，也有能力表達其語言中的詞彙與發音。擁有了這一有效的技能，使越來越多的書記官掌握了這一新的文字表達方式，早在西元前3000年，他們接受書寫的訓練後就開始採取固定的課程形式，這爲以後的文學作品和紀念性的作品寫作打下了根基。

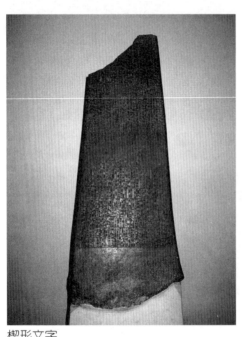

楔形文字

我們現在還無法確定這種文字的發明者操何種語言。它有可能是後來美索不達米亞學者所稱的「地方語言」——即蘇美的卡克賽加語（Kakesega），阿卡德的阿卡底亞語，這種語言起初提供一些最簡單的音節詞如ha、hu和hi。在美索不達米亞的語言層的其他痕跡還存在，

例如，地理名詞就是一例，它往往與職業的專有名詞結合在一起。這些職業性名詞由於考古學的發現，證明它可以和史前時代後期的某些技能聯繫起來，例如陶工與木匠。但毫無疑問，最早充分利用書寫發音的語言是蘇美語。

美索不達米亞楔形文字

(一) 語言

　　蘇美語（Sunerian）是美索不達米亞南部及其附近地區的語言。它很可能不是產生於美索不達米亞，而是從東方的某個地方，如印度河三角洲或其他各地區（Zndus Delta or Vauey），經由波斯灣（the Persion Guef）傳到這一帶。以語言學的角度看，迄今為止它和其他任何語言或語系之間，尚難證明有一絲一毫的聯繫。在提出無數的語言中，恐怕只有德拉維語（Dravidian，又譯達羅毗荼，印度南部）最有可能被證實為它的同源語。

　　整個西元前3000年中，蘇美語是美索不達米亞地區最主要的書面與口頭語言。西元前2000年中，它繼續充當一種書面語言，但阿卡德語逐漸取代了它成為日常的口頭語言，西元前1000年蘇美語仍是一種有文化的人使用的書面語言，不過發展至這時阿卡德語卻被阿拉米語（Aramaie，閃語的一種）所取代。

　　蘇美語的重新發現經歷了好幾個階段，1940年代，人們開始解釋楔形文字之後，在一段時間內有人懷疑在美索不達米亞是否曾存在過一個閃族語言的階段，十九世紀末期發現了一些如拉格什（Lagath）等蘇

美人的聚落後，人們又嘗試在阿卡德語譯文的幫助之下，來解釋蘇美早期經濟、歷史文獻和晚期略欠真實但用雙語書寫的宗教文獻。從1940年代左右起，用一種文字書寫的紀錄主要保持在古巴比倫（即漢摩拉比）時期，書籍中的蘇美文學作品受到極大的重視。在美索不達米亞當地發現詞彙表與語法表極大地幫助了這些作品的詮釋。

1.蘇美語

　　綜合所有原始資料發現，蘇美語顯然是一種膠著語言。在這種語言中，是將語法要素逐一地加到名詞項或動詞項的末端，但不一定對詞項有所改變，也不一定有爲屈折語言特徵的詞綴。以此種方式形成的名詞或動詞連接上不同的數目結合起來，組成一個典型的蘇美語句子。動詞和名詞的區別是最基本的，但任何一個動詞加上一個相關的後綴就能被名詞化，而且從整體來看，蘇美語常使用陳述甚至是被動的結構，而不再是閃族語言和印歐語系常用的主動句。

　　閃族人和蘇美人一樣，在美索不達米亞平原定居，他們向美索不達米亞北部滲透，他們最有可能來自阿拉伯、敘利亞的大沙漠之中。在蘇美文獻中，只有零散的一些人名和外來詞，從語言上證明了在西元前3000年上半葉時他們已經存在了，但西元前2500年之後，蘇美人的楔形文字很快地被借用來書寫完整的閃族文獻。儘管有更早時期的文獻存在──這些文獻在阿卡德的薩爾貢王朝和他的繼任者時代，開始出大量出現。早期文獻是用一種被稱作阿卡德語的地方文字書寫的，這種語言和在一些埃及文獻中出現的同時期的閃族語言一起，代表著閃族語言在各地的最古老的書面形式。以東南方的埃蘭〔Elan，即蘇薩（Susa）〕，到北方亞述〔Assyria，包括亞述城（Assur）、努茲（nuzi）、泰爾布拉克（Tell Brak）、迪雅克刻爾（Diyarkekir）等等〕，從西部的馬里（Mari）到中部的蘇美阿卡德地區，在這個廣大的範圍內相當統一地使用這種阿卡德方言。從語言學的角度而言，這種

古阿卡德語和東閃族語形式間的不同，在於前者保留了更多原始閃族語的音素和詞素，而且詞彙，在一定程度上甚至於他的詞法和後來的阿卡德方言一樣，揉合了較多的蘇美語特點，這是由於這兩種民族長期地共同生活，從而產生一種使用雙語的現象，也導致阿卡德語與其他的閃族語言越來越不同。以拼字法方面來說，古阿卡德語的特點是如碑文般的書法，從美學的角度來看，它有如同時期的表現藝術。

2. 阿卡德語

　　古阿卡德語（old Akkadian）在一定程度上，安全渡過了西元前3000年末期新蘇美語的復興時期，但卻沒有承受住當地操閃族語言的稱為阿摩利人（Amorited）的突然介入。阿摩利人定居於（並且在西元前2000年左右征服了）亞述和巴比倫尼亞（Babylonia），打破阿卡德語在語言上的統一，從此以後，阿卡德語的兩種方言被區分開來，即北方的亞述語（Assyrain）和南方的巴比倫尼亞語。在古亞述語方面，連遠在安納托利亞（Anatolia）地區的人也使用古亞述語，在當地發現的卡巴多細亞（Cappodocian）泥版上有這種語言文字的存在。至於巴比倫尼亞語，因為巴比倫尼亞語與南方蘇美語，與學術資料有更密切的關係，使它逐漸演變成為兩個地區的文化語言。不過雖如此，這兩種方言的主要區別仍是在發音和拼寫方面。除了這兩種主要的方言之外，在偏遠的地區如埃蘭、蘇薩、馬里、烏加里特（Ugarit）和迦南（Canan）也發現楔形文字記載的其他閃族語言和方言的痕跡，中部巴比倫尼亞方言代表了古阿德語最廣泛的傳播，它成為西元前2000年中期近東地區通用的語言，在埃爾－阿瑪那（el-amarna）區國際間的外事通信使用這種語言。埃及檔案館中的文學方面之文獻表明當地的書吏也研究這種語言，在西元前1000年阿卡德語和楔形文字逐漸讓位予阿拉米語及其更簡便的書寫方式。雖然前者仍然零星地在巴比倫尼亞帝國中的馬其頓王國（Macelonian）和塞琉古王國（Seleucil）內的使館中使用，到了

安息人〔Arsacids，即帕提尼亞人（Parthians）〕時代，它最終被徹底
摒棄。

(二) 文字

　　講阿卡德語的人使用楔形文字時間之長、地域之廣，刺激了美
索不達米亞地區類似文字的發展。絕大多數情況下，蘇美－阿卡德系
統的楔形文字被完整地繼承下來了，在另一個情況下，它啓發了一種
完全不同的新楔形文字字母表的產生。前一種情況自然能更容易地汲
取蘇美－阿卡德（Sumero-Akkadian）的文學和知識，這組包括埃蘭
人（Elamite）、卡西特人（Kassite）、胡里人（Harrian）、西臺人
（Hittite）和哈爾丁人〔Haldian，即烏拉爾圖人（Urartian）〕。實際
上，在西元前2000年下半葉，這些民族適應並接受，再逐漸傳播了美
索不達米亞的文學和宗教傳統，大部分的巴比倫尼亞文學是在卡西特人
手中最後成形的，而一般認爲胡里人是巴比倫神話傳說和他們在聖經中
的對應部分的中介者，並且，通過西臺人或腓尼基人（Phoenician），
成爲他們與希臘文學中對應部分的中介者。胡里人和西臺人使用的蘇
美－阿卡德音節表多多少少已有固定的形式，此外，也用他們自己的語
言，創造了一種新文學，他們自己的語言不但包括安那托利亞本土的哈
悌（Hattic）語或原始的哈悌語〔可能即爲西臺語（Hittie）〕，也包括
後來取代它的印歐方言 —— 尼希特語（Neshite），它一般被稱爲西臺
語、帕拉刻語（Palaic）和盧維語（Luwian）。

　　在埃蘭，早在薩爾貢時期（Sargonic）古老的楔形文字和它後來
的線形形式，已經被人們摒棄，而改用一種有所變化的蘇美－卡阿
德語楔形文字來書寫的當地語言〔即新埃蘭語（neo-Elamite）〕。
在亞美尼亞（Armenia）、烏拉爾圖〔Urartu，聖經中的阿拉拉特語
（Ararat）〕，西元前1000年的上半葉，當地一個王朝的王室紀念物
上，一是用蘇美－阿卡德楔形文字系統的另一種變體來書寫亞述語和烏

拉爾圖語（Urartian）。

在美索不達米亞地區的影響下，有些地方產生了嶄新的楔形文字系統，不過在這些地區，蘇美－阿卡德文化的影響就不太直接。烏加里特（Ugarit）首先產生了新的楔形文字系統，雖然在西元前十五世紀，那裡的人們用標準的楔形文字書寫蘇美語、阿卡德語和胡里語，一種記載新發明的巴勒斯坦－敘利亞（Palestine-Syria）西部的閃族語言的楔形書寫方式，被用來在土塊上書寫當地的宗教文獻、零散的神廟紀錄和信件等等。最後，波斯的阿契美尼德王朝（Achaemenidae）發明了一種新的簡化了楔形文字字母表用於書寫古波斯語（old Persian）。

1. 檔案館紀念碑與學徒

將用楔形文字記載的文學作品案廣義的語言學分類成幾組是可能的，他們與前面提到的幾種方言——如蘇美語、阿卡德語、西臺語等等，幾乎是在同一時期。但是，如果用地域來劃分則更爲有用，因爲打破了語言學上的界限，在土塊和蘆管爲最基本的書寫工具上，任何地方文學方面的創造力所依賴的條件是一樣的。例如，一個人若想記載日常生活瑣事中的一椿交易，那麼他便會將此件事寫在土塊上，再把土塊放在陽光下烘乾，或爲了耐久放在火爐中烘乾，最後把它存放在檔案館中供日後參考。毫無疑問，從烏魯克發現一些最初的書面紀錄就是由此產生的，這些紀錄包括主人對委託人的牛群簡單計算。當時人們以爲這些文件最多能保存幾代人的時間而已，不過事實上證明其更爲耐久。因爲文件的一般歸宿是一個檔案館，它們可以稱之爲檔案文獻。

所有用楔形文字記錄的文獻中，這種檔案文獻數量最多，其中包括帳目、信件、契約和宮廷決議，代表楔形文字所能證明的各個時期和地區。

另一方面，如果書寫者有意使文件可以保存久遠，他會採取以下兩種手段中的一種：一是他製作無數該文件的複製品，或是他在更堅硬耐

久的材料上記載，例如在石頭上記載文件。在前一種狀況下，有在大量的陶土釘和陶土磚上保存王室建築銘文。從薩爾貢時代起，由於有了印磚機械而開始大批生產陶土磚；在後一種情況下，有印章，有軸石和地基上的建築銘文，有刻在從簡單的匾額到真人大小的雕刻像等珍貴物品上的祈禱銘文。這些銘文成為紀念物中不可少的一部分，從而可稱之為「紀念性文獻」。它包括所有時期國王們所謂歷史銘文的絕大部分——儘管在當地人看來，這些銘文實質上是建築紀錄，它們所傳達的歷史資料，嚴格說來並無重大意義，但很明顯它們主要是為以後的重建提供資料，在建築石匠巧妙的工藝下，通常當時的人們很難發現這些銘文。而與此類似的是王室或私人的祈禱文，主要被發現為祈禱人永久的替身，代替它們在神面前傳達銘文中的祝願。甚至關於法律改革或恢復原狀的宣言，如所謂的烏爾那姆（ur-Nammu）、利皮特—伊什塔爾（Lipit-Ishtar）和埃什努那王國（Eshnunne）的準則，有可能是源於漢摩拉比石碑之類，並且沒有多大的實際效果，只有印章上的銘文才有一個更實際的目的。那些有錢刻印的人在法律文件上蓋印充當簽名，而沒錢的人則代之以指甲印或衣袍邊緣印跡。但是我們在紀念性之文獻這一類中應加入那些kkdurrus（界石）上的銘文，並將王室封贈王地或免除封建義務的紀錄傳於後世。

　　楔形文字文獻的第三大類，包括那些寫在泥塊上，複製品數量有限，須靠不斷重新複製來保存文獻。因為這種過程的文獻在學校中最為典型，我們可稱之為「學校文獻」，但此一說法已被用來指代其中的學習書吏工作的人寫作練習。在複製這些文獻過程中，每一代新的書吏逐漸將其時代化，進行改進和選擇，最後確定為一種固定文獻形式，這種形式把文獻有組織地分為iskaru（字面意為系列）、pirsu（部分或亞系列）、tuppu（章，字面意為版）、sunu（行，字面意為「名字」）以及它們下延的系列。因而，從一切實際的目的來說，它們逐漸發展為一種文學正典，可以稱之為文學性，或者更恰當地說為「正典文獻」。

主要的楔形文字正典包容古代思想的各個方面，對它們的研究應從在一定時期內構成書吏基本課程的文獻開始。因爲這方面的教育對所有的職業都是最基本的，不管是神職、軍職或文職人員，甚至連君主和王子們，都充滿驕傲地回憶起他們早期的學校生活。最早的學校課文可以追溯到烏魯克文字的產生時期，這些課文是一長串的符號和符號群，並且逐漸有了固定的次序，整個西元前3000年間，蘇美甚至連埃蘭地區都採用這種課文，薩爾貢在拉格什（Lagash）的總督就是一個極生動的例子。

2.符號

不過我們最好的資訊來源於尼普爾（Nippur）的古巴比倫尼亞學校，關於這個學校，我們不但能夠重新推測出它的大部分課程，由於對這個問題許多同時代的論文做了討論，因而我們還能了解當時學校生活的許多細節。在那時，教育是從一個大約有四百五十個楔形文字符號的圖表開始。學生們按照一定的順序學習這些符號，讓他們一遍又一遍，按次序寫在那扁鳥形的板上（許多石板仍留存至今），直至學生的筆跡以極爲接近老師的示範爲止。古巴比倫的學生不像西元前3000年的學生那樣，他們不再使用蘇美語。在他們的學習符號表上增添了一欄解釋，它包括所學符號大約九百個最常見的蘇美語形式。例如，其中的第一個符號A，解釋爲有五種發音：a、ya、duru、e和ɑ；對這五行的學習就構成典型的一天課程，其中的第一個等式，a=A，成爲整個這一系列本的名稱。古巴比倫時代之後，蘇美語也失去了作爲第二個語言的地位，入門讀物a=A被以等式ea=A=naqu（即「大聲吶喊」）開頭的系列所代替。這個系列在符號表上加了第三欄，在每個蘇美符號之後加上了基本的阿卡德文翻譯。舊的等式a=A逐漸擴充，先是八版，再爲四十二版（即「章」），這些仍以這個等式開頭，但是充當歷史性楔形文字拼字法的高等概要（一個很有趣的現象是，如同後來絕大部分西部閃族語

言的字母表一樣，所有這些符號表起首都是「基本音」"A"）。

　　在掌握了更爲簡便的楔形文字符號的書寫方法和發音之後，學生們開始通過記憶和抄寫，學習一長列音節表和詞彙表，這些表完全包括了各種領域內的專用名詞，也構成了一個蘇美語的詞形、詞彙和詞組的總表，不但分類清晰而且部分加了註釋。後來表上又加了阿卡德文的譯文，從而爲當代的辭典編纂人研究蘇美語和阿卡德語提供了一把寶貴鑰匙。

　　在尼普爾的學校裡，課文中的第一篇是音節表tu-ta-ti，他們是新學的符號的發音。學生們之後進行符號有意義組合的練習。爲了這個目的，他們學習人名，從me-me，pa-pa，或a-a，a-a-a等，暱稱到更複雜的稱呼。高等的課文和後來的部分課文，主要講述複雜的符號、語法要素、結構與蘇美方言特別是埃美沙爾（Emesal）方言，以及加喜特語（Kassite）等外國語言，和法律術語、神名、人名和神廟名等專門的問題。最不同尋常的詞彙表是urra，它有二十五章，對所有觀察到的世界提供了眞實的百科全書性的概述，它包括以下幾大種類：森林、蘆葦叢、皮毛、金屬、石頭、船隻、食品、植物、動物，以及地理名詞和職業名稱。後來這一類和其他類的課文逐漸引起了註釋性文獻的產生，從而在總表裡加上更簡單、更現代的阿卡德文的第四欄。較複雜的阿卡德文學作品上也偶爾附上了類似的註釋；也許就是從這裡產生了美索不達米亞詞彙學傳統的最後一個階段：「同義詞表」，其中不再解釋蘇美語的詞彙，相反地它用較簡單的阿卡德語同義詞來定義較難或方言性質的阿卡德語。

　　當然，書記官的學習課程不完全局限於純粹的詞彙或語法表。蘇美語的句法很難把握，除非通過學習連貫的文章和詩歌，學校裡保存的蘇美文學作品甚至能感染具有現代文學作品的人。後來，阿卡德文學作品也成了課程的一部分。從而我們知道，關於洪水時期故事的早期傳說〔阿卡德史詩，阿特拉哈西斯傳奇（Atrahasis）〕是緊接著me-me、 pa-pa系列。在古巴比倫的學校基礎課程中，蘇美語諺語，在其他幾種類別中受最多學生歡迎，這一點可以由無數學校的泥版文書所證明，它們上面銘刻了蒐集的正典文獻摘錄。但是，所有這樣的文獻，能在宗教文學和高深的學習背景下得到更好地描述，而不是出自書記官教育的環境中。

二、科學與宗教

如果人們能通過分析事物的徵兆來預測未來和控制將來，那麼在歷史的基礎上就較能夠解釋現在。在這一點上，美索不達米亞的思想家也拋棄了西方意義上的因果律。人不能永生並非是可由實驗證實的細胞生長的衰老過程結果，而是因為人類在「歷史上」曾被神賜予過的永生能力喪失了，而人類最初曾經是長生不老的〔阿達帕（Adpa）神話〕。像阿卡德（Akkad）這樣的偉大王國的滅亡，不是因為在它後期弱小君主的統治下或軍事、經濟力量衰退的結果，而是因為它早期強有力的國王犯下了瀆神的暴行〔「阿加德（Agade）的詛咒」〕。美索不達米亞的學者相信，他們能夠或者說不得不了解自身命運，因而他們對自身的過去和所有事務的起源十分熱切，儘管說是不實際的好奇心。關於這種好奇心，我們有以楔形文字記載的文學作品中最有名的部分，而這一部分，僅次於智慧文學，最有權利按嚴格的標準被稱為「純文學」。

(一) 宗教與神話

按現在的觀點，一般把這種文學分成神話、史詩和歷史傳說的劃分，如此大部分作品的主角是神，或是早期的英雄、傳奇性的國王，或是時代較近的歷史上的國王。但這種劃分很難反映出美索不達米亞當地人對於過去的看法；在他們眼中，神、英雄和普通人可能是並列的，或者是各自揉合了其他方面的一些性質。所以類似《向伊南娜（Inanna）的求愛》這種以神為主角的神話，實際上代表的是永恆的人

美索不達米亞鳥首人身浮雕

的類型——魯莽的姑娘，伊南娜；她過於謹慎的兄長，烏圖（Utu，太陽神）；杜姆茲（Dumuzi）和亞伯（Abel）一樣，是典型的牧羊人；恩基姆都（Enkimdu）和該隱（Cain）一樣，是典型的農夫。這樣一個神話並非是關於這些已固定化的神靈們的宗教文獻。另一方面，後來的關於古代國王的傳說常常把他們描繪成神，如同一個現代劇脫離了它在聖經中的模型一樣，這是一個美索不達米亞國王們在世時從來沒有得到過的地位。在人、神這兩個極端之間可從《吉爾伽美什》（Gilgamesh）史詩中看到，在此史詩中將其主角描繪成神，在一部分中描繪為人，然而為方便起見，它們之間的區別就不在此討論。

1.蘇美神話

　　早期的蘇美神話幾乎都是推究事物的起源，他們把物質和人類世界各種現象的存在，視為一些大神在萬物之初期作用的結果。例如：根據恩利爾（Enlil）與尼利爾（Ninlil）的神話中，神恩利爾強姦了女神尼利爾之後生下了月亮。而各類岩石和石頭的作用與特性是戰神尼努爾塔（Ninurta）根據祂們支持祂的Lugal-e（即神話中他的戰績）與否而定的。關於伊南娜和杜姆茲的神話傳說是從伊南娜下降到地府開始；為了從這無人返回的國度解脫出來，她必須留下哀傷的杜姆茲作為抵押，他的囚禁象徵著杜姆茲月〔即希伯萊語中的塔姆（Tammu），大約是我們的六、七月份〕中已灌溉的可耕地上水分的喪失可知。

　　蘇美神話的最大一部分是關於恩基（Enki）的傳說。祂是智慧之神、人類的朋友和發明的源泉。在這個神話傳說中，據說是祂創造了神

和人，規定了祭祀儀式和各種手工業，把文明世界的各種技藝由原始的埃利都（Eridu）傳到烏魯克（Uruk），使世界成爲一個有序的整體，甚至在生活中還爲畸形人或不合時宜的人留了餘地，並且祂在大洪水中拯救了人類。大洪水的故事在美索不達亞的傳說中占顯著的位置，它標誌著神話時代的結束——那個時代中只充滿著神靈——大洪水以前有壽長得令人難以置信的國王，以及他們的apkallu（即半神半人的智者），這些apkallu是將恩基（Enki）的智慧傳向人類的普羅米修斯式的中介人。

大洪水以後，在蘇美傳說中，王權從天上降到了地上，一個英雄時代來臨了，它也成爲蘇美史詩文學的主題。史詩中的主角是半傳奇的國王以及烏魯克（Uruk）的高級祭司恩麥卡爾（Enmerkal）、盧加爾班達（Lugalbanda）、牧羊人杜姆茲（Dumuzi）和吉爾伽美什（Gilgamesh）。但是與他們一樣來自北方〔基什（Kish）〕和東方〔阿拉塔（Artta）〕的同時代人也出現在史詩中。其他地方簡短的故事也表明，整個英雄時代同樣激發後來蘇美人的想像力。

神話傳說和史詩都被用來描寫遙遠的過去。蘇美的書記官爲了以適當的形式描繪發生不久的事件，和他們君主的豐功偉業，利用一種充分效法於同時期的紀念性和歷史性文章的文體。這種歷史傳說中最經常使用的主題是阿卡德（Akkad）偉大的閃族（Semitic）國王們，特別是薩爾貢（Sargon）和納拉姆辛（Naram-sin），以及烏爾（Ur）王朝最後的一些蘇美國王們，主要是舒爾吉（Shulgi）和伊比辛（Ibbi-sin）。這些王朝和其他的一些王朝，如烏魯克的烏圖赫加爾（Utu-hegal）王朝和盧盧布（Lullubu）的阿努巴尼尼（Anu-banini）王朝等，有一些獨創的文章，如王室文獻、法律準則、信件以及多多少少來源於最初典範的複製品等的主體。以薩爾貢（Sargon）時期到漢摩拉比（Hammurapi）以後，這些文章連同獻給王侯的讚美詩，或王侯自製的讚美詩，留給我們一幅關於美索不達米亞早期的政治和歷史哲學的生動

畫卷。

上述蘇美「歷史」文學的畫面完全是以古巴比倫尼亞書籍的複製件為基礎的。很明顯，它深深吸引了講阿卡德語的巴比倫人（Babylonians）。無怪乎後來的阿卡德文學沿著蘇美的道路發展，一些蘇美文獻被逐字翻譯成阿卡德語；另一些被大幅地改寫；一小部分則被徹底摒棄——特別是像王室讚美詩等特定文體，因為它適合於奉君主為神靈的那個時代，但是在古巴比倫時期，這個概念已不再時興了。在以阿卡德文改寫的作品中，最有名的是巴比倫的《吉爾伽美什》（Gilgamesh）史詩。在這部史詩中，蘇美關於吉爾伽美什的獨立的傳說，被組織成一部有主要線索和連貫情節的偉大作品。

(二) 阿卡德文學

除此之外，任何時期都有阿卡德文的新作品出現，雖然它們很少運用蘇美人使用過的文學形式，那些沒有，至少是沒有明顯的蘇美範例的文章中，有關於阿達帕（Adapa）或伊拉（Irra）的神話，描寫伊坦那（Etana）和雄鷹的史詩，以及一些歷史傳奇。這些傳奇不但與某些傳說中的人物如薩爾貢（Sargon）（例如Sar tammnari，「戰爭之王」）和納拉姆辛（Naram-sin）〔例如「古塔（Cutha）之王」〕有關，而且涉及到幾乎是與之同期的國王，如亞述（Assyria）的圖庫爾蒂尼努爾塔一世（Tukultininwta I）。

至於誰有可能閱讀這些文獻，人們容易很快做出結論，這些文獻可能是用於王室成員的教育上，只有這個假設才有可能解釋，為什麼這些文獻主要內容是與國王、宮廷有關，而很少涉及大眾的愛好或神學的範疇。當然，一些最優秀的史詩，如《吉爾伽美什》對民眾有巨大的吸引力，甚至在它的開頭還有向廣大讀者的獻詞。此外，最動人的神話在祭祀中有著一席之地，我們知道在新巴比倫akitu（即新年節日）時，必須要背誦enumaelis（即「關於創造的史詩」），這如同在這種或其

他的儀式上規定要背誦的幾百篇純祭祀性文章一樣。更常見的是相反的情況，我們視爲神話的文獻，原本是對付文獻中描繪魔鬼的咒語，如對待牙病（《蟲子與牙病》）、肩胛骨骨折〔阿達帕（Adapa）〕或瘟疫〔伊拉（Irra）〕的文獻。但是，如果要看看針對大眾，同時爲大眾創造的文學的例子，我們應轉向智慧文學。

　　讀書、寫字和背誦傾向於互不相容，美索不達米亞人很早就能讀書、寫字，在某一段時間中傳播的地域還相當廣泛，因此就顯示不出美索不達米亞曾有過相當長時期的口語傳說。但是，對在智慧文學的各種文學形式中最接近於大眾文學（與高雅文學相對）的，在一些情況下，很明顯可看出它們在美索不達米亞地區是透過口頭傳播的。在這些文學樣式中，最早用文字記錄的包括諺語，其中的一部分甚至是遠在古蘇美法拉（Fara）時期的作品——大約到新蘇美時期，並且肯定是在古巴比倫時期以後。這些蘇美諺語已經被改寫納入學校的課程中，其中一部分按主題分類，有大約二十類或更多。在新亞述時期，只有極少的諺語或以蘇美文、阿卡德文形式留存下來。這時還出現了新的阿卡德諺語集或從其他文獻中摘錄的格言。當時的許多諺語、寓言和袖珍散文在其他地區的文化中已經出現過，例如阿拉米（Aramaic）關於阿希喀爾（Ahiqar）的故事（現在發現它是從一個阿卡德故事的原形發展而來的）、伊索預言，以及《天方夜譚》等（例如其中的《尼普爾（Nippur）的可憐人》）。

　　由此可知，諺語和寓言是文學樣式中最持久的一種，不過還有其他形式的文學體，而這些樣式，都能在蘇美文傳說和後來雙語的或完全使用阿卡德文的傳說故事中找到代表——一些主題是神學以及正義之士受苦難的散文詩，如《讓我歌頌智慧之神》等，有時被比作爲聖經中的《約伯記》（the Book of Job）。討論不同職業、物質、動物或植物的相對長處的adomen-duga（文學辯論），似乎是在《列王紀》第一章第九節的中線索中有詳細闡述。《訓導詩》，傳說是神和大洪水前的國王

們所做的，其中關於農業的一部分，使人聯想到維吉爾（Virgil），因而他被稱為《農事詩》。但是上述的這些類則在這些作品本身的獨創性面前都黯然失色。

　　這種獨創性沒有比一組描寫古巴比倫學校生活的獨特的散文表現得更明顯了。這些十分坦率的散文為發現誰可能是絕大部分智慧文學的讀者提供了線索：那就是學校本身和後來的書記官組織。

　　各種智慧文學的樣式，從總體而言，有十分實際的寓意，從完全的犬儒主義到具有最高道德基準的文章應有盡有。它們都脫離了祭祀文獻中積極的迷信思想和讚美詩、祈禱文中有消極的逆來順受的思想影響。

(三) 科學與醫學

　　書記官的教育是文職人員、祭司和祭祀人員等職業的基礎，它也在純科學中引發了等於是研究生專業教育的一種形式。實際上，每個時代都有一個bit mummi（學院），那裡聚集了當時的大學者。這很可能就是古代美索不達米亞留下的數學、天文學和醫學等領域的學術論文的來源處。這些領域中最基礎性的成就可能屬於蘇美人，他們發明了六十進位制記數法、表示數字的符號，和一些算數方面基本術語。蘇美人也是最早對星座和生物進行命名和分類，但不僅止於此，最主要的突破是閃族人和蘇美文化其他的繼承人在西元前2000年在數學方面和西元前1000年左右在醫學和天文學方面所取得的成就。如果根據正典文獻系列（書集），這些成果最好能一一列舉出來；但我們不應該忘記有更多的（在許多情況下是多得多的）非正典性泥版文書的存在。後者的形式是研究教學方面單個問題的課文。在天文學方面包括了對一個或好幾個月的觀測紀錄、年鑑和記載一年事件的其他文獻，以及對具體某個行星——包括月亮的（一年或幾年）觀察——由於他們很早就注意天文的觀察，因而依據月亮的運行規定，制定曆法以月的圓缺，周而復始為一個月，並有閏月的觀念；不過要到古巴比倫時期，置閏月才有一定規

律。在醫學方面，包括有被外科、醫藥或咒語治好的單個病史。

　　現存最古老的數學系列文獻似乎寫於中巴比倫時期（the Middle Babylonian period）。雖然他們確切的文學尚未恢復原狀，但很明顯他們有幾個獨立不知名的系列。那些已發現的數學系列的殘片包括了一千多個問題。這些系列的特點是解題方法簡潔，同時有許多例子闡釋一個基本幾何問題的幾種簡化的解決方法。這些系列也許包括問題的答案，但從不論述得出正確答案的步驟；他們被保留在單獨的問題文獻中來闡述。數學系列中的逐個論述的特點和美索不達米亞的知識結構很一致，通過重複和無數的例子，美索不達米亞人解釋了一個基本的原則和它的應用，但他們從不把它當作一條基本原則寫出來。因此畢達哥拉斯定理（the Pythagorean Heoren）只在實踐上很知名，有很多解題的文獻講述怎樣掌握邊長為「3：4：5」或「5：12：13」的直角問題，有時邊長甚至數字很大以致完全排除了純實用性解題法的性質，但這個定理從未被明確闡述過。歐幾里德定理（Euclideam thearem）的整個概念和他的理論對美索不達米亞的數學方法來說是完全陌生的。實際上，美索不達米亞的幾何學和埃及或希臘比較起來相對地比較弱，整個來說是數學中相對被忽略的一支。相反，幾何學被視作代數的一個分支。所以，最基本的典型的幾何學關係只作為「協同因素」與純計量學和代數學關係並列在一起。在其他方面，重點大多落在算數和代數上。曾有人說過，數字的概念化與圖像的概念化是互不相容的，而美索不達米亞學者一直強調的是前者。

　　美索不達米亞的天文學也有同樣的特點，除了純占星術的系列inuma Anu Enlil之外，它最主要的系列文獻是mul-apin〔「北斗七星」仙后座（cassiopeia）〕。這個系列的名稱是按它的第一個條目命名的。它列出了美索不達米亞天際主要的恆星，並根據它們的方位分類。這個系列文獻現存最古老的版本可追溯到西元前七世紀的亞述。但根據著名的阿米撒杜卡（Ammisaduqa）的「金星的泥版文書」（西元前

1646至西元前1628年），我們得以知道巴比倫時期末就開始了天體觀測；這也許仍主要是為了滿足占卜的需要，但巴比倫的天文學是後幾代人取得決定成就的一個領域。一些較新的技術與方法，把天文學從占星術的束縛中解放出來，充分滿足了曆法修定的需要，具體來說是它使太陽年和太陰年協調一致。以不同的算術符號為基礎，將精確的觀察和巧妙的計算相結合，新巴比倫人制定了一個可預測性的十九年為一輪，包括閏月在內的曆法，它如此精確地協調了太陽年和太陰年，時至今日還令人敬佩。它使巴比倫曆法早在猶太曆法之前，便從觀測中解放出來，而巴比倫曆法是直接啟發了猶太曆法的。巴比倫的這一成就可以和那布那西爾（Nabunasir）的登基（西元前747年）聯繫起來。《巴比倫編年史》和《托勒密（Ptolemaic）正典》也是從這個時候開始記載的。安息（Arsacid）所有的楔形文字紀錄表明，在各個不同的中心，天文學的測算和觀察一直在不斷發展著。

從很早時候起，法律條文、單一的病例和職業名稱等都證明藥學和外科的存在（蘇美文中的a-zu，即「藥水和液體的通曉者」，最後在阿拉米文Aramaic中為asya，即「醫生」）。但現在看來這個領域內首先出現的連貫的學術文章是一部新蘇美文（neo-sumerian）的藥典，即處方表；它有藥物各種成分的詳細說明和準備，以及使用這些成分的方法。但奇特的是，藥典中沒有說明這些藥是用來治療哪種病症的。古巴比倫時期沒有給後人留下這種藥典的直接的演變形式，但從西臺（Hittire）首都哈圖沙（Hattusha）發現的阿卡德文獻中清楚地證明了它的存在。亞述漢尼巴勒（Assurbanipal）的書記官們把接受的傳統方法，組織成為簡單明瞭的書籍，包括各種疾病的特徵和治療方法。一些藥典，如summa amelu sulam maris，即「如果一個人得了咳嗽病」，或summa amelu pusu kabtu，即「如果一個人的嘴乾澀」等等，表明了從新蘇美人時代起正是典籍中醫藥學知識增加的程度，但他們同時也顯示出早期純藥物治療法受當時魔術或宗教儀式影響的程度。這一點並不

令人驚訝，因爲診斷總體來說已成爲占卜學的一支。而且sakikku（即醫藥學上的徵兆）這部著作中穿插了許多非醫藥學方面的徵兆，所以它應同爲上面的祭祀占卜方面之文獻。

　　美索不達米亞（Mesopotamia）的宗教和文化是緊密聯繫的一個整體。我們所知有關那裡的經濟活動的絕大部分知識來自神廟中的檔案館。神廟在王室和祭司的保護下，常常壟斷了工業和商業生活，在國王獻給神的紀念物上常刻有一些歷史資料；在不同的時期，培養書吏的學校和神廟的關係一直很密切，祭司們被當作這種學校的畢業生和指導者。占卜學承認神和魔鬼的存在，因而可以視爲宗教學的一種實際的應用。文學作品中以神爲主角，或是把主角塑造成神一樣高大，而智慧文學在教育人的同時也沒有脫離宗教的道德標準。甚至科學性的文學作品在宮廷、神廟和世俗舉行儀式時的需要上也得到了應用。

　　爲了對美索不達米亞宗教有一個眞正的了解，我們把注意力集中在使人與作爲神的人有直接接觸的那些活動和信仰上。在文學方面，這主要是指儀式法典或祭祀式的文獻，它們（如上所述）集中反映了官方正式的崇祀和信仰。同時，在所有時候都存在有一種大眾的宗教，這種流行的宗教完全是爲了安撫眾多的小魔鬼（這一點我們可從簡單的造型奇特的魔咒符和護身符中發現），它不信仰正式的官方崇祀的眾神，而供奉自己喜愛的神祇，包括一般總稱爲ilum（即「神」）的無名神靈。但是大量的文獻及藝術作品都反映了官方正式的宗教信仰，並且我們從中對於這種宗教的三個基本組成部分：教條、儀式和人員，有了更深的了解。

(四) 多神論

　　在美索不達米亞整個有記載的歷史時期中，它正式宗教信仰是多神論，即認爲有多種神靈在一定時間或地域內占據了領導的位置；另一種認爲多神中有一個主神的信仰傾向偶爾也會有所發展；更經常的是，當

神靈的數目大幅度地增加，並且所有現象都逐漸被賦予神的特性後，多神論就會傾向泛神論。美索不達米亞的多神論一直到最後都保留有它的特點，集包容一切神的尊高地位，一樣地崇拜祂們，因美索不達米亞對於排除其他神的一神論有無法克制的反感。

　　神的力量或魔鬼的力量是如此之多，令人迷惑，同時也向美索不達米亞人清醒有序的頭腦提出挑戰。美索不達米亞人很早就學會把他自己的神祇系統化，並加以分類，給每位神祇的國王劃分界線，並為他們在等級順序中安排一個適當的位置。這種組織方法的一個大原則是按時間順序或按家族關係：較重要的神視為一派相傳，下一代在上一代被擊敗後取而代之成為重要的領袖。但這種對神統的安排在神話之外沒有多大的意義。這種神統的安排通過神話的影響，也傳到小亞細亞、腓尼基和希臘，進入那裡的純神學中。另一種眾神的更實際的組織方法是按宇宙和地理方位來區分，在這個系統中，土地、海洋和天空分別是大神恩利爾（Enlil）、恩基（Enki）和安恩（An）的國度，他們也平分了綴滿星星的天界。在人類生活的大地上，某個特定的神或女神都有屬於祂們的神聖城市。例如月神南娜（Nanna）的烏爾城（Ur）、日神烏圖（Utu）的拉薩爾城（Larsa）〔阿卡德文中的沙瑪什城（Shamash）〕、「天空之神」安庫（Ancu）和「天空女神」伊南娜〔Inanna，即伊什塔爾（Ishtar）〕的烏魯克城（Urkuk）、蘇美眾神中的「總管」恩利爾（Enlil）的尼普爾城（Nippur）——它是蘇美古代宗教的中心；在巴比倫尼亞神話中取代了恩利爾（Enlil）地位的馬對神祇的需求馬爾杜克神（Marduk）擁有巴比倫；在亞述人心目中代替了恩利爾（Enlil）地位的另一個同名的馬爾杜克神（Marduk）擁有亞述城（Assur）。最後，美索不達米亞的信仰者把他們的神靈按地區分成一定的體系。按這種方法，所有的神靈按以下兩種方法中的任一種，被歸於十二位或十三位的領導之下。這兩種方法是：按其功能或性格把一個當地或外國的神靈和一個民族性的大神等同起來，或是把他們視為

某個大神的後代或僕從。在一些情況下，神化一件事物也眞正滿足了美索不達米亞人；它可能是使一個具有可預測性特徵的獨特現象顯著起來，例如公平與正義在日神，同時也是法律保護神的鳥圖〔Utu，即沙瑪什（Shamsh）〕的宮廷上視爲小神。這種神化因抽象

美索不達米亞慶典儀式

的概念不同而不同，後者一般對美索不達米亞思想來說是陌生的，這種神化並不意味著崇拜。對於普遍的鬼神學，我們了解較少，但是所有的神祇都有同形的個性，祂們是人們在祭祀中懇求的對象，因而我們可以推測出一些祂們的神性。

慶典中婦人手提器皿

　　祭祀大概過程依據並體現了基本的教條。如果沒有一個至高無上、全能的神，如果每個神的權力都受到時間、地域或地形的限制，則從安全起見應有最大數量的神受到供奉。所以國王們爭先恐後地給越來越大的神建廟，祭祀也在一個神廟內所有獨立的小教堂內進行，或是某個城市中所有不同的祠堂中進行。重大的節日和所有時期裡的日常禮拜儀式都有這樣的特點——即連續不斷地祈禱並有許多規定的神靈祭品。在這些情況下應依照的程序可以從無數詳細的檔案紀錄館中得知。這些紀錄記載了祭品的材料，主要是動物，並且具體說明了品種和性情。從薩爾貢時代（Sargonic）以前起，所有的神廟都認眞保存了這些紀錄，並且說明了按一定程序履行祭祀的義務。即使早期很少有或根

本沒有類似《利未記》（Leviticus）中祭祀指導的惟列性的祭祀文獻，它在後來也逐漸出現，並且在各種場合下都表現出一套精心設計的儀式。

　　如上所述的流行的宗教文學和儀式，很顯然要求有大量的神職人員。實際上，標準的阿卡德（Akkadian）字典中列出了三十多種不同的職業名詞和表性質的形容詞，將之翻譯過來就是祭司或女祭司的意義。嚴格地說，在當地文獻中只有sanga、enu（陽性）和sangitu、entu（陰性）表示祭司。它們來源於蘇美文中的sanga和en，可同樣地用來指男祭司（侍奉男神）和女祭司（侍奉女神）。其他詞彙中的絕大部分描繪可能在（也可能不在）神廟中進行的職業或技能，但並不意味著這些詞彙所指的人就是祭司或有神職地位。

　　然而，一些重要職業與祭祀活動是如此緊密地相交，只有神職人員等詞彙來描繪最為恰當。在實際上的神廟儀式的中央站立著的阿希普（巫醫）asipu（即蘇美語中的伊西卜isib），是組成祭祀文獻的咒語和祈禱文方面的專家，他同時也接管了贖罪和齋戒等儀式。國王自己可以扮演這個角色，或取得asipu的稱號，從而把宗教和世俗地位合而為一，如同烏魯克（Uruk）的女神伊南娜（Inanna）的古蘇美恩神（En）所做的那樣，他當初既是祭司又是一城之主。美索不達米亞宗教的崇祀核心的較原始的一面與占卜相融合，較先進的一面與文學相融合；當占卜或文學等領域侵入祭祀這一領域時，其他的人員獲取了主動權。masmasu似乎要有最大的能力，他不但要和asipu一樣要主持齋戒或唸咒語，而且從其技藝的各方面來看，他必須掌握許多正典占卜系列和一些適當的儀式。但占卜的各種特殊方法需要有專門的職業人員來掌握，所以baru（先知）對內臟觀察學（txtispicy）和油跡觀察（lecanomancy），sailu（諮詢者）對析夢法（Oneiromancy），mannu（狂歡的）對懺語學（cledonomacy）特別熟悉（這些技巧的詳情見上）。另一方面，對讚美詩甚至史詩吟唱和伴奏也不是由業餘愛好者來

進行的，音樂家中至少有兩類因他們而知名：the kaLu（唱輓歌者），他們假嗓子和對「夫細」的蘇美方言eme-sal的運用很有名；還有nara和nartu（讚美詩的男女歌唱者），他們同時用樂器為自己伴奏。不言自明的是，這個簡略的抽樣說明既不能詳細闡述美索不達米亞宗教人員的名利，也無法詳述他們的作用。

第六章
印歐民族的現象

一、印歐語系

　　西元前2000年，出現了一波極特殊的浪潮，即是「印歐民族」的現象。長期以來，人們對「印歐民族」這個名詞，仍然沒有確切的定義，直到德國的部分學者提出「印度和日耳曼語系共同融合的民族就是印歐語系」，才有比較明確的說法。但此一說法，又引起熱烈地討論。現今，我們可用一個較客觀的說法來定義，即是：沒有所謂「印歐民族」的稱謂，他們是一群在西元前二十世紀生活於歐亞平原（或從德國到西伯利亞之間）的民族（約在新石器時代），他們的共同生活方式，發展出許多相似的文明。

　　這個觀點雖然不能確定當時有獨立的種族或國家，但卻影射一個不爭的事實：歐洲人和居住於伊朗地區的人，他們曾共同屬於這個社會，只要揭示共同點，我們可以明顯地發現。

　　根據史料，我們得知印度語、伊朗語、希臘語、日耳曼方言、義大利—塞爾特語、斯拉夫方言、波羅的海方言及古老的土耳其方言等，都存在著許多相近的特點。

　　此時期的政治制度尚未健全，領導者的職稱及性質亦不嚴謹，各部落由其首領分別統治著，他們大部分是遊牧民族，並馴養著許多活動力強的動物，他們已知使用馬車。在大規模遷徙移動時，馬車發揮了極高的效力。此外，馬車也作為交通工具、搬運家用物品等工具，馬也成為財富的象徵，印歐民族活動範圍亦更能擴展開來。

　　此時已知使用銅器等，在生活上已有長足的進步。他們也懂得如何

利用農業工具增加農業的生產，並種植不同的作物以利於日常的糧食供應。

　　與埃及一樣，印歐民族對自然的崇拜不遺餘力。依據杜梅澤勒（G. Dumézil）的說法，印歐民族擁有非常多的神話。對於神祇的命名，他們以大自然現象來表達對自然力量的敬畏。

(一) 活動範圍

　　印歐民族的活動範圍以下伏爾加河（Besse-Volga）及聶伯河（Dniepr）之間的平原為起點，再進行多方面的擴展，大致上可分為三個時期。

　　首先印歐民族經過色雷斯（Thrace）、伊利里亞（Illyrie）、多瑙河流域的路線，然後再向西、向南發展。不過義大利的塞爾特人，此時已經發展到高盧、波河平原、中歐等地方。在這個地區先後出現許多文明，如西元前2100年至西元前900年的青銅器時代出現了「地區煙火筒文明」（萊茵河－多瑙河、波希米亞文明），緊接著是呂薩西安（Lusacienne）文明，而呂薩西安文明也是當時最重要的文明之一，這一時期重要的歷史事件，即是多利安人及愛奧尼亞人第一次移民浪潮的開展——西元前1750年，他們往南通往色薩利（Thessali）及伯羅奔尼撒地區，並襲擊了克里特島。

　　其次是從色雷斯出發，經過高加索的庫邦（Kouban）以及博斯普魯斯海峽。印度－波斯人是古代米底亞人（Médes）及波斯人的祖先。這個時期，是以印度及波斯東南方的巴克特里亞（Bactriane，即大夏）及印度河（Indus）前進為主。

　　再者為在中部，印歐民族通過博斯普魯斯海峽，推翻了特洛伊二世（Troie II），西臺人開始在小亞細亞定居，亦成功地使尼克人不致擴張。此時美索不達米亞則發生重大的變化，即是卡西特人的入侵，以及西克索人侵入埃及。

在種族大遷徙及混亂鬥爭時期，仍有兩個地區得以倖免，由於有喘息的機會，因此也發展出高度的文明，這種文明更顯示出其獨特性，例如西元前1750年克里特島遭受侵襲，但之後的第二王朝卻在文化上有其卓越的成就。此時，基克拉澤斯群島（Cyclades）也開始與克里特島有了聯繫，並孕育出邁錫尼文明。而在希臘地區，亞該亞人（愛奧尼亞人之後繼者）開始定居於阿爾高里德地區。

二、埃及新王國的建立

由於西克索人在埃及的統治引起了各階級的反抗，而埃及國王們也逐漸意識到：透過征服其他地區可保障埃及人自身之權益，故開始進行大規模的反抗行動及對其他地區之占領。尤其當埃及國王們發現腓尼基、敘利亞之富庶及豐饒時，他們即展開建立新帝國的行動。西元前1580年時，阿莫西斯（Ahmosis）領導人民開始抵抗西克索人，他不但聯合愛琴海上的克里特人，南北夾攻收復瓦里斯之地，還占領西克索人的首都，順利地將西克索人趕出埃及。於是阿莫西斯建立了埃及新帝國（The New Empire），創立第十八王朝，並定都底比斯。

此時的埃及已開始注重國防及領土的擴張，由於長期與西克索人交戰，使得法老政權重新被統一，法老掌控軍備，並享有最高權力。此時，埃及由圖特摩斯一世及二世（西元前1530至西元前1504年）開始，成為強而有力之帝國。

圖特摩斯二世是一位偉大的君主，他大力擴張疆域，由尼羅河至幼發拉底河他不斷擴展農地，開發農村，並不斷地征服鄰近地區至敘利亞、巴勒斯坦等地。圖特摩斯二世對於埃及的統治很有建樹，但執政三十年後，便傳位給其女哈特雪普蘇（西元前1520至西元前1480年），她亦充分發揮優秀的治國能力，爾後再傳於其夫之妾所生之子——圖特摩斯三世。

　　埃及此時已擁有許多戰車，戰車上並配有裝備及弓箭手。這支軍隊是由一群武藝精湛的國民兵及傭兵組成，他們在戰爭時發揮了極大的作用。不可否認地，戰爭和文化的關係密不可分，由於戰爭使得埃及與其他國家產生外交上密切的聯繫，一些較偏遠的國家也和埃及保持密切的往來關係。所以，在埃及到處可發現其他地區的文字，如巴比倫的楔形文字及東方通用的文字。

三、埃及之對外的關係

　　圖特摩斯三世在位期間接連發動十七次對外戰爭，並親自率軍退敵，擊敗美吉多（Megiddo，又譯麥吉杜）的卡迭石（Kadesh）及幼發拉底河之卡爾凱美什（Karkémish），並平服巴勒斯坦附近地區，大修神廟，開始和平外交，使西亞各國心服氣服地成為埃及的附庸和友邦。

　　此時埃及遭遇強大的敵手米達尼人，他們皆定居於小亞細亞，是一群由印歐語系貴族領導各種不同的民族而成。雖然他們位於這個沒有自然邊界地區，但幼發拉底河的河灣是一片價值極高、土地肥沃的地區，承接著東方貿易往來之要道，位置優越，附近有許多小國家覬覦此地，如西北部的西臺人、東南部的亞述人。

　　由於身處緊張情勢之中，米達尼人不得不採取一連串的保護措施，他們與埃及共同制定一個平衡政策，同意埃及將邊界擴展至奧翁特，直接和亞洲接觸，間接提供埃及在敘利亞、腓尼基海港從事商業貿易。

　　正因埃及和米達尼的密切來往，使埃及國王與米達尼王室聯姻，在阿蒙霍特普三世（西元前1405年至西元前1370年）及四世（西元前1370年至西元前1352年）達到深刻的政治影響。

四、埃及和西臺王國

　　阿蒙霍特普四世繼三世之後實行宗教改革，並獨尊一神——太陽

神「阿蒙神」，排除祭司的擅權，但他不擅長於治國，祭司們也從中作梗，以至於處理政事不得當。他忽略了重要的外交政策，使西臺人在蘇庇路里烏瑪（Soubilouliouma）（西元前1388年至西元前1347年）的領導下開始興盛，勢力也擴張到腓尼基和敘利亞一帶，使得米達尼不得已須在埃及和西臺之間保持中立。

繼位者霍朗赫普（Haremhab）國王開創第十九王朝，他重新整頓埃及的國力，傳位至國王拉美西斯時，爲了重振在西亞的聲威，他和西臺國王哈圖西勒三世（Hattousil III）戰於西北卡得斯，在戰敗之後，只好共同協議停戰，西臺王並親臨底比斯，將女兒嫁給拉美西斯爲妃，並與埃及保持和諧關係。

關於埃及第十九王朝國王塞提（Sé-thi）和拉美西斯的軍事成就皆被記載於卡納克及路克索神廟的岩壁上，此外，更有當時埃及塞提國王在占領巴勒斯坦和腓尼基的歷史紀錄，亦記載：當時西臺國在戰鬥期間還擁有「聯盟」，聯盟者包括弗里吉亞人（La phrygie）、西亞人民、龐特人（la pont）、米達尼人、卡爾凱美什（Karkémish）國王及阿勒頗（Alep）國王、米達尼的那哈瑞納（Naharina）國王等。

其實，哈圖西勒三世嫁女至埃及之前，西臺和埃及戰事不斷，在持續的人民傷亡和財力損失之後，雙方亦感疲憊。西元前1278年時，西臺人在受到亞述人的威脅後〔此時亞述國王爲薩勒瑪那爾一世（Salmanazar I）〕，於是立刻與埃及（西元前1278年）展開議和，並將議和之事雕刻於埃及神廟的石壁及西臺王國的書板上，這也是現今保存的第一個國際條約。條約的內容在各神祇的保護及保證下，雙方必須共同允諾維持和平及友誼，並反對第三王國的干涉，彼此遵守以奧翁特爲邊境。此外，哈圖西勒三世嫁女至埃及的二國聯姻，亦維持五十多年的和平，並產生了兩個大國的霸權。

西元前1250年，亞述開始侵犯巴比倫，西臺人也逐漸沒落，埃及在西元前十二世紀時則依舊占領西臺帝國，並維持一個混亂的時期。

第七章
愛琴海文明

　　愛琴海地區是指以愛琴海爲中心的區域，包含愛琴海中的小島、小亞細亞半島及希臘半島。著名的愛琴海神話闡釋了「愛琴海」一詞的由來，由於克里特島魔牛專吃人類，而危害雅典百姓，雅典王子埃勾斯（Aegeus）便自告奮勇除去雅典之害，他與父親約定戰勝魔牛之後必會回國，並相約以白旗繫於船的桅杆代表存活榮歸，黑旗則代表已死亡。雅典的國王愛琴每日在海邊的岩石上眺望其子是否平安歸來，終至一日，當王子勝利打敗魔牛並娶邁諾斯公主回航之時，因其妻子生病身亡，在傷心之餘忘記將白旗豎於桅杆之上，渴望兒子歸來的老父，見此狀傷心地縱身往海中一跳身亡。希臘人爲了紀念先王愛琴（Aegean），故命名這個海爲「愛琴海」（Aegean Sea）。

　　愛琴海對希臘文明產生了一定程度的影響，愛琴海島嶼眾多，共有四百八十多個大小島嶼，故有多島海之稱。其中以克里特島面積最大，並爲愛琴海之重要門戶，由於四周港口水深，對外交通方便，因此成爲愛琴海文明之發源地。

愛琴海島嶼上的風車

　　古希臘文明是從愛琴海文明開始，換言之，愛琴文明亦是指愛琴海中的青銅文化。而愛琴文明的中心乃是以克里特文明和邁錫尼文明為首。

　　雖然對它們的認識較晚，但十九世紀以前，我們多少可發掘出部分的克里特文明生活。不過一直到1900年，我們才發現克里特島文明，而邁錫尼文明於西元1875年即已為人所知。對於較晚發現克里特島文明之原因，主要是難以破譯他們所使用的線形文字。

　　西元前二十世紀，克里特島已出現奴隸制度，直到西元前十二世紀邁錫尼文明滅亡時，上古人民在愛琴海上已生活了八百多年。也因愛琴海文明之發現，使我們得知希臘文明可追溯至上古時代。

一、克里特文明

　　克里特文明極具獨特的性格，今日對歐洲而言，它更是歐洲文明的起源。它屬於地中海式的生活，著名的古希臘文化直接導源於克里特文明，並大放異彩。

　　克里特島曾經歷三種不同文字的階段，即象形文字、線形文字A及線形文字B。西元1953年，英國人溫楚斯（Ventris）及夏德維克（Chadwick）透過皮洛斯（Pylos）及克諾索斯城（Cnossos）的畫板得知線形文字B所記載乃是屬於一種邁錫尼語，並發現了邁諾斯王宮的遺址。

(一) 年代表及歷史表

　　考古學為我們解釋克里特島的文明之後，其他文明陸續出現。由於在克里特島東部及邁薩哈（Messara）平原，如巴拉伊加斯特（Paloicastro）、瓦西里基（Vassiliki）、莫什勞斯（Mochlos）等地，尋獲晚於新石器時期的陶製品、石製瓶子與富有亞洲文化特色的金屬飾品等，更使我們確定克里特島之後擁有邁諾安文明（或稱邁諾斯文明、米諾斯文明）。

　　西元前二千多年前，克里特島已經進入青銅器時代，並且成為愛琴

海上之中心。此時，城市克諾索斯已成爲第一個繁榮之地。

　　因不同遺址的陸續挖掘出，使我們可將克里特文明分爲「早期邁諾安」（Early Minoan，西元前3000年至西元前2300年）、「中期邁諾安」（Middle Minoan，西元前2300年至西元前1600年）、「晚期邁諾安」（Late Minoan，西元前1600年至西元前1100年）（後期的黑暗時代人們才以「邁諾安文明」稱之）。

　　克里特在中期邁諾安時期，也是西元前2000年至西元前1700年之間，發展出「最早王宮時期」，這些王宮分別是克諾索斯（Cnossos）、法伊斯多斯（Phaistos）及瑪麗安（Mallia）王宮，它們的建築形式可能是作爲國王的防禦工事，其因在愛琴海周圍，有許多活躍於海上的貿易，此貿易活動爲克里特島帶來巨大財富。鄰近貿易地區包括埃及、基克拉澤斯群島地區——提洛斯島（Délos）、錫拉（Théra）、阿爾高里德（Argolide）、阿西納（Asiné）、腓尼基地區（哈斯－夏姆－烏加里特（Ras-Shamra-Ougarit）、比布魯斯（Byblos）等。

　　然在西元前1700年，伯羅奔尼撒半島的亞該亞人開始攻擊克里特，並在當時此處發生一連串的災害——火山爆發，使所有宮殿嚴重毀損。不過在西元前1500年，克里特便另起爐灶，開始興建另一個克諾索斯宮殿，並再度將克里特文明推向一個鼎盛期。由於克諾索斯宮殿占有重要的位置，故在西元前1700年至西元前1450年間，邁諾安人的王權逐漸達到君主集權。宮殿中有工人、僕人等爲君王服務，宮殿也代表宗教和政治的重心所在，並於財富的支持下，領導著克里島。此時，已是屬於「後王宮時期」，而克里特島上的城邦也逐漸增多，但卻仍然分立。由於克諾索斯的龐大勢力也造就了邁諾斯王朝，它不僅稱霸於克里特島，大肆征服愛琴海中的小島及雅典等地，並利用海上武力征服許多國家成爲屬地。此時克里特極爲富有，各城中紛紛出現許多豪宅，在阿基亞·特里亞達（Haghia Triada）、蒂里索斯（Tylissos）等地皆然。

更有法國的考古學者在庫爾尼亞（Gournia）地方發掘出一些彎彎曲曲的街道，以及許多平臺式的小房屋。而墓室也有多樣變化，並有很多間墓室。

克里特島於西元前1500年至西元前1450年為「制海權」時期，帶有商業貿易及帝國主義的趨勢。直至西元前1450年，克里特島開始遭受外患侵襲，一群由希臘半島而來的亞該亞人於克里特島登陸。這場災難襲擊克里特島，並使大量的宮殿及豪華的住所毀於掠劫和侵占。

克里特一直擁有強大的海上艦隊，但未能建立鞏固國家的陸軍，因而當突然面臨入侵者時即措手不及，此也致使克諾索斯王宮被大火所毀，而帝國乃於西元前1430年左右宣告瓦解。此時，愛琴海各地幾乎都受到與克里特文明相同的命運。長期主宰愛琴文明的克里特文明也終至沒落，取而代之的卻是由亞該亞人所建立的「邁錫尼文明」。

(二) 宗教、藝術

克里特島人長期以來皆被定位為「地中海人」，但由語言觀之，他們又可能屬於「原始的印歐語系民族」。由於他們個子矮小、無毛，且身體柔軟、纖細，使得他們可從事各種靈活的活動；女人們擁有現代人的外型，堪稱美麗，她們對於服飾極為講究，不但擁有複雜且多樣的形式、女士們更以袒胸的短上衣及縷邊裙為主，合適的剪裁使她們的身材顯得更加細緻。

由於與希臘、小亞細亞的商業貿易往來，故對生活極為講究，尤以富豪的生活更為奢華，有各式銅、金、銀、寶石之飾品、講究手工的雕琢。社會階級極為明顯，有自由人（the free）、半自由人（the apetairoi）、農奴（the serfs）及奴隸（the slaves）等，各方面皆不平等。但與其他地區不同的是，婦女有相當的地位並擁有許多權利。

自由人可於社會中享有多種權利，但若犯罪或負債則可能成為奴隸，當時的自由人身分及權利相當於今之公民；半自由人地位僅次於自

由人，他們沒有完全的政治參與權；農奴是主人的財產之一，但他們可以擁有自己耕地及自己的牲畜；奴隸在克里特社會中身分最低，他們被買賣但可以擁有金錢。婦女則可結婚及離婚，若離婚時可帶走全部之財產，法律保障婦女的一切生活。克里特的最高神祇大都為女性，而女性也極受尊崇。

對於克里特，最能展現藝術的地方不外乎克諾索斯的宮殿，雖然壁畫並不完全臻於成熟，卻成為對生活及政治、社會狀況的最有力說明。如有一位君主，坐在豪華宮殿的寶座上，戴著百合花，主持著正義，身旁有一位「祕書」替其管理各種事物，這樣的藝術表現並不有趣，也不怎麼偉大，但現實中帶有自然之韻，也是一種特殊的表現。

手工業方面，金、銀、寶石的雕工非常精巧，不但著重色彩，更講究形式，當時陶器有新突破，不但有蛋殼式之自然幾何圖形，更極少使用複雜線條，呈現出一種單純、素簡之美。

克里特的豪華宮殿及住宅都極有舒適的韻味，不但頗富藝術氣息，並有許多精美的設備及乾淨的水質。明顯的例子即是克諾索斯的宮殿，大廳內擁有白石製御座、軟墊長凳，以及清澈水池；天花板則是以古柏製的柱子為主；牆上並有裝飾獅身鷹頭及鷹翼之獸護衛，但缺點是房內的照明及光線非常有限。

我們之所以能知道克里特的藝術，要歸功於英國考古學家伊文斯（Evans）的努力，他費盡心力重修克里特島的建築——包括浮雕、壁畫、軟石的小雕像，與富有裝飾的金屬品、陶瓷品及釉彩徽章等。克里特島藝術通常不像埃及和亞洲一樣雄偉，也不如希臘藝術注重比例，往往忽略作品的細部，如作品《巴黎婦人》沒有耳朵等，也不懂得深度和透視，只是一種裝飾色彩的獨特藝術，選用的大部分色彩絢麗且明亮。

克里特島居民有許多集體遊行，產生儀仗隊及行列，有時藉由騾子和馬匹牽引著戰車任其閒逛，當中更有驚險的鬥牛活動，但並不會置之死地。公牛在宗教中有極重要的角色，牛角大部分用於祝聖（The Horn of Consecrtion），並且尊崇繁殖多產的女性化表徵。克里特人的宗教信仰以最偉大的女神爲中心，她是一位「偉大的母親」，也是蛇女神（The Snake Goddess），代表和平、繁榮，她由女祭司們服侍。宗教儀式中經常以農業方式進行，祭品幾乎很少帶血，大部分是植物或五穀等田裡的農作物。

克里特宗教中，沒有男性的象徵，也沒有天體星宿，可知當時是母系社會，並非常尊重女性。

至於墓葬宗教，在阿基亞‧特里亞達（Haghia Triada）所畫的石棺富含著極重要的意義。

克里特島的任何地方都沒有發現神廟的遺跡，祭祀通常都是在高地上、岩洞中或是宮殿、聖樹周圍舉行，並發現了清淨的水池及擺放供品的桌子，顯示出他們對宗教的崇敬之意。

二、邁錫尼文明

西元前2000年，位於希臘半島的邁錫尼出現青銅器文化，邁錫尼文明（或亞該亞文明）大約由西元前1600年開始。克諾索斯文明之後的二百多年，邁錫尼文明才告沒落，雖然邁錫尼文明在藝術方面的成就遠不及克里特文明，但它的影響更爲深遠，因爲邁錫尼文明傳播非常廣闊，由荷馬史詩，我們可知它是希臘文明的直接起源。

薛里曼（Schliemann）於西元1874年至1876年與德普費爾德（Dörpfeld）於西元1885年在邁錫尼的考古挖掘，爲邁錫尼文明揭開神祕的面紗。由於邁錫尼文學極少，以至於考古工作無法順利完成，但也因亞該亞人用線形文字寫於書板上，使文字辨認的工作由繁而簡，增加了很大的幫助。

(一) 歷史背景

邁錫尼位於阿其夫平原（The Argive Plain）東北部，在西元前

二十世紀時，一些來自印歐語系的民族由北方進入地中海區域。這時在北部地方的色薩利和馬其頓仍舊處於石器時代，近海的南部地區則處於青銅器時代。

西元前1600年，亞該亞人在此地開始發展出阿爾高里德文明（Argolide），它位於肥沃的土地上和愛琴海各島及克里特島往來，並一直和邁錫尼地區保持密切關係，因為此時邁錫尼已是此地區的主要中心。

這些入侵的印歐語系人是亞該亞人，在歷史上屬於希臘人，傳說他們是達那俄斯（Danaos）的兒子，由於亞該亞人學習被征服者的文化，使他們變得相當地富裕，文明也逐漸開化，此時的財富和文化已可和克里特文明相提並論。

西元前1500年，亞該亞人所擁有的邁錫尼文明在充分吸收克里特文明時，也發展出自己的特點，使其成為愛琴海的一個組成分子，更有取代克里特而有後來居上之勢。並於西元前1450年占領克諾索斯，在全面吸收克里特文明的遺產之後，使克里時原有的線形文字A被用來寫邁錫尼語言，形成邁錫尼線形文字B，更將他們的線形文字B引入克諾索斯，最後在西元前1430年摧毀克諾索斯，使西元前1400年至西元前1200年，邁錫尼文明達到盛期。

在西元前1190年文明被毀，邁錫尼和其城市因為邁錫尼末期發生特洛伊戰爭遭到嚴重的破壞。當時邁錫尼與希臘各國共組一支聯軍，往東渡過愛琴海，遠征位於小亞細亞著名的繁榮之城——特洛伊。由於聯軍苦戰十年仍無法攻下此城，便使用「木馬計」將此城攻陷（即著名的「木馬屠城計」），此戰役雖勝但是邁錫尼王國的損失非常大，國勢也動搖。不久之後，北方的多利安人（希臘人之一支）開始由希臘半島北部入侵，滅了邁錫尼王國。此時由於民族的大遷移也造成西臺人的衰亡，以及麥倫普塔法老及拉美西斯三世的鬥爭，更加速烏加里特的毀滅。

(二) 亞該亞人的文明

亞該亞人與愛奧尼亞人（Ioniens）同樣是最早的希臘人，由於地中海民族、北歐民族、克里特島人深深地影響亞該亞文化，使他們產生開化的文明。

發掘出邁錫尼文明（亞該亞文明）的是薛里曼（Heinrich Schlieman, 1822-1890），他少年時受《伊里亞德》（*Iliad*）史詩描述特洛伊戰爭的影響，立志挖掘特洛伊城。今日我們能了解亞該亞人的文明，完全要歸功於薛

愛奧尼亞的古希臘城邦

里曼——因為受到荷馬史詩的啓蒙，以至於又掘出更多的亞該亞文化遺址。而英國語言學者溫楚斯（Michael Ventris, 1922-1956）則是致力於解出亞該亞文字的謎團，即所謂線形文字，雖然初期的翻譯工作受到許多限制，但在解決重重阻礙後，一個令人讚嘆的文明便呈現於世人眼前。

(三) 政治組織

我們無法很明確地說明邁錫尼文明的政治組織形式，卻明顯發現，考古遺跡中邁錫尼王國的宮殿有許多防禦工事，與在希臘本土建立權力相當集中的霸權地位。

在《伊里亞德》的附錄中也證實了一點：亞該亞人所建立的是一種封建式公國。這些具防禦性的宮殿除了阿爾高里德的提雲斯（Tirynthe）或邁錫尼之外，還有皮洛斯城堡出土的書板，提及納稅人名冊及財產清冊、牲畜帳目等顯示宮中的行政制度。

　　邁錫尼國王非常富有，他極信任輔助者；輔助者僅次於國王，擁有廣大的土地。王國的各省份則分別派駐許多行政官員，他們統籌各種事務。祭司和官員們的地位相當，掌管宗廟大事。

(四) 社會

　　邁錫尼的社會中也有許多階級，好戰的封閉制度則促進商業及藝術的發展。士兵、農人及手工業者皆是自由民，最低的階級爲奴隸。

　　手工業極爲發達，我們可發現專業的技藝於邁錫尼本土及各國流通，展現獨樹一幟之風格，這都歸功於蓬勃的商業。邁錫尼王國在希臘本土之外地區殖民並派駐軍隊，敘利亞－腓尼基海岸、奧翁特（Oronte）附近的阿勒米拉（Al-Mina）、南部的烏加里特一哈斯一夏姆哈（Ougarit-Ras-Shamra）、比布魯斯都設有商行，建立國外分支機構。

邁錫尼（獅子門）

　　線形文字的發現，更證明邁錫尼社會屬於奴隸制。皮洛斯的書板有更進一步說明，書板中詳盡記載了奴隸的人數、地名及由來。他們是以奴隸爲傳承，若童男童女出身於奴隸家庭，則世代皆受不平等之待遇。書板中也記載：當時有公家奴隸，亦有私人奴隸，並各載其職。國王、貴族或神廟祭司分別擁有大批奴隸爲其服務，但曾因制度不公而引起大規模的反抗。在邁錫尼城中，擁有鞏固之石頭城門——獅子門及高大的城牆，解釋了當時的社會狀況。

　　邁錫尼爲公有制國家，國王分派各省行政官員管理稅政，上繳政府，國家有權徵集勞役、招募工匠進行國家建設。

(五) 藝術

　　邁錫尼的藝術主要受到克里特文化影響，尤以壁畫最爲明顯。其中動物畫和植物畫是克里特島式，人物的服飾穿戴非常華麗，有刺繡斗篷及類似軟柔材質之金邊裙。瓷器則顯示出富有深意的創作。手工業者雖技藝不高，但能以簡單的線條勾勒出生動效果，如邁錫尼的器皿上有頗具特色的章魚，並逐漸變化，配合幾何圖形，以十字、菱形或橫列排列人字及螺旋狀，使作品更加豐富，作品以自然寫實爲主，克里特風格更被大量模仿。

　　邁錫尼的馬鐙式器皿，也被稱爲「軍人的器皿」，即使它不如克里特色彩豐富，但積極地表現出古希臘藝術的特徵。

　　邁錫尼的建築極引人入勝，主要的特色是承接克里特式風格，再加上些許邁錫尼作風。大部分的建築皆以巨石爲架構，龐大及雄偉也就成爲護衛及防禦的代名詞。最著名的城堡大部分都具有以下的特色：厚達十多公尺的城牆皆以巨大的石塊，被雕琢的銅鋸成方形、重重疊疊地堆在一起。僅是提雲斯（Tryns）城堡的城牆即有四十英尺厚。城堡大門也是防禦工事的重點，城門大多配合精密設計之城牆，並裝有巨大的柱樑，如邁錫尼著名的「獅門」，其楣石約有二十噸重。城堡之內有許多暗門，設在牆內的掩體中，有時設在下水道內，加強鞏固及防禦。

　　邁錫尼的小宮殿，採用簡單的格局，沒有中庭，有一個長方形的大廳「梅加翁」，大廳中有火爐、煙囪及排煙柱。小宮殿周圍有許多相連的通道通往其他大廳。

　　亞該亞文明在地中海世界存在二個世紀，許多地方曾發現亞該亞藝術品，如陶器、金銀器物及建築。拉奧尼、卡高瓦多斯（Kakovatos）、埃勒西斯（Éleusis）、西伯羅奔尼撒半島、阿米克留斯（Amyclèes）、

格拉島（Cla）、阿提加半島
（Attique，又譯阿提卡）、底
比斯的加德梅（Cadmée）、伊
奧勒高斯（Iolcos）、托瑞高斯
（Thoricos）、皮洛斯、奧舍邁
那（Orchomène）、雅典的阿瑞
奧巴熱（Aréopage）及阿喀奧保
勒（Acropole）等地，都有邁錫
尼的文化遺跡。

邁錫尼（王室墓穴）

　　墳墓也是邁錫尼的藝術，其
中有房間式、古老坑道式、圓形排列式。最特別的墳墓應屬「阿特埃
（Atrée）的寶庫」，墳墓走道不但有各式各樣青銅圖案，更有青銅雕
刻墓室，這是一種大家族墓室，有大量華麗的物品及武器陪葬，這也是
邁錫尼建築形式的一種特色。

三、宗教

　　邁錫尼的人民比北歐人對英雄崇拜更為虔敬。重要的神祇幾乎與克
里特一樣，大部分為女性。著名神祇有雅典娜、宙斯、希拉、德梅代爾
（Démetér，又譯狄蜜特）及波賽頓（Poséidon，又譯波塞冬），此時
也有神廟，祭司負責神人之間的溝通。邁錫尼的宮殿中設有祭壇，可見
上至國王，下到人民，皆視宗教祭祀為大事，將宗教信仰融合於生活之
中。

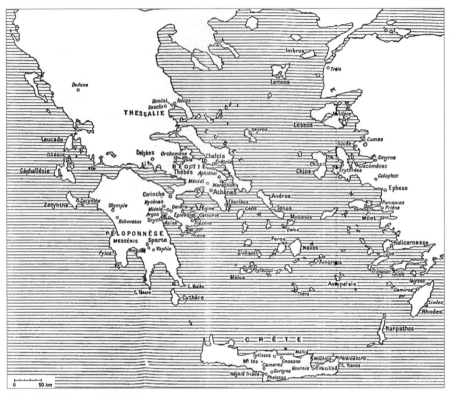

邁錫尼時期——希臘世界

第八章

民族的遷移及混亂時期

西元前十二世紀初期，古代世界被幾股強大的力量分割——第十九王朝至第二十王朝的新埃及王國、位於小亞細亞的西臺王國、愛琴海地區及阿爾高里德地區的亞該亞人，他們的勢力遍及小亞細亞、克里特島、愛琴海及敘利亞、腓尼基海岸。

西元前3000年左右，希臘地區有一批早期移民，最初雖然是以占領者的姿態出現，但隨著時間演變，慢慢被同化了，例如卡里亞人（Carians）、愛奧尼亞人、亞該亞人等。

東米達尼人、胡里特人等，在幼發拉底河中游與尼羅河三角洲之間皆有其足跡，而附近則有希伯來人、迦南人（Cananéens）、阿拉米人（Araméens）、閃族人以及腓尼基人。至於小亞細亞西部及愛琴海則有亞尼克人，人們多稱他們爲卡里亞人（Cariens）或雷萊熱人（Leleges）。

西元前1200年左右，希臘發生三件大事：一爲由埃及文獻得知，海洋民族入侵並占領此區；二爲多利安人開始進入希臘；三爲弗里吉亞人穿過博斯普魯斯（Bosphore），大批進入小亞細亞。多利安人在進入希臘地區後便摧毀邁錫尼文明，因爲他們無法客觀「欣賞」文明遺產，大肆掠奪、焚毀，以各種極端手段破壞，同時並占領伯羅奔尼撒半島東南部、小亞細亞東南島嶼及克里特島等地。

多利安人屬印歐語系，長久居住於俄羅斯草原及中歐，文化發展非常緩慢。他們南下時帶來氏族部落制度，也沿用傳統習俗，知道使用鐵，雖然人數不多卻極具侵略性。

希臘受海洋民族刺激更大，尤其是在大遷移及混亂時期，各民族互相混雜，如賽凱伊人（Sicules）、伊里利亞人（Illyriens）、

薩迪斯人（Sardes）、第勒尼安人〔Tyrrhéniens，即伊特拉斯坎人（Etruscans）〕、非利士人（Philistins）等。埃及是唯一擊退海洋民族的國家，並且未受到他們破壞，因此造成海洋民族退而求其次，進兵利比亞，毀滅敘利亞－腓尼基的沿海港口，使烏加里特受到池魚之殃，從此在歷史上消失。

同屬印歐語系的的弗里吉亞人，於西元前1190年摧毀西臺帝國，火燒特洛伊，接著向外擴張，在小亞細亞擁有龐大勢力。美索不達米亞地區則因曾遭受卡西特人入侵而得以倖免。

一、多利安人在希臘的定居

透過語言學及考古學證實，著名的希臘傳說「赫拉克勒斯人（Heraclide）的返回」即是——多利安人返回希臘的說法。他們自稱是神人赫拉克勒斯（Herakles）後裔，長年流浪他鄉，最後返回屬於自己的地方。這個民族很特別（西元前十世紀和西元前十三世紀），他們大部分來自多瑙河地區，一部分遷往義大利。

西元前十二世紀時，他們由埃皮魯斯（Epirus）進入希臘本土，摧毀邁錫尼文明後並未建立自己的國家，使希臘文明傳統，從西元前1000年至西元前800年，史稱「黑暗時代」（The Dark Age）。反映它的歷史情況的文獻主要是荷馬史詩，因而又稱為「荷馬時代」。

進入希臘之前，他們曾遭受到弗里吉亞人（Phrygiens）抵抗，並分成許多分支前往征服其他國家。一些分支受阻後往南走，一些往東部南下，穿越色薩利之後再度形成各種分支。其中東部南下的分支經過貝奧提亞到達科林斯地峽；其餘則在阿爾高里登陸，並占領邁加拉（Mégare）及科林斯，再由伯羅奔尼撒南部至歐羅塔斯河谷（L'Eurotas）到達斯巴達。另一往南下的分支則轉而向西，穿過多多那（Dodone）、埃比爾（L'Epire）及阿卡納尼亞（L'Acarnanie），穿

越兩個海灣，於伯羅奔尼撒半島及奧林匹亞定居。

　　在經過漫長的遷徙過程中，所到之處融合非常多的民族，種族也經過多重混血。在當時阿提加和阿卡迪亞（Arcadie）未遭多利安人侵擾，至於其他則被一一取代——分別是阿哥斯（Argos）取代提雲斯（Tirynthe），底比斯取代奧爾霍邁諾斯（Orchoméne），斯巴達取代阿慕克萊（Amyclées）。

　　多利安人占據希臘數百年後，產生人口過剩，於是以移民來解決問題。但大量移民的結果，卻使許多地區人民產生大規模的遷移，如愛奧尼亞人主要遷往優卑亞（L'Eubée）及哈爾基斯（Chalcis）、埃瑞特里亞（Éretrie）、納克索斯（Naxos）、基克拉澤斯（Cyclades）；其他則定居小亞細亞中部。此區後來被稱為愛奧尼亞地區（Ionie），他們建立十二座城市，幾個重要的包括薩摩斯（Samos）、以弗所（Éphèse）、普里耶涅（Priène）、米羅（Milet）、士麥拿（Smyrne）及希俄斯島（Chios）等。又如雅典國王科留的後裔也遷往小亞細亞，另外還造成阿哈伊亞人與阿提加人融合。

　　此外，多利安人更捲入了大遷移漩渦中，他們不但占領錫拉島、克里特島之哥泰恩（Gortyne）、羅德島（Rodes）、米洛斯等地，之後又占據科斯（Cos）、克尼德島（Cnide）、小亞細亞南部海岸，以及哈利卡那索斯（Halicarnasse）。

　　在經由語言證實，小亞細亞地區確實有多種族曾進行大規模遷徙，因此產生三種不同類型的語言，分別是愛奧尼亞語、伊奧利亞語及多利安語言，這種訊息也再次地顯示，希臘最早的殖民化發生於內陸城邦中，並深受海洋文化及農業性質的影響。

二、荷馬社會

　　西元前十一世紀至西元前九世紀的希臘，由於荷馬的史詩而成名，

因此稱為「荷馬時代」。荷馬史詩是最能見證希臘當時的史學作品——內容充分反映邁錫尼文明及希臘本土人民的日常生活、政治情況及風俗習慣、更敘述亞該亞人式的特點，以及英雄式的名字與事蹟。

荷馬史詩分為《伊里亞德》（*Iliad*）及《奧德賽》（*Odyssey*）二個部分。它經過相當長時間的整理及彙編而成，最終的編寫應是自邁錫尼時期至西元前九世紀的史蹟開始，西元前六世紀時完成，它是由小亞細亞的吟遊詩人集體創作與蒐集整理而成。

《伊里亞德》主要敘述希臘聯軍攻打特洛伊的故事。由於猛將阿基里斯（Achille）氣憤聯軍奪其女俘，而不肯出兵幫忙，使希臘聯軍連遭失敗，直到好友戰死才憤怒出戰。此役中，特洛伊王子奮力與阿基里斯作戰而亡，國王苦苦哀求討回王子屍體埋葬，故事至此結束。

《奧德賽》敘述奧德賽國王於攻陷特洛伊後，回鄉途中卻漂泊十年的故事，最後，因為諸神憐憫才得以返家。

人們對於《伊里亞德》和《奧德賽》的完成時間略有爭議，經考古學及語言學配合探討，認為《伊里亞德》較早於《奧德賽》，作品生動簡明，結構緊密，可說是古代世界的名著。

邁錫尼文明的結束或荷馬時代的開端，都和多利安人有密切關係。由於多利安人入侵，使伯羅奔尼撒半島人民被奴役或遷居，希臘則開始進入荷馬時代。

邁錫尼文明結束後，氏族部落制盛行，使荷馬時代也成為英雄時代。因部落軍隊的編制、作戰的活力，使各部落的貴族及首領有極大的影響力。此時，他們也大量製造鐵器物品，代表社會生產力提高。農業方面，他們已知使用鏟子、鐮刀，用犁耕田；畜牧方面，已採欄牧方式飼養牲畜；商業方面採取以物易物的方式獲得民生必需品。

這種深受貴族影響的君主制，使得領土分割，農民自給自足，有發展中的手工業輔助，信仰宙斯、海神、農神或地獄之神等，使得荷馬時代產生蓬勃的活力。

　　雖然荷馬史詩對於時間或空間描述並不完全精確，但它是在邁錫尼滅亡後百年間口頭相傳的文學，對當時現實生活的描寫如鐵器的使用、民族部落組織等皆可成為荷馬時代的資料，且它確實提供一種荷馬社會的精神，可說是一部見證歷史的文學作品，也是相當富有時代意義的重要遺產。

三、早期希臘社會

　　「城邦」（polis）乃是於希臘早期社會中，承接經濟、政治及宗教最直接，也是最重要的形式及樞紐之一。城邦制完全確立之前，曾出現一種希臘社會型態，它在希臘人－愛奧尼亞人及多利安人遷移之前確立，也就是「大氏族」及「部落」。它也是多利安人留下的特殊生活方式之一，除了希臘本島之外，愛琴海諸島嶼、小亞細亞沿岸都可見多利安人的「文化遺產」，其中以宗教的影響最大。

　　大氏族是古代社會最古老的形式，它曾持續一段極長的時間，不但影響公共生活，更深入家庭，成為重大決策的規範。舉凡成年人的登記、結婚、青年入伍、民法核對、合法身分登記等皆是。大氏族中所形成的部落，都可受到神靈的保護，尤其是宙斯神。

　　數個大氏族可形成部落，必須服從部落的領袖，也稱「菲萊」（phylè）。各部落有一些共同的軍事組織、司法制度及宗教儀式。事實上，部落也是希臘城邦招收行政官員、人民大會代表及軍人的基本來源，例如愛奧尼亞人分布於四個部落，多利安人分布於三個部落。

　　「氏族」指「來自同一家族」，而非不相關的小集團，也是自然生成的產物，並成為一些強大家族的工具。因為這些家族往往希望被「分封為貴族」，進而鞏固政治上的權力，以一種貴族氏族間的團結來確保其永久統治。總而言之，貴族制度之形成，並不完全因氏族而產生，應是貴族氏族擁有權力而導致的結果。

　　早期希臘在各地生產力都明顯上升。此時商業進步，與西地中海間的貿易頻繁，農具也被廣泛使用。隨著社會經濟的發展，導致希臘階級的衝突日益尖銳，最終成為「城邦國家」（City-State），也是最典型的希臘制度的表徵。

　　希臘城邦的形成是以一個城市為中心點，附近各村落依附其成長，並成為一種小國政治，例如斯巴達、雅典皆是。事實上，邁錫尼文明時已產生希臘城邦，直到荷馬時代，才因各族分布於早期希臘社會，開始建立多達二百多個奴隸制城邦。

　　各城邦在形成初期，並未形成專制君主制度，國王以長老議會中資歷較深者擔任，軍人負責保衛國家，人民組成議會。但是當它日漸衰弱時，開始有一種貴族制度向上竄升，最後凌駕君主之上，掌控大權。這些貴族通常是擁有大量土地的部落首領，或是透過與小亞細亞商業貿易致富的資產階級，他們因為擁有許多軍事設備及戰車、馬匹、僕役等而占優勢。貴族氏族開始掌握國家大權，制定有利「家族利益」的法則，組成長老議會（但都是由「自家人」擔任），並根據許多不成文法律判決。此時國王已淪為僅擁有宗教職權的行政首長，無法過問政事。

　　但貴族政治並未在城邦中維持下去，因為僭主政治及雅典平民反抗貴族的勝利，都致使貴族政治沒落。

　　這種城邦制度在各地的發展速度不同，貝奧提亞（Béotie）、阿提加、伯羅奔尼撒半島較慢，小亞細亞及沿海地區則較快。但是發展深度卻以伯羅奔尼撒半島為最，雖然其城邦數目不多，力量卻相當強盛，例如斯巴達控制南部、阿哥斯控制北部、科林斯控制著科林斯地峽（Isthme）等地。

第九章
閃族

一、腓尼基人

腓尼基人屬於閃族，從西元前三千多年前直至西元前十二世紀才開始於地中海沿岸定居，其地理位置東起黎巴嫩山區，西至地中海，南至巴勒斯坦，北與小亞細亞接壤。主要城市有比布魯斯（Byblos）、西頓（Sidon）等，比羅斯海港及烏加里特港口與埃及一直往來密切。

近代由於挖掘烏加里特的發現，使我們對西元前十五世紀至西元前十二世紀的腓尼基人更加了解。由於人口稀少、軍事能力較弱，直到鄰近大國如西臺王國、埃及、米達尼等國沒落之後，腓尼基始有如新生，於西元前十一世紀至西元前八世紀之間迅速發展。

綜觀腓尼基的發展史，早於西元前三千多年到西元前二千多年前，在當地就出現一些城市國家，其特色是以港埠作爲全國的行政、經濟、宗教中心；這些小國中大部分都有國王，但是並未形成君主專制，國王並無實際行政權，重要決議通常掌握於長老會議手中，國王權力受會議約束。長老會議大部分由擁有大量土地的富人所把持，實行寡頭政治。國家間彼此交戰，造成紛立的局面，由於情況越演越烈，使鄰近大國虎視眈眈，時常入侵。西元前1500年，腓尼基人因強大的海上民族入侵而瓦解，並至西元前十一世紀左右才又重建。

他們起初利用當時混亂的局勢，由北部的阿拉德－阿爾瓦德（Arad-Arwad）與卡爾勒山峰之間進攻，占領多爾地區，雖然平原狹小，但由於黎巴嫩提供大量的木材，可與大馬士革的商隊共同建立繁榮的市場；且由於位居海岸地區，出產大量骨螺——這是唯一能提煉出紫

紅色染料的物質，於是他們意識到自己的商業才能，便著手進行更偉大的創舉——向海洋發展。

　　由於人、時及地利的配合，腓基人開始航海、貿易、殖民並發揮商業天賦。在人與時方面，克里特文明衰亡，亞該亞海洋民族沒落，直到西元前八世紀，希臘商業發展的三個世紀中，腓尼基人擊退西里西亞海盜，成為地中海的霸主。地利方面，腓尼基在海上及陸上的貿易據點，更有利於航海及商業發展。

　　航海方面，他們具備航海家的勇敢特質，據說腓尼基人的祖先，早於西元前七世紀時已完成繞行非洲的創舉。因擁有較穩固的船隻及設備，能抵擋來自海上的暴風雨，故對於海上的冒險及貿易開發皆有極正面的作用。

　　航海技術發達帶動貿易的興盛，他們不但在愛琴海及地中海上航行，更遠至西非，並以本國的商品交換外國商品，帶來他國的貨物。大部分能獲取利潤的商品以金屬居多，商品的種類則多得不可勝數，並遠輸至他國，如深紅的羊毛織品及衣料等，並由北方輸入所需的錫礦等。由此可知，腓尼基人的航海活動具有尋找新市場、新原料和奴隸的來源地和目的。

　　腓尼基人在航線所經之路設置許多小商行，他們以建立眾多殖民地而稱世。因此，在克里特島、塞普勒斯、基西（Kytion）、阿瑪多特（Amathonte），發現海克力斯之柱所排成的道路後，便據為己有；並於北非、西班牙南部及塔爾代索斯王國（Tartesos）建立城邦。此後，其城邦持續增多，有摩洛哥北部里克索斯（Lixus）、突尼西亞烏提卡（Utique）、西班牙加代斯（Gadès）。其最著名的殖民地莫過於在西元前九世紀末，於北非的提爾（Tyr）建立迦太基（Carthage）城。迦太基人更富商業天才，他們又在西西里的摩蒂埃（Motyé）、里里貝（Lilybée）及馬爾他、西班牙等地建立殖民地及商行。

　　腓尼基人早在西元前二十世紀時，便已於愛琴海及黑海沿岸建立殖

民地，西元前十世紀時，希臘人也開始向東地中海殖民，導致腓尼基和希臘之間的衝突。

西元前九世紀時，亞述帝國崛起，以軍事力量大肆向外擴張，許多小國被征服成為奴隸國家，腓尼基也不例外，在西元前八世紀末便臣服亞述帝國。

㈠腓尼基的文化

腓尼基的文化不如蘇美人或印歐語系民族般富有創造精神，他們最擅長擔任「傳播者」——由於航海及商業的發展，促成各國文化快速融合。因此不論藝術或手工作品都不具特色，只是反映當時的幾何圖形，大部分物品皆符合「實用」性質，極少作為藝術品或欣賞之用非常務實。

文字更是為符合實際需要而發明，因為腓尼基的商業及貿易蓬勃發展，故須書寫商業文件，乃以一種簡明易懂的文書來流通。於是他們開始創造文字，利用古埃及的象形字母拼湊，發明當時為便利貿易的商業文書，寫下歷史的重要一頁。由於當時克里特島及亞該亞人使用象形文字、線形文字A、線形文字B，東方民族則使用巴比倫楔形文字及埃及象形文字，它們的共同缺點就是其圖畫性、表音和意之音節性，要懂得這些文字必須經過長時間的訓練才能閱讀，因此只有貴族或書記等少數人才會。

因此，腓尼基人發明的文字確實解決了這個大問題，帶來許多福祉，因為他們將文字依字母順序排列，學習方法簡便，只須記輔音字母，而且只有二十至三十個符號。希臘人後來接觸到這種方便的字母表，發現在底比斯（Thèbes）的神祕國王名字中，和腓尼基所創文字更有密切關係，希臘人還於輔音字母中加入書寫元音字母等新符號，將腓尼基文字發揚光大。

創造文字的深遠影響，可由比布勞斯的挖掘中一窺究竟，尤其是在

哈斯·夏姆所發掘之文獻中找到實證。這種符號既簡明又清楚，它同時運用在二種文字中，即腓尼基語言及阿拉米文字，甚至因使用頻繁，使阿拉米語在東方取代巴比倫的語言文字。

由於長期受到鄰邦阿拉米人（les Araméens）影響，宗教較無自創的特色，他們只有一些農神而非海神，這對必須長期依賴海洋生活的他們，確實不太合常理。他們最崇高的神為「巴勒神」（Baal）及「埃勒神」（EL）。埃勒神為創造神，象徵太陽神，所以深受尊崇。他們的神祇非常人性化，有許多神話。

有關阿萊安（Aleyin）及摩（Mot）的神話，說祂們是主管果實的成熟及收穫之神。一位神在冬天死去，春天復活，另一位則相反，必須在冬天復活，週而復始地循環。女性神祇也會哭泣，具有喜怒哀樂等情緒。他們也崇拜繁殖萬物的生育之神阿斯答爾德（Astarte，又譯阿斯塔蒂或亞斯他祿），迦太基則稱為塔尼特（Tanit）。另一位年輕的男神則是蒂爾國王「美刻爾」（Melgart），祂不但在加代斯、迦太基備受尊崇，希臘人及羅馬人更視祂為海克力斯神（Hercule）。

二、以色列王國

希伯來人（Hebrew）原是遊牧的部落民族，其始祖為亞伯拉罕（Abraham），於西元前1800年左右率領子民遷出蘇美古城——烏爾（Ur），並停留在卡爾凱米什（Karkemish）的東部哈蘭地區（Harran）一段極長的時間，再沿著肥沃月彎繼續遠遊，最後定居迦南（Canaan）。

根據考古的結果，西元前3000年迦南地區已出現說閃語的迦南人，他們知道使用銅器，從事農業生產。該地區既有肥沃的約旦平原，與貧瘠的撒瑪利亞（Samarie）及猶大（Juda）山區，且因為迦南人（Canaanites）在此定居而得名。其後希伯來人來到此地，兩者長期處

於衝突之中，也同時產生融合。直到西元前十二世紀，來自愛琴海的非利士人（Philistine）到此地，才又名「巴勒斯坦」（Palestine）。

由於希伯來人在這塊肥沃的土地定居，借助迦南人的農業經驗以河流灌溉，放棄原來的遊牧生活，改而從事農業，可惜長期的階級對立，使國土分化，最後北方形成以色列王國，南方於西元前925年形成猶大王國。

在西元前十六世紀時，因為旱災希伯來必須遷移至埃及尼羅河三角洲，他們與此區人民和平共處，但其後新埃及帝國入侵，迫害且奴役猶太人，亞伯拉罕的後裔摩西（Moses）在上帝的啟示下，開始了以色列真正的歷史。他們在沙漠中流浪四十年（於西元前十三世紀中逃離埃及），在返回迦南的途中，摩西曾頒布「十誡」（Decalogue-The ten Commandaments），制定耶和華上帝的規範，成為猶太教的創始人，摩西將猶太人帶領至迦南地區之前死於諾博（Nébo，又譯尼波）山上。不過猶太人在與迦南人、北部阿拉米人、非利士人、埃及人及西臺人多次戰鬥後，以征服者的姿態，由約書亞（Joshua）帶領，定居迦南地區。這個以十二部落自治型態組織的希伯來民族，以摩西十誡中「聖約櫃」象徵耶和華的保護力量，摩西的後代約書亞（Josue）及哥哥亞倫（Aaron）也世世代代保護希伯來人。

(一) 以色列的君主制

希伯來人受鄰邦的文化影響，接觸多神論，產生二種不同思想。一是忠於摩西十誡，但不斷向外擴張；另一是王權的誘惑，他們認為要有強盛的國家必須有強大的君權力量。其實此二種意識相互矛盾，根據史實，希伯來人屬於外來者，雖然初期能與當地人和平共處，但是仍是摩擦不斷。且猶太十二族之間關係微妙，有時彼此爭戰，但遇大事時，又能團結一致，他們的複雜心態可見一斑；有時仍會懷念帳篷的遊牧生活，已習慣貧窮的生活、蔑視物質；但是另一方面，又擁有定居民族的

理念，對於物質的華麗及富裕又渴望又奢求，更忠於民族主義，這二種心態及思想一直深植心中，並影響後來的精神理念及政治生活。

　　亞述王朝形成之前，以色列曾享有一段鼎盛時期，這也是人民如此相信王權的主要原因，因為此時，他們擁有絕對的君主力量，取得許多光榮和勝利。掃羅（Saul）、大衛（David）及所羅門王是此時的代表人物。

　　西元前1020年，掃羅領導人民抵抗強大的非利士人有功，成為以色列第一位國王，由於他的成功也促進以色列猶太民族覺醒的統一，但他於西元前1000年時陣亡。

　　西元前1000年，大衛繼承王位，他是個好戰的國王，自認為是受神靈啟示的詩人，為國家榮譽而四處征戰：他在西部與非利士人交戰，驅逐他們，在東部驅逐亞捫（Ammonites）人；在北部與大馬士革交戰，並占領錫安山（Sion）城堡，統一以色列和猶太王國，定耶路撒冷為國家行政首都及宗教中心。

　　大衛死後，由兒子所羅門繼位（西元前960年至西元前930年）。他使以色列、猶太王國在各方面達到顛峰，在其統治下國家欣欣向榮，同埃及成為盟友積極發展海外貿易，使商業皆能進行集中管理，他自己也是聰明的貿易家。其智慧遠近馳名，使商隊由腓尼基至黎巴嫩、埃及、阿拉伯、薩巴地區（Saba）。他也使耶路撒冷成為政治及宗教中心，並建築存放「聖約櫃」的聖殿。由於他的公正、富有智慧，國家宮殿中充滿妻妾、金銀珠寶及盛大壯麗的建築，在他的統治時期，國家既繁盛又奢華荒淫，使得大量農民淪為奴隸，導致以色列人反抗。所羅門王死後，以色列人民反抗成功，建立起自己的國家——以色列，使一度統一的猶太、以色列王國再度分裂，形成北部以色列王國以撒瑪利亞為首都，南部猶太王國則以耶路撒冷為中心。

　　國家的分裂使力量薄弱，猶太王國遭受埃及威脅，以色列則被亞述人占領（西元前721年），尼布甲尼撒（Nabuchodonosor）並摧毀猶太

王國，流放其人民，或擄至巴比倫當奴隸，稱爲「巴比倫之囚」，耶路撒冷在西元前586年被占領。

(二) 以色列的宗教和思想

聖經可能於西元前二世紀至西元前六世紀「巴比倫之囚」期間編寫成，它和荷馬史詩的共同點是由很多資料共同彙編而成，不同的是，它並非無中生有，而是根據傳說及歷史。由於它並沒有記載迷信及多神理論，更使它的重要性大增，成爲我們今日所知的古代歷史——猶太人的宗教發展。

希伯來人原本信奉多神教，至大衛王時，耶和華地位升至最高，並宣揚尊崇一神。西元前538年猶太人被居魯士釋放回到耶路撒冷，他們開始忠於自己的傳統，一種「復國主義」鼓舞士氣，進而建立半獨立的王國，猶太教（信奉耶和華眞神）成爲猶太人唯一信奉的宗教。爲加強信仰力量，他們不但以「摩西十誡」爲中心，更將猶太教和猶大王國合而爲一。

但種族主義造成個人狹隘的觀念，經過羅馬及塞琉卡斯王朝（Séleucides）統治的苦難後，猶太教卻無法大量傳播至各處，反而由廣大博愛的基督教成功地履行聖命及傳教的天職。

聖經中包括各種教育性經典，如《智慧經》是東方文化及閃族人共同的思想泉源，藉所羅門王的智慧表達，是富有啓示的彙編。另外，還有《讚美的詩篇》是對耶和華的祈禱和讚美，或是富有意涵的詩歌。猶太教的聖經中更包含律法，所以它不只是歷史的描述、預言及神學，更是一部廣大知識的創作，富含各式各樣的文學作品。基督新教興起後，以這本聖經爲主體，稱爲《舊約全書》，並將其尊崇的經典爲《新約全書》，故聖經乃有《新約》及《舊約》之分。但相同的則是聖經有無數針對人類情感的啓示。

三、亞述人

亞述人（the Assyrians）為閃族一支，西元前4000年已定居兩河流域，由二個不同文化的閃族組成，西元前3000年在美索不達米亞平原北部的底格里斯河平原建立亞述王國。由阿卡德人和前述二種閃族混合而成亞述人，性格較巴比倫人好戰，在漫長的歷史過程中培養了對戰爭的興趣及愛好，西元前1300年開始擴張，占領兩河流域北部，約自西元前九世紀起，從沙爾馬那塞爾三世（Salmanazor III，西元前859年至西元前824年）直到亞述最著名的君主——亞述巴尼巴勒（Assourbanipal，西元前668年至西元前626年）統治時期，戰爭成為亞述民族最重要的活動，因此其勢力直抵黑海、地中海、腓尼基、埃及等地區，只有猶大王國倖免。

但是因為政治擴張得太快，缺乏管理才能，且以高壓統治被征服民族，帶給被征服地區極大災難，使他們利用亞述帝國的分裂，時起而反叛，最後於西元前621年被加爾底亞人（the Chaldeans，即迦勒底人）所滅。

(一) 政治特色

亞述民族是一好戰的民族，因高原上的資源有限，又經常被敵國攻擊，於是以合併、個人的聯合、安置附庸國王等方法組成王國，但採用高壓和殘酷手段，也造成各臣服君王的反叛，不再有忠誠地支持。他們沒有穩定的政治制度，因此繼承問題、謀殺及陰謀等是司空見慣的事。

(二) 歷代的國王

1. 亞述納西拔二世（西元前883年至西元前859年）

他領導亞述人打敗阿拉米人，並重重地打擊北面的烏拉爾圖王國。從此奠定未來亞述帝國的基礎，並開始向外侵略。

亞述王浮雕　　　　　　亞述國王

2. 沙爾馬那塞爾三世（Salmanazar，西元前851年至西元前824年）

亞述的中興君王，疆域西至地中海，南至巴比倫、敘利亞與以色列也相繼臣服，邊界至幼發拉底河。但西元前八世紀中，中央政府勢力衰微，省擴張其勢力都成為獨立的統治者。

3. 提格拉特帕拉沙爾三世（西元前745年至西元前727年）

西元前745年亞述勢力擴張，他於西元前729年併吞巴比倫。發展行省制度，在每次軍事擴張之後都強行設省統治。他並占據北部烏拉爾圖王國一小部分領土。

4. 薩爾貢二世（Sargon II，西元前722年至西元前705年）

他原為軍隊指揮官，篡位成功後攻下埃及，創建了杜爾－薩胡干（Dour-Sharroukin）。西元1930年考古學家在此發現泥簡古物，發掘出許多亞述諸王年表，極為珍貴。

5. 辛那赫里布（Sennacherib，西元前705年至西元前681年）

他曾企圖攻打耶路撒冷，但因西元前691年的鼠疫而失敗。尼尼微的建築物：圍牆、水道、動物園布滿淺浮雕，受五足公牛保護的宮殿建築，證實了辛那赫里布的才能和闊綽。但他也非常殘暴，西元前689

年，他殘暴地毀了巴比倫，並不顧公眾輿論攻打瑪爾杜克神殿。

6. 阿薩爾哈東（Asarhaddon，西元前680年至西元前669年）

他重建巴比倫城，並且攻打孟斐斯。亞述的國勢在其統治下達到極盛時期，勢力範圍包含整個肥沃月彎、埃及、埃蘭、米提、亞美尼亞等地區。

7. 亞述巴尼巴勒（Ashurbanipal，西元前669年至西元前630年）

他接收以前各任國王的成果，但表現出更具獨特性質。他雖然沒有被指定繼承王位，但他接受僧侶般的教育以及文學方面的教育，他能夠演算一些數學問題，懂得古老的神祕語言，如蘇美語和阿卡德語。他從事各種運動，醉心於歷史，重視經濟，創建亞述免稅海港，改善農業，使藝術品臻於完善，其浮雕也成為現代一些大博物館的裝飾品。西元前666年他占領孟斐斯，並於西元前661年摧毀底比斯。他創建尼尼微圖書館，刻意地蒐集藏書，並請御用學者為他撰寫頌詞，配上生動的浮雕，使原本的宗教題材改為對君主之歌功頌德。

(三) 當時的國際情勢

1. 烏拉爾圖（Ourartou）

他們是難纏的敵人，首都位在旺湖附近的杜斯巴（Tuspa），其國王是胡里特人後裔，可能曾經控制東方世界，並未遭到亞述的抵抗。

2. 阿拉米人

阿拉米人較無嚴密的組織，他們常順服於亞述人，但是並不十分可靠，因為他們曾從大馬士革對美索不達米亞地區發動多次襲擊。

3. 埃蘭人（L'Elam）

東南部蘇薩（SuSe）周圍的埃蘭，是世界上歷史最古老的城邦之一，它同樣是亞述人的強大對手。

4. 敘利亞、巴勒斯坦

此二地區曾被亞述征服，猶大王國也進獻貢品，但因亞述的殘暴鎮

壓，偶爾令敘利亞和巴勒斯坦起而反抗。

5. 埃及

埃及也是亞述帝國野心下的國家之一，儘管法老答哈卡（Taharqa）反抗，孟斐斯仍在西元前671年被占領，並於西元前666年又被亞述巴尼巴勒王再次占領，底比斯也於西元前661年被摧毀。

6. 辛梅里安人（Cimmerien）

辛梅里安人摧毀弗里吉亞王國後，於西元前七世紀威脅蓋斯（Gyges）的呂底亞，儘管呂底亞求助於亞述巴尼巴勒王，但終究被滅。

7. 基亞克雷薩斯圖國王（Cyaxare）和弗拉歐爾特斯國王（Phraorte）的米底亞國王（Medes）

由於他們宣布要發動襲擊，直接攻入此地區的心臟位置，使亞述因受到戰利品的誘惑，而低估此區的危險，向南部和西部進攻，由於被誤導而忽略北部與東部邊界，引發潛在的危機。

(四) 軍事史

這個好戰民族當時已發展了完善的軍事科學，但我們大部分只能從史料年鑑和淺浮雕的研究中得知。

1. 步兵

由一些強壯的農民組成，他們四肢健壯，有良好的訓練，是所有兵種中人數最多的，配有弓、矛、投彈器等武器，穿著直到膝蓋的大衣，有時也用寬而圓的盾保護自己，劍斜掛在皮帶上。

2. 騎兵

一支高貴的兵種，他們登上簡單的坐

亞述人所使用的輕型弓

騎，但沒有馬鐙，手持圓形小盾牌，戴著圓錐形的面具，使用弓和矛作戰。在更古老的浮雕上，騎兵有一名騎著馬的僕人跟隨。

3.戰術

戰車是主要的武器，可乘坐三人，一名駕車，一名弓箭手，還有一位在其後用一面大盾防衛後方敵人。

他們身手矯健，使用猛烈的襲擊戰術。軍隊中有一些負責運輸以及修造船隻的特殊部隊，還有裝備武器的戰船用來渡河，而步兵則是騎在充氣的羊皮上渡河。

4.圍攻方面

憑藉著所擁有的裝備以及工兵的先前預備工作，如在傾斜的土堤可以沿著敵人的牆來進行轉移，並移動一些滾動的機器，當公羊在牆上撞出缺口之後，軍隊在牆上搭梯子，弓箭手則可以用滾動的機器來打垮城牆。

5.統治方法

行恐怖主義、刑求和各種傷害體膚的酷刑（例和割耳、鼻、生殖器

亞述人獵幼獅浮雕

等），令戰犯的首領遭受野蠻、殘酷的侮辱，另有焚刑、掠奪、全數搬走對方的戰利品甚至其神靈，將一些國家城市焚毀使之變為沙漠荒地，震攝敵人，使其順從地「親吻國王的腳」。在亞述人的紀錄中卻誇稱這是勇氣的表現。

有系統地統治戰敗的敵人，一方面懲罰他們，為亞述提供不間斷的無償勞力；同時也採取將戰敗人民或被殖民者互相遷徙流動，以防止叛亂和反抗。但雖然連續不斷地互換，卻無法有效阻止反抗，透過

文化的融合，卻加快古代東方的統一。

6. 宗教

採多神論、同形同性論，專管現世，不管來世，缺乏更高的精神意境，不談靈魂的救贖與永生，認為靈魂在人死亡後和殯葬前是在流浪，經過七重門戶進入荒涼之地，之後永遠被囚禁該處。亞述人仍有倫理善惡之念，認為心存邪惡或行為不當會帶來災難，人和神的界限永恆不變，祭司是神的特別僕人，神供奉在塔廟（Ziggurat，金字塔型的廟宇，以泥磚興建，有些以石版浮雕和壁畫裝飾）中，每年元旦是創造萬物的紀念日。迷信和占星術常能左右國王的決定。

7. 科學

已知冶鐵技術，鐵被廣泛應用，以及使用在兵器的製作，已有緯度和經度的概念、軍事裝備也極進步。

8. 醫學

編錄至少五百多種藥品，為了軍隊的健康，採用植物和礦物，但仍普遍採用咒語及驅魔法術治療各種疾病，常以自然的原因來解釋病情。

9. 法律

沿襲部分《漢摩拉比法典》，不太強調以牙還牙和法律上的差別待遇。婦女地位也較不受尊重，不准在公共場合出現，不能以面孔示人。

10. 數學和天文

亞述人已知把圓分為360度，在預測日蝕和月蝕方面頗有成就。

11. 藝術

浮雕上最能看出亞述的殘暴與男性化，它是君主式、文獻式的，最常以人和動物為表現主題，尤其有受傷掙扎的獅

亞述縴夫

子以及紀律嚴明的士兵攻城情形。國王驕傲地向人民敘述他們的勝利，也有描述暴行、戰爭的圖畫，以及狩獵的情形等。巴尼巴勒所留下的浮雕最多，大部分保存在大英博物館。

12.建築

因不產石塊，多用泥磚，泥磚有曬乾和燒成的二種，並有不同的釉彩。宮殿裡則有花園、溪流、樹木等美輪美奐。

13.文學

著名的《吉爾伽美什史詩》（*Gilgamesh Epic*）比希臘史詩更早，表現出兩河文化的人生態度，一種特殊的風格及特色。

14.圖書館

亞述巴尼巴勒所興建，藏有將近五十萬個用火燒過的黏土製書板，雖然西元前612年城市遭洗劫，但是這些偉大的作品仍然繼續流傳，館中藏有重要的文件、國家的史詩、政治法令和規章、天文、科學、文學、藝術、占文、符咒及重要統治時期的年鑑等。

四、新巴比倫王國

㈠ 重要的國王

1.納波拉薩爾（Nobopolassar，西元前625年至西元前605年）

米底亞人與加爾底亞人（迦勒底亞人）聯手推翻亞述帝國，合力摧毀尼尼微，在國王納波拉薩爾的領軍下獲得獨立，使巴比倫古城再度成為美索不達米亞最偉大的城市。他們也屬於閃族的一支，取代亞述人後仍以巴比倫為首都，建立「新巴比倫王國」（或稱為第二個巴比倫帝國），它不同於漢摩拉比所建的巴比倫帝國。其子尼布甲尼撒是巴比倫最強大的國王，幾乎使整個敘利亞和巴勒斯坦地區，被置於新巴比倫的控制下。

2. 尼布甲尼撒（Nebuchadnezzar，西元前605年至西元前562年）

　　他是納波拉薩爾的兒子，也是尼尼微地區的統治者，他重建巴比倫，使之更加壯麗。他雄才大略，文治武功很突出，極力向外擴張，曾攻占小亞細亞的西利西亞區、腓尼基各城邦，但圍攻提爾（Tyre，又譯泰爾）城十三年不能破。他是新巴比倫王國中最強大的君主。

3. 尼布甲尼撒爾的政策

　　(1)巴比倫之囚：西元前604年，幼發拉底河地區的卡爾凱米什消滅那夏奧，擺脫埃及的野心之後，加爾底亞（Chaldee）、亞述，以及肥沃月彎的征服者——尼布甲尼撒向西推進，起初敘利亞和撒瑪利亞的猶太人並沒有抵抗，但在約雅斤（Joaquim）及西底家〔Sedecias，原名瑪探雅（Mattaniah）〕國王統治時期，依靠埃及的猶大王國則開始抵抗。西元前597年，尼布甲尼撒攻下耶路撒冷，迫使約雅斤王及大部分猶太貴族流亡，然後他任命約雅斤的叔叔——西底家為新的統治者，然他受埃及教唆及策動，公開反對巴比倫帝國。當他尚未付諸行動，尼布甲尼撒已於西元前587年再度攻打耶路撒冷，歷時十八個月的居民的抵抗瓦解，致使第二批的猶太人被迫流亡，形成著名的「巴比倫之囚」，巴比倫人並在崖石上刻下記載他們勝利的碑文。

　　(2)影響：這種放逐政策影響古代近東地區，但這是一種普遍的做法，因為可以直接控制戰敗民族的領袖。

(二) 新巴比倫王國使用非宗教的管理

　　由此可知新巴比倫王國本質上比亞述帝國和平得多，只是文獻上較少記載。在此商業促進國家和國王的富裕，政治上霸權地位，使巴比倫恢復商業上的光彩，其商人有傳統的商業貿易，國王保護商人。

　　所處的中心位置通過波斯灣和海洋、伊朗及遙遠的東方聯繫，經由托魯斯山脈（Taurus）與小亞細亞、西里西亞（la Glicie）聯繫，透過

強加保護腓尼基人和敘利亞人，而與地中海相聯繫，此也是促進國家富裕繁榮的主要因素。

(三) 巴比倫城

我們對巴比倫城的了解，主要依據希羅多德和斯塔蓬（Strabon，又譯斯特拉博）的作品、希臘傳說，以及考古挖掘工作。考古工作中，會遭遇許多困難和阻礙，尤其是那些以生磚砌成的牆很脆弱，造成很多建築物也易破碎，但其上常覆蓋著沙丘及一層層的水層，雖進一步探尋，有時結果會令人失望。

巴比倫城位於幼發拉底河流域上，有抵禦敵人的自然屏障，城市周圍由花園和人口稠密的區域所構成，城市本身是每邊十六公里的正方形，三面被雙層土牆或生磚牆所保護。它圍繞著內城諸神廟及宮殿，乃是新巴比倫王國用來抵禦敵人的主要安全屏障。據希羅多德所記載，城牆的厚度，可容一輛四匹馬所駕的戰車轉身。它不但可以抵禦外來的軍隊，同時還是一道堅固的堤防，保護巴比倫城不受河水氾濫之害。文獻中曾提到許多門，最著名的有七個，最有特色的為伊什塔爾門，這是人們對女神表現的崇高敬意，並以她們的名字命名。

挖掘巴比倫時發現，唯一留下的部分是一座宏偉的典禮門，它拱衛城的主要入口。此門非常堅固，縱然西元前六世紀波斯人入侵，此門仍舊被保存下來，後來也有部分遺跡留下，門前有一條雄偉的廣闊大道是用白色和玫瑰色板鋪成，新巴比倫王國常在此舉行祭祀馬爾杜克神的巡行典禮。這扇門除具有防禦功能，更重要的是隔絕夏季熱度高達華氏130度酷暑的高溫。通常三個拱門朝向北方，所以陽光很少直射入殿。另在這門還有二個主體部分，裝飾著上釉的磚，磚上有一些龍和公牛橫行排列等浮雕，顏色多樣大多以藍色為主，這是尼布甲尼撒為其父親建立的宮殿，他同時也在二側建築白的宮殿，使新巴比倫帝國成為令人嘆為觀止的文明城市。

而瑪爾杜克神廟——埃薩瑞勒（Esagil,「高屋頂的房屋」），尼布甲尼撒使之達到最高程度的光輝，根據他本人的著作，他沒有吝惜金子，沒有吝惜寶石及金銀器。由「高屋頂的房屋」裡的一塊書板，使我們得知宮殿的大小，以及確定其大小的神聖計算，並由巴比倫人十分珍惜的「數字象徵體系」而獲得確定。

(四) 空中花園

為了討好生於伊朗高原的皇后塞米拉蜜斯（Semiramis）的歡心，尼布甲尼撒特別修建聞名古代的巴比倫「空中花園」（The Hanging Garden），以解除皇后的思鄉情懷。它建在高七十五英尺無數巨大圓柱之上，上植奇花異木，後人列為世界七大奇景之一，遠觀是一片綠意在空中漂浮的特殊景象。

(五) 多層塔

即巴比倫的「星象臺的廟塔」——巴別塔。依據挖掘成果，我們得知塔的底部是九十一米正方，塔高也是九十一米，塔上有九個重疊的平臺，最後一個平臺上有一座祭臺。但不能肯定是否為後人重建，達到祭臺的方法也不能確定。被辛那赫里布所摧毀的塔摟是由那波帕拉薩爾及其兒子尼布甲尼撒重新修建。巴別塔也構成星象學家的觀星臺，祭壇上有一張大床，根據希羅多德的書板，使我們想到瑪爾杜克與其妻薩爾巴尼特（Zarpanit）（女神）結合的神祇婚姻。它是一個碩大無朋的金字塔，頂上也設有供奉瑪爾杜克的神廟。在聖經《創世記》中也曾提到巴別塔，指其為人類虛榮的縮影。即使波斯人毀滅巴比倫後，這座高塔仍使人念念不忘。亞歷山大在西元前331年占領此城時，有意重建此塔，但由於工程浩大，只好聽任這座雄奇建築繼續毀圮，使其發掘的工作直到近代開啟為止。

㈥ 巴比倫文化

1.社會

　　巴比倫城在當時是世界上最繁榮、最大的都市，人口有五十萬人之多，商業極為興盛，為美索不達米亞平原前所未有，所有的奢侈品皆集中這一帶。因此產生社會階級，有無數的勞工和奴隸充斥著這城市，法律及警察保衛人民，人民安居樂業地生活。

2.文學

　　巴比倫人對文化的貢獻很大，皆表現在詩歌或神話。他們取自蘇美人，描述神創造世界，洪水及半人半神的烏魯克國王吉爾伽美什（Gilgamesh）英雄的史詩，手法生動活潑，故事曲折動人，是日後希伯來人舊約《詩篇》中的重要取材來源。

　　編製文規及字典之類的工具書，歷史多半記載帝王編年或綜合史書，是日後研究其王國不可或缺的史料。

　　書寫工具──他們借用阿卡德人的楔形文字作為工具，來表達自己的思想與情感。

3.科學

　　世界聞名的占星術，是加爾底亞人的發明。由於商業發達使科學的計算達到顛峰，且為應付兩河的氾濫必須發展出精密的測量數學，他們不但知道使用加減，也會用乘除，計算的符號有「一」、「十」、「百」，且可用到九、九十、九百，知平方和立方。難得的是把圓周分為三百六十度，又把一天分為十二時辰，每一時辰為三十分，一分鐘相當於今日的四分。星象學更是驚人，星象家必須認識星象，觀察並做出星座分析圖，命名「木星」為瑪爾杜克神。他們並測出日蝕、月蝕及黃道十二宮等天文數理，並確定冬至、夏至、春分、秋分之四個季節，也知一年僅三百五十四天，所以三、四年有一閏月，和我國的農曆完全一樣，占星術現今仍流傳不衰。製作星象圖後，也開始繪地圖，即尼布甲

尼撒曾命祭司繪製新巴比倫王國城市地圖，城鎮、河流、道路皆歷歷可數。

4.藝術

繪畫全無，雕刻也不佳，技巧來自蘇美人，以浮雕較出色，但缺乏變化。不過他們修神廟或是皇宮所用之磚卻是特製的，不但上釉，還有綠、紅、黃、藍、白等色，美觀又耐久，而且牆上還有怪獸浮雕為飾。新巴比倫的宮殿或神廟，格局階呈方形，整齊劃一且高聳，牆上有時呈鋸齒型，氣勢頗為森嚴壯觀。後人複製巴比倫城門置於柏林國立博物館庭院中。

五、呂底亞人

(一) 國王

王國創始人——蓋斯（Gyges）。腓尼基王國消失之後，蓋斯成為呂底亞人的王朝創建者及第一位國王。由於辛梅里安人有潛在威脅，最後蓋斯死於辛梅里安人之手（西元前652年）。其後的國王——阿里亞泰斯（Alyattés）及克瑞居斯（Crisus）他們是二位有建樹的君主，分別採用了高超政治手法。

(二) 政治作為

1.溫和手法

他們派守衛部隊駐守希臘城邦，對此地只是徵收兵丁及一些捐稅，以此種「保護」商業之名製造極高利潤。阿里亞泰斯及克瑞居斯聲譽極高，呂底亞人被管理良好且所課的稅也非常富饒，克瑞居斯沿商隊道路設「驛站」，稅收充足王室的寶庫，經營手法極著名。

2.影響

這種商業的「保護」，沒有阻礙愛奧尼亞在西元前六世紀的傲人發展，同時促進呂底亞文化的發展。

　　呂底亞人屬於閃族的一支，也是最早使用貨幣的國家之一。西元前
八世紀開始使用貨幣，他不同於亞述人和其他商人所使用的金銀塊，此
種標準金幣爲白色金子（Stater），這些金子出自巴克多勒（Pactole）
的沙灘及薩爾德河、特摩勞斯（Tomolos）與西彼勒（Sipyle）的礦
山。第一次使用鋁合金造幣，這些金屬熔合鑄幣呈琥珀色，一面有國王
和箭，另一面爲獅頭；政府在其上載明保證金屬的重量及品質、純度，
並分國內、國外使用的不同，自然比以往金、銀、銅、鐵等金屬於秤上
量更加方便。

(三) 政策

　　因受辛梅里安人的威脅而移向西部，採取鑽營的手法與希臘
的城市和解。當時以弗所的城邦必須經過小門德雷斯河（Caystre/
Menderes），向東的自由通道進行商業活動，因此呂底亞人和以弗所
城邦建立一些和解條約，以解決之前和以弗所的衝突。

(四) 國家擁有大筆財富

　　君主們掌握強大的軍事及財富力量，末代王克羅索斯（Gnoesus，
西元前590年至西元前546年）提倡貿易，他僱專人爲其出外經商，販
賣羊毛、沙金而致富。故當時擁有大筆的財富，更早之前，呂底亞人也
曾於西元前585年和米底亞人戰於哈里（Halys）河畔，除小亞細亞西南
的呂基西（Lycia）外，哈里西境也全爲呂底亞的勢力範圍，其軍事和
財富力量之龐大可見一斑。

　　君主對神殿的興建，成功地使希臘人忘了呂底亞人對愛奧尼亞的統
治，如慷慨捐獻德爾菲的阿波羅神殿，重建亞洲聖殿——米利都的迪迪
米翁（le Didymenion）和以弗所的阿特米西翁（Artemision）神殿，都
使希臘人忘卻其統治。且因呂底亞緊鄰東方，使他們也能順利地向愛奧
尼亞人傳播巴比倫的技藝、科學和宗教。

　　西元前546年，由於呂底亞人對自己的力量過於自信，和整個東方
世界一樣，低估波斯王居魯士的力量，最終喪失王國和自由，使希臘城
邦受新統治者波斯人的「保護」。

腓尼基人和希伯來人

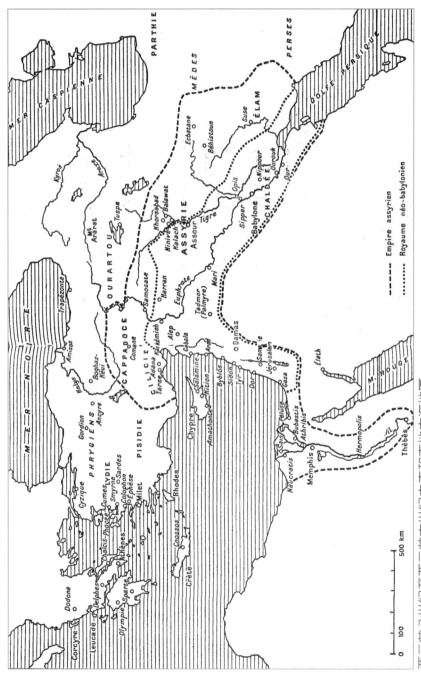

西元前八世紀至西元前六世紀中東和東地中海地區

第十章
希臘殖民化時期

　　我們憑著荷馬、海西奧德（Hesiade，又譯赫西奧德）等史詩的古代作品的殘存部分，以及考古挖掘，描繪出西元前八世紀的狀況——希臘各城邦的大規模海外殖民，占據土地，建立城邦，代表社會階級產生後，以奴隸制支持的城邦殖民運動。

　　此時，農業生活是最原始的經濟活動，有利於產業主及馬匹的擁有者，他們鞏固自身的財富、政治權力、軍事力量，並掌握宗教的奧祕，這種霸權反映出幾種政治表現。

　　貴族階層占有土地的利益，早期君主制衰微，貴族廢除國王，或將國王的職責削減為僅具宗教性質（如雅典的執政官國王）。貴族階級控制長老會議，或有一百多名成員的公民大會（Bouie）。包括小資產者、手工業者或製造業主、勞動之人、雇工、佃農、奴隸、附庸者——如拉科尼亞（Laconiens）的希洛人（Hilotes）、色薩利（Thessaliens）的貝納斯特人（Penestes），因為他們較無政治地位，就算作為一名步兵，也僅有少數的裝備，因為他們在戰場上沒有任何的企求。因此，加深貧窮者和有錢人奢靡生活的對比，以及不斷的悲慘和不幸。

　　實際上，希臘初期人口曾經非常眾多，人力充沛。但因境內許多的問題，間接導致希臘殖民化，主要的原因有：農業的因素（糧食生產和貿易）。

一、西元前八世紀初古代的希臘狀況

(一) 第一次殖民化浪潮

　　從西元前775年到西元前675年，在古代的希臘產生了「第一次殖

民」，其因希臘境內多山且土地貧乏，利於耕種的平原極少，因此糧食生產受到很大的限制；此外，由於境內亦缺乏銅礦、銀礦或是木材，雖然國內生產大量葡萄酒和植物油，手工業也有長足的進步，生產許多商品，但不論作品多麼地精湛，總得尋求輸出的國家，於是周邊地區貿易盛行，且農業生產突飛猛進——鐵製農具使得葡萄園和橄欖園極為茂盛。由此可知，對外尋求海外輸出及發展進口是當務之急，也是希臘殖民熱的其中一個因素。

1. 殖民原因

⑴ 人口的急遽增加

人口爆炸，勞動力增加，產品因而過剩，極須新市場，地方食物和土地明顯不足。城邦內衝突不斷，紛爭迭起，因而出現愛好冒險活動者，有人因此被迫流落他鄉。出走的人口十分複雜——有第一次邁錫尼戰爭中出生的私生子、戰亂的遺民、作惡的罪人及不法之徒，他們都揚帆而起，遠離這個不再容納他們的城邦。由此可知，這個殖民熱並非完全「有計畫」，而是起於城邦內的衝突。但此殖民潮也造成一個現象：大批新移民到達之後，便大量驅逐原住民，搶奪其土地，派測量員丈量土地，以抽籤方式將土地分成若干，再建立長久的住宅。新建的城市分為內城和外城，外城部分建立臨時的殿堂，以供奉各方神靈，這顯示希臘對宗教的執著，也是其神殿聞名於世的原因及特色。

如此明顯的經濟與政治因素的結合，使殖民運動和城邦內的階級鬥爭有更直接的關係。

⑵ 人民的貧窮

希臘本土所需的食物短缺，人民生活不易，因而更積極發展生存之道。基於以上因素，原本並無「特別計畫」的海外殖民運動悄然地展開，由背景上來看，這次殖民運動和國內的階級相互鬥爭有很大的關係；若由性質上來看，也可說是第一次美塞尼亞戰爭繼續向海外推展，整個內涵則是貴族和平民之間的鬥爭、自由民與奴隸之間的矛盾。

2.特色

(1) 創立希臘殖民點——城邦的獨立性

　　希臘的移民是完全不忘本土的宗教與風俗，不但和本土保持著聯絡，並在周邊地區建立獨立許多的城邦，城邦之間永保聯絡，或是和其他城邦連結，組成更大的網絡，力量更日強大。

(2) 發展海外遷徙

　　航海和造船技術進步，商船雖是帆船，足以供給其他需求。城邦商品獲得紓解，海外貿易能興起，因此以移民方式解決問題的情況時常發生。

　　希臘殖民地的二大類型：首先，將殖民地作為貿易站，收集所需物資後，運回希臘本土，供應希臘的充足物資，並可輸出海外及進口之用。

　　其次，移民們留在殖民地，居住於土地較肥沃的農業區，發展希臘式生活。此時也會產生一種特別的文化——有時殖民地由個人建立，但有時會有其他城邦參與，因此進行殖民活動的城邦為「母邦」所建立的城邦則成為「子邦」，若是子邦再發展其他海外殖民地時，則不受母城控制，所以海外的殖民並非整個希臘人的活動，也未形成任何帝國，而是依靠傳統上的情感，未脫離母邦的文化，保持著希臘人的意識，但他們會有一種優越感，視非希臘人為野蠻人。

(二) 第二次殖民化浪潮

　　西元前675年到西元前500年前產生「第二次殖民化浪潮」，也產生唯利是圖的現象。人們開始注意交通交會的地點和價值，如墨西拿（Messine）海峽、通向南部義大利的愛奧尼亞島嶼、色雷斯海岸、達達尼爾海峽〔Dardanéllia，古稱赫勒斯滂（Hdllespont）〕、馬爾馬拉〔Marmara sea，古稱普羅麾提斯海（Propontide）〕，以及博斯普魯斯（Bosptore/Bosporus）等地區。此時許多大都市如哈爾基斯

（Chalcis）、埃雷特里亞（Érétrie）、邁加拉（Mègare）及科林斯（Corinthe）等城邦成為商業城，古希臘的亞洲城邦也陸續加入，如薩摩斯（Samos）、弗西亞（Phocée）、厄立特里亞（Érythress），以及正在繁榮發展中的新興都市——米利都（Milet）。西元前六世紀末期（尤其是殖民化結束時），希臘世界的經濟情況已發生巨大的變化，社會和政治型態也全然不同於以往。

二、西元前六世紀末期的希臘世界

(一) 西西里島

　　最早占據西西里島的東海岸——墨西拿海峽、羅吉恩（Rhégion）、桑克萊（Zanclè）、納克索斯（Naxos）、卡塔那（Catane）及萊昂蒂諾（Leontinoi）等城市地區，是哈爾基斯（Chalcis）的優卑亞人（Eubéens）。科林斯人占領西西里南部、敘拉古（Syracuse，建立於西元前733年）和卡瑪瑞那地區（Camarina）；邁加拉人建立邁加拉·海布拉亞（Mègare Hyblaea），接著又建立塞利農特（Sélinonte）等城市。至於和克里特島人混居的羅德島人，則建立傑拉（Géla），接著又於西元前580年創建阿格里真托（Agrigento）等城邦。

(二) 義大利南部

　　西元前775年起，已有人在坎帕尼亞（Campanie）登陸，西元前750年哈爾基斯人也在此登陸，他們與伊特拉斯坎人建立商業關係。西元前七世紀初期，由阿哈伊亞人（Achaié）和拉科尼亞人（Laconie）所混血的伯羅奔尼撒半島人出現——亞該亞人創建錫巴里斯（Sybaris）和克羅托內（Crotone）二個城市，接著又穿過波特（Botte）半島的狹窄岬角建立商行。一些拉西第夢人（Lacédémoniens）也於西元前708年在塔倫特（Tarente）定居，某些羅德島人（Rodes）、邁加拉人、克里特島人也在此時建立一些殖民城市。

(三) 西地中海

西地中海很早就有海員及羅德島人，但因腓尼基人的阻礙和位置遙遠，使此地區較晚殖民化。弗西亞人在西元前600年時建立馬西利亞（馬賽），但在這世紀中期卻和迦太基人、伊特拉斯坎人產生嚴重的衝突，並在科西嘉島的海戰中被打敗，損失許多商行。儘管馬西利亞的位置相當遙遠，它仍發展得有聲有色，直到受內部利古里亞人（Ligures）干擾，才在蔚藍海岸（la côte-d'Azur）以及西班牙海岸建立自己的殖民地。馬西利亞（馬賽）一直是地中海北岸重要商港，西元前六世紀由弗西亞人奠立基礎，從此旅客紛紛而至，它也是各種礦石的集散地；由於它通過多瑙河峽谷，依附著聖布萊斯（Saint-Blaise）及聖雷米（Saint-Remy），其發展集中地中海北岸和內陸平原地區，隨移民向西發展，逐漸進入開發階段。馬賽城一直得天獨厚，也是古希臘文化的引導者和傳播者，直到西元前49年被凱撒占領。且在法國塞納河附近的維克斯（Vix）地區發現著名的雙柄大口杯，我們可確定為希臘伯羅奔尼撒半島銅匠的藝術傑作，它證明古希臘文化已融入塞爾特人的生活。

(四) 東地中海及其附屬地

1. 哈爾基季基及色雷斯海岸

希臘人覺得愛琴海北部的氣候可出產葡萄、棕櫚樹、小麥、大麻，亦適合飼養業，自然資源豐富，優卑亞島人（Eubéens）最早開發此地，他們在此地建有哈爾基季基、托羅尼（Torone）、斯基奧納（Skionè）與以酒聞名的芒代（Mendè）等城市。帕瑞安人（Pariens）也在斯泰蒙（le Strymon）東部的薩索斯（Thasos）殖民，並開發龐瑞（Pangée）的礦山。

在東部，亞洲希臘人的殖民是由色雷斯海岸開始，包括阿布德拉（Abdère）、瑪奧尼亞（Maroneia）、埃諾斯（Ainos）等地，都是愛

奧尼亞的殖民地。

2. 馬爾馬拉海海峽

這些地區是商業往來的要道，擁有肥沃的平原和產魚的江河。西元前七世紀中期，伊奧利亞人（Eoliens）占領特羅亞（Troade）及塞斯托斯（Sestes）。邁加拉人是唯一來自陸地的希臘人，他們占領馬爾馬拉海峽沿岸地區，後來又占領博斯普魯斯、拜占庭（Byzance）等地。最後米利都人占領阿比多斯（Abydos）、卡爾迪阿（Cardia）、基齊庫斯（Cyzique）等地，打開通往黑海的道路。

(五) 黑海沿岸地區

黑海沿岸的殖民出現較晚，且不斷受到蠻族侵擾使得移民較多元。黑海的航海條件不佳，使米利都占優勢，大部分受米利都等愛奧尼亞城邦統治。布格河（Boug）與聶斯特河（Dniester）交匯處的奧爾比亞（Olbia），是最大的殖民城邦，米利都統治近八十座城市的商行，掌控此地的霸權。

米利都的殖民地分布很廣，包括小亞細亞：西諾普（Sinope），而西諾普也創建了特拉卑翁特（Trapézonte）、菲西斯（Phasis）和迪奧斯卡里亞（Dioscurias）。北部地區：位於克瑞梅及阿佐夫（Azof）海附近的龐提卡貝（Pantticapée）、德奧多西亞（Théodosia）、法納高瑞亞（Phanagoria）。俄羅斯的重要河流附近：伊斯陀（Istros）、奧爾比亞（Olbia）、提哈斯（Tyras）以及阿波羅尼亞（Apollonia）、奧得索（Odessos）、多摩（Tomoi）。

「米利都帝國」憑藉這些地區的農業財富（小麥）、飼養業、皮革、木材、金屬、乾魚、燻魚、奴隸等開發和出口極昌盛，直到波斯人來到。

(六) 非洲海岸地區

西元前631年，多利安人由荒涼的蓬巴（Bomba）海灣，移居肥沃

且富有灌溉水源的高原中部，創建昔蘭尼（Cyrène）。羅德島人及伯羅奔尼撒半島人相繼到來，新城邦成為富饒的農業中心，以馬和車聞名（一種神祕的醫用車）。這些城邦發展一種專制制度，並於西元前被波斯人「保護」。此外希臘人也在一個富饒的盆地中心創建巴爾西（Barcé）、俄那斯普瑞德（Eunesperides）等城邦，因為遊牧民族和其爭奪內陸，希臘的殖民化政策遂減弱。西元前525年波斯的征服，也使希臘的殖民化受重挫，由雅典接手重建殖民地。非洲此時不但盛產黃金和高級首飾，還有大批的奴隸輸出；因此，殖民點的規模日漸擴大，為希臘本土和蠻族之間建立極盛的貿易。

三、殖民化的影響和結果

西元前七世紀和六世紀的希臘殖民，可用西塞羅的話形容：「在整個地中海周圍，替野蠻人的海岸縫上一道希臘的邊。」雖然很多的殖民都市繁榮昌盛，但並非全部如此，發展興盛的國家只包括黑海的米利都帝國，西地中海的馬西利亞、西西里島及希臘本土一些城市。

西元前六世紀時，這種殖民化運動突然自行停止，直到亞歷山大時才恢復。其因在於最好的地方都已被占領，人們認為必須感謝德爾菲的神諭，因為祂指引人們。此外，伊特拉斯坎人和迦太基人禁止希臘人進入庫姆斯（Cumes）北部的義大利海岸，以及伊比利半島南部的阿提密海角（Artemision），開始出現抵抗。東方的斯基泰人（Scythes）和色雷斯人也很難對付，且波斯人馴服亞洲城市，在摧毀米利都之後，向多瑙河和巴爾幹半島前進，於是擴張終於被迫停止了。

人口的大量移出使希臘本土不再壅塞，殖民化的運動使內部爭鬥和社會狀態明顯改變，儘管經濟和商業擴展，西元前六世紀的人口卻下降。由於希臘的殖民使各地皆受到希臘文化影響，如陶器、武器、藝術品、青銅器等，殖民地自給自足，起初的生產質量普通，後來則出現豪華品，促進手工業進步，控制當時的市場（如愛奧尼亞的金屬、伯羅奔

尼撒銅匠的作坊、科林斯的陶瓷製品等）。各殖民地以其產品，如糧
食、木材、皮革、羊毛、大麻、酒或油等支付進口，殖民者的商業天賦
被喚醒，許多船主、商人獲得財富，不須透過希臘本土，彼此聯合。

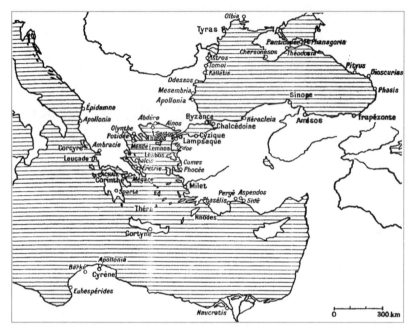

希臘人的海外殖民地區

第十一章
希臘世界

　　貴族制度在原始的君主制度基礎上產生，西元前八世紀時還得以維持，之後因經濟發展而遭到抗拒。實際上，當貴族們占有優勢地位、擁有財富後通常會擴大權力。活躍的城邦裡，工商業貴族階層因從事大宗買賣而致富，最後取代氏族階層，剝奪馬匹飼養者的權力。但是，真正的權力往往還掌握在資歷較深的長老會議成員手中。

　　實行貴族政治的城邦有類似的制度，有財產的人們所組成公民大會，以簡單的歡呼形式通過法令，選舉行政官員。長老會議有人數限制，由較富有而年長的資深行政官員組成，這可以增加長老議會成員的威望。長老會議制定所有重要決定，由行政官員執行（他們是執政官、法官）。較封閉的城邦有時採世襲或終身職，但最常見的還是每年選舉產生，有時氏族會為政治利益和占據主要職位而事先「安排」。

一、制度的危機

　　貴族制度在西元前七世紀產生危機，主要是因殖民化及各種商業活動令財富大量增加，除了土地貴族階級以外，還產生一個商人和船主的中產階級，其財富遠可和貴族匹敵，卻不能參與政治，導致與貴族階層疏離。貨幣發明後，起初傳播及發展緩慢，不過西元前六世紀便明顯加速。地主及商人本來擁有大批財富，當海外的小麥大量湧進，使小麥價格劇降，造成農業及商業之間不平衡。鑄造極少的貨幣展現出強大購買力，卻造成農民生活更加惡劣，土地越來越小難以維持，他們甚至將土地改成橄欖園或葡萄園，作物成熟前只好向富有者借貸，若收成欠佳，只好再向其借貸，如此循環不已，農民陷入依附債主的地位，債務問題

使政治危機更加嚴重。不過各地受貨幣影響情形不一，像沿海地區的活躍城邦是最快感受到貨幣的衝擊（如米利都、弗西亞、科林斯、邁伽拉、埃伊那、塔倫特和敘拉古），這些城市出現最嚴重的動亂。

　　騎兵在陸地的地位被重武裝步兵取代，因重武裝步兵配有盾牌、鐵的護胸甲、面具、劍或矛，軍事組織嚴密，士兵受到良好的保護，這些靈活的步兵成為「戰役的常勝軍」。各城邦也擁有自己的武力，但他們大部分從平民及農民中徵募；因此富裕農民一時身價百倍，趁機要求政治地位。此時尚未實行民主政治，能夠購買如此昂貴武器和裝備的人不多，容易造成寡頭政治，但它多少削落舊貴族的力量，使一些地方邁向民主之路。此時許多城邦之間發生嚴重的事端，內戰也摧毀愛奧尼亞、邁加拉、伯羅奔尼撒半島及西西里島之間的聯繫。

　　在海上，載貨的船仍然笨重且緩慢，戰船是弗凱亞人的優勢，船上有五十隻船槳，三行槳手（共有一百七十個槳），是科林斯式三層槳戰船，使貴族不得不對平民階層讓步。

二、僭主及立法者

　　沒有成文的法典不可能從事改革憲法，故首先要書寫憲法。爭鬥、謀殺、剝奪權利和放逐在各黨派之間不曾停止，但西西里島和愛奧尼亞較為進步，人們有較新的做法。「立法者」由一群人共同同意而指定，他們制定市民共同誓言遵守的法令，這些立法者中，最著名的有義大利南部羅克里斯城（Locres）的札萊烏庫斯（Zaleucas）、西西里島卡塔那的夏翁達斯（Charondas）、斯巴達的萊庫古（Lycurgue），以及西元前621年雅典的德拉古（Dracon）、西元前594年的梭倫（Solon）（但前三位立法者的歷史真實性仍有爭議）。

　　他們的智慧及一絲不苟的嚴厲作風，深得後人景仰。如德拉古為消滅種族間的仇殺，主張法律裁決必須嚴厲而有效率，雅典的執政官梭

倫深知，歷史的趨勢在平民手中，特別是小康的人民；他廢除農民的債務，給予平民參政及司法審判的權利。這一趨勢在雅典進行得非常快速，但立法者制定的法規，仍難以完全解決貧窮或解救遭受奴役的人。儘管立法者阻止氏族貴族的專利，但他們對財產的保護仍很保守（除了梭倫是少數為了人民的權利的立法者之一），大都還是有利於貴族。此外，立法者往往在完成立法的任務後，就轉而關注自己的私人生活，這也造成城邦混亂。

「僭主」的興起和小農、碼頭工人、水手等要求分享貴族壟斷的權力有關，因此形成一批新的領導者。這些僭主通常聯合中產階級，他們會為一個新團體利益而攻擊舊貴族階級勢力，受到新團體的支持，最後他們以非正統及不合法的暴力手段取得權力，但他們並沒有被當代人非難，因為他們往往站在人民的位置，為人民說話。但其政治野心在新的權力團體漸漸擴大時，使其轉向獨裁。僭主有時掌握權力較久，並擁有許多武器裝備，也出現很多暴政。

僭主也常為自己的利益而反對貴族階級，如在米利都，他們是戰敗者的代言人，但在西錫安（Secyone），他們則是反對寡頭政治的農民和低層人民的保護者，故其政治角色複雜；此外，他們的出現也常和城邦的繁榮發展同步，在科林斯、雅典、米利都皆是如此。此時重要的僭主包括：米利都的色拉西比勒（Thrasybule）、納克索斯的利格達米斯（Lygdamis）、薩摩斯島的波里克拉特（Polycrate）、西西里島與西哈居斯的格龍（Gelon）。還有一些為時不長的王朝僭主，如西錫安的奧達高瑞得斯（Orthvagorides）及科林斯的西普西里德（Cypsélides），其中最重要的是佩里昂德（Périandre）、雅典的庇西特拉圖（Pisistrate）及其子希庇亞斯（Hippias）。西西里島上的僭主領導反迦太基人的民族戰爭。

僭主沒有頭銜也不修改法律，透過朋友、被保護人及武器裝備擁有權力，掌握取得權力的途徑。他們監督控制公民大會、法庭和長老會

議，公布令人反感的蠻橫審訊權與調查權，並沒收貴族的土地，驅逐貴族，以陰謀處決貴族。他們同時也促進小產業主、水手和手工業者的發展，實行社會平等，徹底摧毀氏族和貴族的權力。僭主也對貴族壟斷的宗教事務採取行動──為神祇建造神廟、節日和迎神活動（因虔誠而引人注意），尊崇泛希臘主義的聖殿，更加虔敬地信仰普受尊敬的大眾神靈，如阿特米斯（Artemis）、雅典娜和戴奧尼索斯（Dionysos）等神祇。

　　僭主們取得政權的手段無論是否合法，或只圖私利，其政權都必須得到人民的支持，所以他們取悅人民，分發土地、出借工具、恢復生產作物，如葡萄樹和棕櫚樹的發展對農民來說，這是比糧食作物更有效的經濟來源。

　　他們在各處進行重要的工程，供應城市人民的需求，如引水橋──波里克拉特統治時期，在薩摩斯島所修造的引水渠（Eupalinos）隧道──噴泉、海港的堤壩、碼頭、神廟和劇院。

　　僭主因謹慎而講求和平，並因需要而團結一致，假如他們持續存在，希臘有可能會更團結，不會出現傲慢的地方主義。但在歷史性角色完成之後，他們很快地消失，因為遭到貴族階層和人民（以自由為名）聯合反抗，將其驅逐。僭主制度一旦被推翻，許多希臘城邦也經由選舉而走向民主，雖然其間也偶有貴族政治，但也普遍重視每一階級的利益。

三、希臘西部

　　地理位置鄰近，氣候溫和，土地肥沃，有利於希臘民族融合，構成「大希臘」的面貌。「大希臘」就如同美洲對歐洲人的意義，農業財富、手工業者的勤奮及商業往來，產生經濟繁榮的前景，並出現新的政治、社會、哲學和歷史文化。

　　希臘西部地區和愛奧尼亞一樣，是泛西方希臘成為希臘歷史傳統的創始人。為使生活更加優渥，逃避令人窒息的不合理土地制度，殖民者離開家鄉自成一階級，但階級之間也因利益彼此衝突或對抗，它顯示共同的利益和財政的合理分配促進政治改革和社會發展。城邦經歷很多制度，如立法者的專制統治、僭主制度等，因這些制度不穩定，更加速資產階級（船主、批發商、中等階級）及平民階層（手工業者和水手）反對貴族階級的發展，城邦之間也存在尖銳的抗爭和爭鬥。在南部義大利，西巴瑞斯（Sybaris）摧毀西瑞斯（Siris），他自己卻被克羅托內（Crotone）摧毀。塔倫特和敘拉古藉其他城市的衰落，抵擋蠻族及迦太基人的機會脫穎而出。塔倫特由於它的愛奧尼亞根源，長久以來保持著貴族政治的制度；而敘拉古則是僭主享有特權的地區。他們是戰爭的指揮者，因戰爭的勝利而掌握權力。

　　泛希臘文明是新國家的文明，人們快速地拋棄舊傳統，取得財富和榮譽為完善政治創造有利條件。神廟建築尤其明顯，受到嚴肅的多利安式啟發，在阿格里眞托（Agrigente）、塞里農特（Selinonte）、帕埃斯圖姆（Paestum）此種建築比比皆是，它傾向於「龐大」，例如阿瑞讓特神殿中未完成的男像柱，即使已傾圮看起來仍顯得巨大。塞里農特及塞傑斯塔（Ségeste）將多利安式神廟完美地融入莊嚴的景色中。阿格里眞托的扶垛上也排列著當地的石灰石因受腐蝕而多孔的神殿。

　　希臘化時期的文學和哲學更是毫不遜色，埃里亞發展了芝諾（Zénon）的邏輯學；梅塔蓬托（Métaponte）盛行畢達哥拉斯學說；桑克萊（Zancle）盛行色諾芬（Xénophane）學說；阿格里眞托盛行恩培多克勒（Empédocle）學說（西元前五世紀）。一些新的文學形式產生，如希墨拉（Himére）的斯特西克魯斯（Stésichore）合唱抒情詩，都是希臘化時期的新文學。

　　僭主們也在希臘統治時期發揮相當大的作用，他們開拓出輝煌時期，將古典文化與精神向外傳播，經過義大利南部，尤其是坎帕尼亞的

城邦，透過克羅托內（Crotone）、梅塔蓬托（Metaponte）、伊特拉斯坎人、羅馬人，使他們接觸希臘的文化且深受影響。

四、愛奧尼亞

愛奧尼亞城市起源於亞該亞聚居區，他們都使用愛奧尼亞方言、過阿巴杜瑞阿（Apatouria）節（家庭聚會、宗教節日）、崇拜信仰波塞頓（Poseidon Heliconios），共同的政治組織並與海神廟所在地帕尼翁（Panionion）的近鄰同盟。

十二座愛奧尼亞城邦擁有燦爛的文化，四周土地肥沃，因通往小亞細亞心臟地帶的赫穆斯河（Hérmos）、小門德雷斯河以及梅昂德山峽，而獲得有利的商業條件，因愛琴海和黑海的殖民化，以及西地中海的殖民化而繁榮。它與東方世界的文明結成和諧的整體，也是希臘世界的第一個奇蹟。

以弗所（Ehpeses）位於小門德雷斯河山峽的出口，受呂底亞人保護，虔誠信仰阿特米斯神（Artemis），阿特米斯神象徵著繁榮豐盛。以弗所城對東方的影響極為敏感，因為它可以經過薩迪斯（Sardes）到達美索不達米亞中心地帶的終點。它也是一座聖城，是歷史上少數的銀行家的城市，包括手工業、金銀器業等。

薩摩斯由於島國狀態，他們所崇敬的女神希拉（The Heraion）來自伯羅奔尼撒半島的阿哥斯，並由於種族上的純淨，以及愛琴海為中心的商業，殖民化的作用，使得薩摩斯成為愛奧尼亞城邦中最希臘化的城邦；且因內部希臘鬥爭，與希臘本土城邦的戰爭，使它變得非常希臘化，占有土地的貴族階層激烈地抗拒商人及手工業者的壓力，直到波里克拉底（Polycrate）統治時期（西元前531至西元前522年）重新建立協調一致的局面。但他不斷遭到反對，使波斯人感到厭倦，這也是導致他失敗的原因。在薩摩斯的銅匠中奧依可斯（Rhoicos）和塞奧佐多羅

斯（Theodoros）是非常有名。

　　此外，希臘世界已有受到良好保護的海港、梅昂德爾峽谷以及米
利都的迪迪姆（Didymes）神廟，因為雅典人已成功地殖民，不帶有雅
典政治上的帝國主義。米利都創造第一個朝向黑海的希臘海上帝國，並
進口遙遠地區的小麥和原料，向各地出口紡織工業產品、加工品，偉大
的科學家——如泰勒斯（Thales）、阿那克西曼德（Anaximandre）、
阿那克西美尼（Anaximène）等哲學家。在布朗什德（Branchides）的
貴族之後，米利都的群眾接受色拉西布洛斯（Thrasybule）的僭主政
治，並在遙遠的海外建立貿易站和殖民區八十多處，大部分在黑海沿
岸，以自己城內所生產的布匹、花瓶等，與其他城市交換金屬、亞麻、
木材等。此處不但財富鼎盛，也造就哲學之光——「愛奧尼亞學派」
（The Ionian school），當中著名的三位哲人包括「希臘哲學之父」
泰勒斯（Thales）、阿那斯西曼德（Anaximandre）和阿那克西美尼
（Anaximenes）。西元前六世紀初期起，在米利都，由船主組成的資
產階級與手工業工人發生鬥爭，如同後來在佛羅倫斯發生的富有階級和
小百姓的鬥爭。米利都人已經有抵抗呂底亞王朝的經驗，但為保衛其城
邦的獨立，便再次與波斯人戰爭，很有可能是因愛國主義，而非商業利
益，但之後再也無法恢復以前的光彩。

第十二章
大陸希臘

　　貫穿希臘的東西道路由埃勒西斯到西錫安，從希臘本土中部直通伯羅奔尼撒的南北道路與之交會於科林斯地峽（L'Istheme）。這個重要的據點擁有九個次要的海港，和一條極具實用價值的林蔭道路，林蔭道路的作用主要是為了造船方便。除此之外，此區是多利安城市的起源，具有強大的商業和工業潛力，當地人欣賞貴族階級，因為與僭主制度相較之下，顯得溫和許多。

一、埃伊那

　　埃伊那（Egine）沒有許多殖民地，只能依靠海運業及進步的計量系統。它擁有許多優秀的銅匠，能將劣質作品化成傑出的手工藝品。它非常地富有，擁有著名的「烏龜貨幣」及阿法埃亞（Aphaia）神廟，其目的是為避免專制及國家的均衡發展。因為地理位置優越，令科林斯及哈爾基斯覬覦，西元前五世紀更引起雅典的致命仇恨，視之為眼中釘。

二、西錫安

　　西錫安（Sicyone）則位於此區西部，雖然地理位置不如埃伊那優越，卻擁有富饒的土地，優秀的銅匠使它在歷史舞臺上占有重要地位。西錫安由僭主奧塔哥拉斯（Orthagoras）創建及專制統治，有重要的政治影響，西錫安的政治顛峰期在西元前600年至西元前570年之間，克里斯提尼（Clisthéne）的統治與改革，為西錫安帶來前所未有的局面。但是在他之後，屬於多利安人一支的斯巴達和阿哥斯，又重新建立寡頭政治，西元前510年，這座城市的美好時期宣告結束。

三、邁加拉

邁加拉（Mégare）橫跨科林斯地峽，但地理位置不佳，它未在希臘世界中占有重要地位，因爲不是這條通道的重要據點，因此不論是在東部或中部的殖民地，工業發展一直局限於日常用品的生產，例如羊毛製衣服及織品等。經過泰亞根尼（Théagénés）僭主的專制統治後，在政治上引發一些問題，尤其是貴族和平民之間的矛盾與衝突，最後導致邁加拉被雅典和科林斯占領。

四、科林斯

科林斯位置優越，它位在二個著名的地點之間——分別是西部的雷夏翁（Léchaion）及東部的康什瑞阿（Kenchréai）港口，不但如此，科林斯本土具有肥沃的平原可從事生產活動，使它很快成爲科林斯地峽的首府。由於位處希臘陸路交通要衝及水域航運之重要樞紐，聰明的多利安人自製一種「木製滑水道」（Diolkos-aslipping thorugh），將船憑藉滾輪的力量，在平滑的滑道上滑行，而創造許多商業傳奇。

巴什雅得斯（Bacchiades）氏族是極具商業頭腦的一群，他們很早就發現西進殖民化的好處，因此建立許多種工業，如紡織、青銅器，以及陶瓷業等。此外，他們控制了地中海上的貿易，及僭主庫普塞魯斯（Cypsé-lides）、普西勞斯（Cypsélos）的專制統治〔可與文藝復興時代的麥地奇家族（Medicis）相比擬〕。最卓越的統治者要屬佩里安德（Periander，西元前625年至西元前585年或西元前590年至西元前550年），他爲科林斯創造最繁榮的時期，此時一片欣欣向榮，商業活動也大爲發展，城市秩序井然，紀律嚴明，藝術、文學、文化活動臻於鼎盛。實行幣制，穩定財政，積極保護小規則商業，不被大商業兼併，增加許多公共建設，使科林斯在當時成爲首屈一指的繁榮城邦。一些僭主也於哈爾基季基地區增加波蒂德（Potidée）、安布雷西

亞（Ambracie）、阿那克多瑞安（Anactorion，即亞克興）和埃皮達姆那（Épidamne，現在的阿爾巴尼亞都拉斯）等城邦，在此還建築阿波羅神廟，更建立非常成功的外交關係：如德爾菲和奧林匹亞的祭品等。米利都僭主色拉西布勒（Thrasybule）、呂底亞僭主阿呂亞泰斯（Alyattes）、埃及第二十六王朝（塞易斯王朝）等。

僭主政治沒落，取而代之的是由商人組成的貴族階級，這些商人通常非常和平，但特別注重商務發展，期望在拉西第夢人（Lacedemoniens，即斯巴達人）及雅典人之間達成一定的和諧及發展。

科林斯人口非常稠密，是具有崇高地位的國際性大城，有許多不同的階級，平民、奴隸及貴族。當時奴隸數量之多——五萬人是城市居民，但卻有六萬名奴隸。這座城市可說是亞歷山大城的化身，科林斯的幾座建築遺址和亞歷大城的微妙關係，都在考古的挖掘中一一被證實。

五、斯巴達

斯巴達的命運非常奇特，聞名於世的斯巴達奇蹟也是其「神祕之處」。西元前五世紀和西元前四世紀，雅典和斯巴達的不同政治型態，是現代多種政治型態發展的樣本。

一些多利安人被驅逐後，居住在高山環繞的俄羅塔斯（Eurotes）這片肥沃的土地上。他們尚能容忍與邁錫尼的阿慕克萊人（L'Amyclées）處於同一地區，但卻不能容忍其他居民，迫使他們必須成為附庸。此時初創立的斯巴達城邦也開始向外征服並獲得燦爛文化，他們征服阿哥斯人和阿加蒂人，在東部和北部擴張，聯合科林斯將整個美西尼亞（Messenia）占為己有，後來更進入伯羅奔尼撒半島，征服邁錫尼人，操控整個拉科尼亞（Lakonia，西元前九世紀末）。斯巴達的發展雖有軍國主義的濃厚氣息，秉持多利安人好戰的天性，他們是

全希臘世界最令人畏懼的步兵，後來演變成嚴厲且殘酷的政治，此與美西尼亞的反抗有很大的關係。美西尼亞被斯巴達統治六十多年後，由著名的大英雄阿里斯多美奈斯（Aristomenes）領導他們，聯合阿哥斯（Argos）城邦、阿卡迪亞城邦，共同抵抗斯巴達。起初一度擊敗斯巴達，並差一點使其滅亡，但是不幸到最後還是失敗。從此之後，斯巴達記取慘痛教訓，對美西尼亞人實行嚴酷的高壓政策，令他們淪為農奴，為斯巴達人耕種。西元前七世紀遭到殘酷鎮壓的邁錫尼人，也提供斯巴達優良的耕種土地和人力。

當時斯巴達是伯羅奔尼撒半島上較大的城邦，和其他國家一樣行君主政體。兩次的美西尼亞戰爭（Messenion Wars），使斯巴達在政治和軍事上發生很大的轉變。戰爭上對重步兵的需求大增，使許多人獲得公民權。雖然他們實行一種極高壓的寡頭政治，卻保持斯巴達政治的長期穩定。由選舉產生的五個監政官（ephors），是斯巴達的真正執政者，他們擁有宣戰權、媾和權、司法權等。他們抑制國王的擅權，同時負責執行，是相當自由的寡頭政體。

(一) 政治制度

斯巴達的政史上擁有二位國王、五位「監政官」、元老院和國民會議。二位國王代表二個斯巴達的遠古家族 —— 亞基亞德（Agiadae）家族和歐里龐提德家族（the Europontidae），這也是信史時代的統治痕跡。二個國王分別擔任宗教任務祭司職位和軍事統領的角色（但為顧問性質）。真正的統治權在五位監政官手上，他們負責全國的實際政務，每年都會改選一次，管理全國人民的事務，主持元老會議及公民大會，並且具有罷黜國王的最高權力。

元老院（Council of Elders）由二十八位六十歲以上的長者共同組成，共有三十人（包含國王二位）。他們都是由戰場光榮而返的解甲貴族，共同參與政事，為國家盡心策畫，有權監行政及公民大會的法案。

公民大會（Assembly）是由年滿三十歲以上的男子組成，他們必須擁有斯巴達的居住權，世居斯巴達（外來者不可），而且有權決定斯巴達的戰爭或和平。

斯巴達的所有力量都在維持這樣的制度，因而這些制度變得非常僵硬，儘管人們證實或承認拉西第夢（斯巴達）的法律，或是歸功於立法者——萊庫古（Lycurgue）的智慧，但是現今的人們認為，這種法律制度不外乎為了保護家族的利益。城邦受到充足的供應，無任何對外進行殖民化運動。

(二) 社會制度

大部分斯巴達人民都不注意政治組織，因為他們只能把大部分的精力投注於軍事上。他們也不關心任何物質上的東西，從七歲至六十歲的男性都必須接受軍事訓練，直到三十歲才可為愛國而結婚。但是仍必須住宿軍營直到四十歲，過著最低程度的家庭生活。斯巴達的教育因為文化上的特殊原因，推行嚴肅保守、服從指揮及鍛鍊善戰的國民教育，注重意志的養成及團體的榮譽。斯巴達的尚武教育，一概不分男女，有「二性平等」的意味。對男子的訓練在於軍事及成為公民，女子的教育則為養育驍勇善戰的公民。為了達到強國強種的目的，主張優生需要而以不仁道的規定，將檢查不合格的嬰兒棄於山上，任其自生自滅。

斯巴達的男孩在七歲以前是父母的孩子，在八歲以後是城邦的孩子，得接受公民與軍人的教育。一連串的人生教育包括集體意志、道德觀念教育及操練強健之體魄，並培養男子接受戰士教育，且必須到前線服役，負起捍衛家園的責任。

女性須在家庭中接受和男子一樣的體能訓練，以鍛鍊強壯的婦女，與雅典婦女相較，她們顯然有更多的法律地位。

斯巴達人透過這種軍事強制訓練及管理，培育出當時世界上最好的步兵。

㈢ 社會結構

斯巴達主要有三個明顯的階級：統治階級——斯巴達人，鄰近皮瑞克邊民（périéques），可能是鄰近的盟族或是受斯巴達統治的非斯巴達公民、農奴（helots）——也是希洛人。

斯巴達公民由國家分配土地，又稱爲「平等人」（Eqaux），是唯一享有政權者，成年的男性公民皆可成爲公民大會的一員，讓農奴爲其耕種。鄰近居民或斯巴達之盟邦擁有自由，可從事工商活動，少部分的人可擁有部分公民權，地位介於斯巴達公民和農奴之間。農奴經常受到監視，毫無自由，他們多數是美西米亞人。斯巴達人曾使用極端的手段來對待農奴，造成農奴的被壓抑。

斯巴達城邦實行「公有土地」政策，頗有共產主義的特徵。然而西元前550年左右，要求平分土地的呼聲越來越高，貴族也只好釋出其土地，但若公民無子乃改由女兒繼承。女兒爲將土地保留在同一家族中，必須嫁給和父親最近之血緣。最後，擁有土地的婦女，土地越來越多。

斯巴達和國外其實還是有聯繫，尤其是來自亞洲的詩人和雕刻家們〔馬尼薩（Magnésie）的巴迪克萊斯（Bathyclés）〕，他們用歌頌、神廟和祭獻物來美化斯巴達的城市〔如奧提亞（Orthia）的阿特米斯（Arthémis）神殿、青銅屋的雅典娜神殿〕，但因文化無太大的進步，對希臘文化沒有太大的貢獻。斯巴達軍國制度的缺點和矛盾很快出現，隨時間的腳步而加速嚴重程度。另一方面，俄奧答斯城邦仍繼續統治著至少三分之一的伯羅奔尼撒半島，與阿哥斯之外的所有國家建立聯盟——奧提亞（Orthia）的伯羅奔尼撒聯盟（Peloponnesian Leagne）——並且成爲希臘世界最偉大的城邦。

六、雅典

阿提加半島是倖免於多利安人侵擾的地區，孕育出一個自稱愛奧

尼亞的小民族。城邦時代，雅典就是位於阿提加平原，依附著阿爾斯山〔戰神（Ares），雅典衛城〕，它是希臘後期的城邦中最負盛名的一個城市。雖然它的位置不如科林斯佳，但沒有種族歧視，而且受到天然屏障的保護及靠近港口（比雷埃夫斯），四周天然圍牆抵抗外來的侵略。

西元前七世紀貴族階級取代早期的君主制度，由九位執政官執政實行政權，部分的人也能實行執政官的機會，第一位為「命名執政官」（Archon Eponymous）；第二位為國王（Archon Basileus）；第三位為領導統帥（Polemarchos-Head of Wars），其餘六位為立法執政官，他們統領各項立法事宜。這種少數貴族統治的寡頭政治，長達一世紀之久。雅典的經濟狀況非常穩定，前進的步伐緩慢而且也無殖民活動。

西元前七世紀，由於雅典城邦的工業和商業興起，形成一個主要是船東、水手和商人的階層。地主為葡萄和橄欖的生產而兼併土地，大量的農民因使用貨幣而受害，他們因抵押而喪失土地或負債，使自己與家人失去自由，最後成為佃農，將收成的六分之一給債主。各階層也因互相仇視而使整個社會變為冷酷。

西元前七世紀末期，雅典進入立法者的統治時期。西元前621年，德拉古（Dracon）修訂一些成文的法律，不但廢除俄巴特依德人（Eupatrides，出身名門貴族）的專制統治，並使公民意識到個人權利及平等權利的重要性，可是並未真正解決社會及政治問題。

西元前594年，梭倫（Solon）出任執政官，實行非常大的變革，訂定有利於人民的法典。梭倫是一個貴族，因為大宗的生意而非常富有，因旅行而知識豐富，他能深深了解人民的苦痛。他也是一位受到神靈啟示的詩人，一位非常有智慧的政治家，他懂得運用平衡的代價，能採取妥協的實用性。他在西元前594年到西元前591年的改革，引起很大的爭議。他的改革政策包括取消抵押權，「解放」土地，將土地歸還給原有者，削弱氏族的勢力，禁止對人民們實行強制的手段；並鼓勵中產者、海上貿易者而富有的階級。

　　但其改革並非完善，他在公民大會外設立公民陪審法庭有四百名成員，於每一個部落選出一百人，但這些人卻是根據特權而決定。

　　他廢除原本嚴峻的法律，使所有自由人在法律之前人人平等，不論貧富貴賤都受到約束。他將稅收分成不同的階層如騎士、小地主、自由人和沒有土地的人及水手、手工業者，繳納不相同的稅額。上層階級可以擔任執政官，但是先決條件是必須負擔龐大的軍事責任及沉重的稅收。

　　梭倫的改革替雅典開創進步的未來。梭倫之後數十年，曾有二次卻選不出執行官，最後雅典還是走向梭倫防範的僭主政治。

　　僭主政治起因在於一些山區的農民為自身利益而激烈地反對平原居民及海岸居民，當時最熱衷權力的人為皮西特拉圖，山區的農民依附於他。他擁有禁軍，是邁加拉戰爭中勝利的將軍（也為第三執政官），並占領雅典衛城，最後他也獲得大部分窮人和沿海一帶工商業的支持（西元前561年），但位於平原的公民還是反對，因為他們受制於地主貴族，最後他還是失去權力；雖然西元前550年，他再一次掌握政治權力，但仍再次被放逐。西元前540年他東山再起，直到西元前528年去世為止，他極力保持和各城邦的睦鄰政策，以睿智的政績，洗脫僭主之名，娶一位貴族之女為妻，以龐大的財富建立權力。此外，他是個極聰明的機會主義者，沒有明顯的政治改革，很少改變梭倫的政策，把政敵的土地及屬於城邦的土地分配給貧苦之人。他開採阿提加的礦山，從事公共建設，並創造出借農具的方法，設立巡迴審判制度，也促使陶瓷商獲得極大的財富，如希臘德拉馬克銀幣的鑄造，上刻有貓頭鷹，更深受商人們的喜愛。

　　皮西特拉圖生性奢侈，也是美感主義者，對於宮殿的建造要求更高，更醉心於城市規劃（如噴泉、蓄水池、引水設施等），安排世俗化的娛樂項目〔劇院、合唱團、酒神戴奧尼索斯（Dionysies）及帕德嫩神殿雅典娜宗教節慶（Panatenéés）的比賽〕，並建設一批可觀的

神廟 —— 如宙斯的奧林匹亞神殿、衛城厄琉息斯的泰勒斯臺里昂神殿
（Telesterion Eleusis），爲採石工業者及手工業者和受到波斯威脅的愛
奧尼亞人提供許多機會，也爲西元前六世紀的藝術開創新契機。

僭主制度因實行得成功卻成爲其導致衰亡之因，皮西特拉圖的兒子
希皮亞斯（Hippias）繼承之後不如其父智慧而靈活，相反地，卻更加
殘暴，於西元前510年被推翻。

㈠ 雅典的教育

雅典的社會在現今看來是民主而開放的，它的教育概況也反映此現
象。

民主教育的理念透過一種具美感且優雅勻稱的心靈教育，人民必接
受體格及心智上的薰陶，均衡發展，培養出極具智慧與溫和的公民。

雅典雖頗有民主之名，但還是有重男輕女的觀念。女子不能公開露
面，在接受教育上受到極不平等的待遇，是一大缺失。雅典男子的教育
有學前教育、初等教育、中等教育、高等教育。

在雅典，男性嬰孩須經父親決定留養，七歲之前由母親及保姆教
養。十六歲必須接受初等教育，以備成爲一良好公民。城邦將讀、寫、
運動、音樂定爲教材，培養未來公民參與公民生活的能力。城邦並設音
樂學校、文法學校、體育學校來鍛鍊孩童欣賞、表達和創造力，並增強
體力、健美體魄及保持身心健康。

十六至十八歲的男孩，必須進入邦立的體育學院，訓練體能、接受
軍事教育及宗教儀式，此爲中等教育。

高等教育是十八歲至二十歲的男子接受公民資格的考驗，必經由體
檢和品德的測驗合格，並接受士兵訓練及服役，期滿之後再行考試，合
格即得自由公民之權。

雅典的教育內容包羅萬象，兼重身與心的培養，不但在各學科及
藝術、美感上或文學表現上，皆有令人崇敬的教育精神。它結合「力」

與「美」的感受，並激發人們思考力、創造力、想像力，提供個人潛力的自由發展，但還是有其缺點。雅曲典教育雖然極為民主，但未擴及全民教育，尤其以婦女不能接受較高教育，奴隸遭受虐待，教僕（pedagogue）社會地位較低落，又屬行私人主義及體罰，都是美中不足之處。但由於它的社會教育及生活教育，也是現今最自然、和諧之處，許多教育制度乃為現今學習及沿用之佳例，帶來鉅大的貢獻及深遠的影響。

(二) 克里斯提尼的改革

克里斯提尼來自阿勒克姆奧尼德（Alcméonides）大家族，是希臘民主的創造者，也是一位改良主義的立法者，其決定性的改革，確定使西元前五世紀的雅典以嶄新面貌出場，他也被譽為「希臘民主之父」。

他致力消滅城邦中的舊階級，加強軍隊的力量。他實行人口混合制，雅典被組織成十個部落形式，且每一個部落皆由城市、海岸和山脈組成，打破以往貴族和黨派分明的局面。每個部族須抽籤選出五十人為議員，並組成五百人會議（The Coumcil of Five Hundred），行使職責三十五天。有時加上一人——首席執政（Archon Basileus），稱為五百零一人會議，取代梭倫的四百人會議。它必須具有行政權及立法權，此五百人須再分十個委員會，每個委員會由五十名議員組成，並由一主席領導主持。年滿三十歲未出任兩次議員者，皆有機會當選議員。如此，每一個公民可經由這個不由財富或貴族出身的抽籤方式，獲得公平的參政機會。

他實行公民權——凡是雅典人或雅典出生的人民皆可參與政治，推行陶片流放制（Ostraka-Ostracism）。西元前508年，為防止僭主再度復出，實行「陶片流放制」，凡在民眾大會上，不受歡迎的政客名字將被寫於陶片上，直至六千片時，得遭到放逐城邦外十年，但是其財產和公民身分皆可獲保留；此制度使政客不敢表露野心，也不敢膽大妄為。

　　因此，出現幾種情況：因放逐法使得危險的政治人物不再有機會成為僭主；十位將軍制將由選舉產生，賦予軍事行政官更大的實權；但放逐政客的制度演變成為有利於政客排斥異己的手段，因此西元前417年被廢除。克里斯提尼的改革也為厄菲阿爾特（Éphialta）及伯里克里斯（Pericles）的民主發展，奠定最有力的基礎。

第十三章
古代希臘文化

　　希臘的宗教是一個兼容並蓄的典範，它不僅源於古老的克里特及腓尼基文明，亦融入東方及印歐文化的精髓。如今，我們能夠深刻地了解希臘宗教文化，極大的功勞應歸於二位重要人物：一是海西奧德（Hesiode），他不僅提出神祕力量的問題，更精心設計整套神祇譜系；另一則是荷馬，他創造一個符合人性、模擬人類的神祇世界。

　　由於希臘的神祇建立於大自然力量的基礎上，如四季的更迭、植物生命、播種、收穫，都有專司的神，如宙斯、潘（Pan）、阿特米斯、荷姆斯神等皆被擬為人神同形；植物週期的掌管由農神德梅戴爾、戴奧尼索斯負責，而保衛城邦的使命則交由迪奧斯居爾兄弟（Dioscures）、宙斯（Zeus Herkeios）祭壇。

　　由於希臘古代時期的混亂，使得人民的日常生活和宗教信仰關係密切。人們對於神、神廟及神像賦予極高的崇敬，但和愛國心境一樣而分不清。宗教信仰極大的特點即是注重「道德意義」，諸神對於美德如同人們心中所渴求的一樣，也對美德做了一般的支持。祂們痛恨邪惡，並矯治傲慢，保護弱者或懇求者。

一、宗教

　　由於古代希臘生於一種和諧的自然環境中，故對於不安及恐懼自然也就相對地減少。因神聖信仰而將許多從事的活動、藝術、建築、賦予宗教的意義、希臘的建築、奧林匹克競技會都由宗教儀式產生。另一特點則是宗教和神話融合為一體，他們喜歡將神祇形象幻化為人形。起初，人們只是以神來作為祈求平安的對象，後來則開始關注於死後的永

生。

　　希臘的神祇都擁有人性及人形，並有永生，祂們也具有喜、怒、哀、樂、嫉妒及羨慕。尤其崇拜宙斯及戴奧尼索斯，戴奧尼索斯擁有很多種不同的類型，祂是掌管植物生長的神，由於祂的復活及許諾，掌握長生不老的祕訣，使祂也成爲掌管陰間的神靈。同時祂也是酒神及戲劇之神。希臘以戲劇聞名，眞正的起源則與每年舉行的酒神慶祝會有很大的關係。希臘人敬重酒神，很可能是因爲他們以酒代水，生活離不開酒的原因。

　　宙斯以聖牛型態出現，不但被希臘人視爲生殖之神，更是正義之神和仁慈的代言。同時，祂具有永生，並主管雷電，宙斯也是印歐人的大天神（如今九大行星中的木星即以祂爲名）。

　　俄耳甫新（Orphisme），也極受崇拜，其形象其實是不定的，祂神祕的理論往往強調精神，而不是思考的理論，認爲個人的責任重大，設計純潔和苦行生活來驗證道德模式。同時希臘人也因神的啓示解釋人類情感。

　　希臘宗教沒有所謂的教條，更無所謂異端，純粹是精神取向，並且是多神的信仰。無教士階級，廟宇皆由祭司專司服務。希臘城邦各有自己專屬及喜愛之神，如雅典娜（Athena）是雅典城的保護神，「雅典」之名也因祂而來。之後，雅典人還於衛城修建一座雅典娜神廟，命名爲「處女殿」（Parthenon），祂也爲處女之神，以貓頭鷹爲化身。希臘神話中，祂由宙斯的腦中劈開生出，因祂擁有聰明及智慧，並手持長矛，宙斯特別喜愛祂，封祂爲「智慧之神」及「女戰神」。

　　希臘人天性喜好自由，在政治上各邦各自獨立，不願建立統一的希臘，但由於神祇的信仰，崇拜同一類的神祇卻拉近彼此間的距離。禮敬神祇的方式很特殊，除各種禱告儀式外，以體育運動及各項競賽作爲對神祇禮敬的方式，並把「美」、「力」、「健康」、「才能」奉獻給眾神，他們認爲這是能蒙神眷顧的方法。通常神諭、泛希臘主義的節日被

稱作禮神競賽，如德爾菲（Delphes）、尼米亞（Némée）、科林斯地峽等地皆有，但規模最大的禮神競賽會位於奧林匹亞，此地原爲一神廟區，位於伯羅奔尼撒中部，由厄利斯人（Elis）所建。希臘古史所說，起初競賽會的年限不定，直至西元前776年規定爲四年一次，崇拜的主神爲宙斯。最初，運動的內容只有賽跑，後來增加擲鐵餅、擲標槍、跳高和角力等，目的是提醒希臘人注重榮譽。冠軍更被視爲英雄，田徑賽和音樂賽使得希臘人產生種族間的友愛感情。

宗教信仰也有可能被政客利用，爲政治服務，尤其近鄰的同盟以政治意圖將人民和城邦聚集於神廟附近，如米卡勒（Mycale）、波塞頓（Poseidon）神殿、阿爾高里德神殿（Argolide）、阿波羅神殿（Apollon Pythien）附近。但不可否認，宗教信仰也是政權及民權的來源，是成爲市民的要件。由於希臘城邦中政教合一，市民權的取得，決定人民能否參與城邦祭祀。古希臘非常注重葬禮，連墳墓都非常講究，於固定的日子，祭祀每一個墳墓，如此重大的責任必須由兒子來執行，只要疏忽職責，會招來許多責難，可見倫理觀及祭祖的引水思源觀很早就於古代希臘世界中建立。

二、精神生活及文化

希臘的精神文化非常地特別，它不講求效率，但只探索事物的本體，不深刻體驗現實，總能於眞實和幻想之間尋求一個平衡點，並充分地展現出均衡、質樸、和諧的特點。由於希臘人喜好「形式上的美」、非常地注重健康，表現出高貴的智慧，它是西方文化的泉源。十九世紀初，浪漫主義發展到極致，不論是形式或內容都深受希臘文學影響。

希臘文學源遠流長，史詩、戲劇、哲學都有獨樹一幟的卓越成就，更促使古代希臘文學發出智慧光芒。古希臘文學的源頭爲史詩，由荷馬累積數世紀以來的口語神話傳說及英雄故事，整理出完整情節的「荷馬

史詩」。

　　由於《伊里亞德》及《奧德賽》的荷馬史詩，都以簡潔的筆法，勾勒出一系列的英雄人物，不但驍勇善戰，更表現出英雄本色。當中使用自然、樸實的語言及活潑生動的比喻，使荷馬史詩文學成為歐洲最早的優秀作品，更是研究希臘早期社會的重要文獻。

　　戲劇的源起於西元前八世紀，整個希臘盛行於酒神戴奧尼索斯的敬禮。因為每年的葡萄和橄欖成熟期在十月、十一月、希臘人利用這段時間從事各種休閒活動。他們也於秋季時進行祭祀酒神的各種慶典，慶典中的歌舞活動就成為「戲劇」的由來。在這些歌舞中，表演者披著羊皮，發出「咩咩」的羊叫聲。活動中，演出者活潑生動，獲得一致的喝采，最早時又被稱為「山羊歌」，同時也是戲劇之起源。

　　這些表演之後，慢慢發展出有各種姿態手勢的演出方式，並開始有半唱半口白式的對話。這些化裝成森林之神和酒神的人們，將民眾的情緒帶至高潮，之後，轉移活動、遊行的目的，將眼光放在觀賞戲劇的表演上。

　　埃斯庫羅斯（Aeschylus，西元前526年至西元前455年）和著名的「希臘悲劇」非常有關聯，他大刀闊斧地將劇中演員擴至二個，並開啟悲劇劇本的起始。他的作品有八十多部，當中有許多內容將神、人、戰爭、罪和罰的關係表露得淋漓盡致。希臘第二位具有影響力的悲劇作家索夫克里斯（Sophocles，西元前495年至西元前405年）又將演員增至三個，他有超過百部的作品，多次獲得獎項。西元前五世紀中葉，歐里庇得斯（Euripides，西元前480年至西元前406年）於劇中任意添加人數，使戲劇達至最高峰。由於戲劇的普及化及臻於鼎盛，希臘各城邦積極地建築許多半圓且露天的劇場（如雅典的劇場），供人民娛樂欣賞的場所。當時，戲劇演員極受歡迎及青睞。

　　農業方面，雅典發展出奴隸制，奴隸大部分是戰敗的俘虜或商人自外國購買加入生產，增加勞作的人力。商業中也常常和外國有往來，並

將各國貿易的原料輸入境內。由於受海洋支配的影響，使古代希臘發展出特別的風格。希臘視海洋就如同生命，海洋的波濤洶湧、平靜無波更給予他們「自由」的意念，表現在精神上。

　　希臘人的高貴及特殊的思想中，散發著一股健康的氣質及美感。他們特別重視體魄的修養，不但培養出優美勻稱的線條，四肢肌肉更是強健有力，並散發出蓬勃的氣息。他們不僅參與奧林匹亞大賽，最重要的是，他們擔負起保家衛國之責任。

三、古代希臘的藝術

　　在古代希臘的世界裡，克里特文化及邁錫尼文化一直扮演非常重要的角色，直至西元前八世紀時，產生希臘古風，致使我們能看到樸實、完美的古典主義。古代希臘的風格一直以二種面貌呈現，即愛奧尼亞式、多利安式，最後才以雅典古典主義的形式融合，最早的古代希臘藝術較僵硬，莊嚴之中常帶有一絲呆板，而後，自由的創作風氣興起，新的、自然的、有創造力的藝術風格，豐富了希臘人的精神世界，同時，這也是古希臘人最豐富，最重要的財產。

　　希臘建築強調「美」的要求，它通常由許多的圓柱式為支架，支撐一個既堅固又簡單的長方形大理石。建築圓柱的式樣有多種，包括愛奧尼亞式（Ionic order）、多利安式（Doric order）及科林斯式（Corinthian order），圓柱的三角楣、上楣、下楣刻有許多浮雕。

　　希臘人早已拋棄邁錫尼的防禦工事，建造起神祇的專門住所——神廟。希臘人對宗教的虔敬及對神祇的尊崇，都一一地表現於建築上，最初建造神殿時，遇到種種的考驗，先用木材再用石灰岩，最後才使用大理石。但不論哪一座希臘神殿，都令人感到雄偉及莊嚴。

　　希臘各地區布滿雄偉的希臘神殿，愛奧尼亞有以弗所及薩摩斯神廟，西方世界有阿格里真托神殿、巴埃斯特姆（Paestum）神殿、塞里

儂特神殿（Selinonte），希臘境內也有德爾菲、雅典、奧林匹亞的神廟。至於帕德嫩（Parthenon）神殿爲多利安式，它的宏偉建築令人嘆爲觀止。雖然西元前五世紀毀於波斯，西元1687年土耳其人（Turks）和威尼斯人（Venetians），摧毀部分帕德嫩神殿，但它仍不減當年的雄偉氣魄。

　　希臘擁有輝煌的雕刻技藝，古代希臘造型更是首屈一指，創造出驚人的成就。最著名的雕塑家菲狄亞斯（Phidias）在帕德嫩神殿上的雕刻作品至今猶存，雕刻手法令人耳目一新，色彩運用更極爲講究。神像雕琢精細、莊嚴又肅穆；人形則大都爲裸體，充分表現出線條之美，自然、眞實、表情充滿沉著、信心。典型的作品爲「競技者」（kouros）的男子雕塑，更可發現肌肉組織的逼眞手法、動作的柔軟性，在分秒之間，所散發出的剛毅，使得人們感動。女性雕塑有科埃（Koré）的愛奧尼亞式（希臘獨立式雕塑，描繪年輕女性形象），因她穿著的無袍及外衣，展現的風韻更爲吸引人。

　　浮雕的表現上，最著名的如塞里翁特的浮雕、德爾菲錫馬諾斯寶庫（建築）（siphniens）中楣浮雕，以及雅典神廟柱三角楣的浮雕。

　　陶瓷藝術的發展於西元前七世紀中期，此時科林斯陶瓷的技藝已受到肯定，整個地中海地區都充滿他們的豐碩成果。希臘地區一般小家庭的用具及器皿，也以陶土製品居多，連廚具、餐具、浴缸等皆由富有特殊風格的陶器所提供。它們有各式各樣的形狀、大小及顏色，可當成酒缽或裝飾品，其上有各種雕飾，它長期領導藝術的新風範。但是雅典人不服輸的性格，總能使他們發揮創造力，雅典人很快地在陶瓷的地位上取代科林斯人。在這期間，藝匠利用這些優點，別出心裁地設計各種傳說及描繪，生動地表現於作品上，獲得一致的肯定。

　　西元前530年，風格的表現上有所突破，此時出現紅色表面，因爲陶藝的技術更能由內部發揮，底部已改爲美麗的黑漆，手法獨樹一幟。最重要的藝所如雅典花瓶畫家俄底米代斯（Euthymides）及雅典陶工

畫家俄弗奧尼奧斯（Euphronios）。這些器皿使用極富創意及詩意的技巧，將生活點滴不經意地呈現於藝術中，它如此地豐富，不論是以簡單的線條勾勒、或彩色鮮豔的意象，都是我們對希臘宗教、消遣或娛樂最有力的見證。

第十四章
波斯帝國

亞述帝國滅亡後，伊朗（Iran）高原出現一個新興的強大國家，它先後征服巴比倫王國及米底亞王國，這個令人側目的國家便是波斯帝國。

波斯人（Persians）和米底亞人都是雅利安人（Aryens），屬於印歐語系，西元前二十世紀左右自中亞細亞進入伊朗。雅利安人為遊牧民族，以部落的形式出現，長久以來皆是亞述人的附庸。米底亞人在西元前七世紀時壯大，於伊朗高原西北部建立國家，征服伊朗高原西南部的波斯部落脫離亞述獨立。不久之後，更與新巴比倫王國合作滅了亞述。

波斯人原本居住在米底亞人的南邊，受米底亞人統治。部落中以阿契美尼德（Achaemenes）最有勢力，於西元前七世紀建立王國。此時雅利安人的部落形成二個明顯的壁壘：北部是米底亞王國，南部是波斯人的王國——阿契美尼德王朝（Achemaeenid Dynasty）。

西元前六世紀，米底亞人和巴比倫發生衝突，內亂時起，國勢漸漸動搖。反之，波斯的阿契美尼德王朝則逐漸強大，西元前559年居魯士二世（Cyrus II，西元前559至西元前529年）即位，領導阿契美尼德王朝抵抗米底亞王國。他奪走米底亞王國末代帝王阿斯提阿格斯（Astyages）的權力後（西元前550年），直接向小亞細亞進攻，發動一連串的輝煌戰爭，建立波斯帝國。西元前546年占領呂底亞——由克羅伊斯（Crésus）自薩迪斯（呂底亞首都）（les Sardes）手中奪取，西元前539年，又征服迦勒底人的新巴比倫王國，並且占領敘利亞和巴勒斯坦，除此之外，勢力更擴展至亞述、烏拉爾杜（Ourartou）。他向東擴張至伊朗即現今的阿富汗，打敗雅利安的遊牧民族，占據巴克特亞那（大夏）（Bactriane）、阿拉霍西亞（Arachosie）、粟特

（Sogdiane）等地，接觸印度河流域的文化。

　　爲征服較強大的埃及，他採取寬厚的政策，不但釋放所有被尼布甲尼撒二世俘擄的猶太人及腓尼基人，更允許他們回本國定居，在耶路撒冷重建猶太王國，結束了巴比倫之囚流亡的日子，也給予腓尼基人相當的自治權力，以備將來進攻埃及時可使用海陸夾攻政策。但是他卻在對亞美尼亞戰之戰中被殺身亡。

一、帝國的組織

　　居魯士死後，岡比西斯二世（Cambyses，西元前529年至西元前521年）即位。由於腓尼基的幫助，他併吞埃及（西元前525年）。當他停留埃及時，波斯境內陰謀叛變，米底亞各地也發生反抗事件，岡比西斯速回波斯，卻在途中猝死。此時，這個擁有無比廣闊的帝國，其王位的繼承以及政治組織皆未完全建立，政權被叛變者高墨達（Gaumata）奪取，巴比倫、亞述、埃及等均趁勢脫離波斯，紛紛獨立。

　　岡比斯二世死後，阿契美尼德王朝的後裔——大流士（Darns，西元前521年至西元前486年）復興波斯王朝。各地興起大規模的反抗運動，如巴比倫、埃蘭（Elam）地區、波斯本地等，大流士採取嚴厲的鎮壓行動，他首先殺戮篡位者高墨達，平定各種動亂，於貝希斯頓（Behistonn）崖石上刻勝利石碑，記錄下他的功績，並勵精圖治。

　　大流士建立波斯前所未有的行政組織，也是完備的軍政分立的地方制度，他將米底亞人、敘利亞人、呂底亞人、巴比倫人、腓尼基人、愛奧尼亞之希臘人、印度河的雅利安人分別區分爲王國般大小的省，起初分二十三個省（Satrapy），待擴充到印度河後，增爲三十省。這些省設有省長，分別由波斯貴族擔任，爲保障國家安全、秩序，各省必須每年進貢，貢品多少視各省財富而定。但省長的權勢過大，往往集政治、

經濟、軍事力量於一身，並擁有各自的宮殿、法院、官員等，如同一個小國家。且有時，爲保證軍隊招募足夠的兵額，省長們有相當的自主權。國王因考慮王位安全，也會派遣心腹擔任省長們的祕書或軍事指揮官，他們是國王的使者，同時也是「國王的眼睛和耳朵」。

軍隊可說是波斯帝國的重要支柱。大流士爲了加強軍隊的控制，建立一套特殊的方法──首先他運用語言的統一性，招收各地軍隊的兵員，由波斯人和米底亞人共同組成一支一千五百名精銳的國家衛隊，軍隊人數一發生短少立刻補足，以負責保護國王安全。

商務和貿易方面，他修築馬路和驛站，方便中央統治。大流士統治期間，交通改善，便捷的道路網遍及各省，以皇家大道（The Royal Road）最著名，它以首都蘇薩爲中心，通往小亞細亞薩迪斯（Sardis）。全國的公路網中，每隔一段路程設有一個驛站，每個驛站也有專人持續發出的訊息，驛站傳送的速度極快，一週內即可到達，是最早的傳訊設施。當然，這些道路的作用在戰略和商業上也有相當的貢獻，連接經濟、行政及文化，加強中央的發展。

財政方面已使用貨幣。首都極爲富有，並大量鑄行貨幣。幣制統一，有利貿易興盛，市場中以「大流士」金幣最爲珍貴，貨幣及大量財富成爲大流士招募傭兵的有效方法。

大流士的住所也極爲講究，著名的塔克塔拉宮（Tachtara Palace）是他心愛的居所，這個宮殿建築位於波斯的新都──波斯波里斯（Persepolis）。

大流士之後，薛西斯（Xerxes，西元前485至西元前486年）繼位，他平定大流士時已存在的埃及叛亂。爲了兼併希臘，數次出兵征戰，但失敗而歸。直到西元前330年，亞歷山大大帝（Alexander the Great，西元前356年至西元前323年）擊敗大流士三世，波斯帝國宣告結束。

二、波斯的宗教

　　大流士已深切地體驗到宗教對帝國鞏固的作用，他奉「瑣羅亞斯德」（Zoroaster）為國教（西元前628年至西元前551年）。根據傳說，瑣羅亞斯德是創始人，他們不崇拜偶像及建造神廟，以古老的雅利安人信仰為根基，又被稱為祆教（Zoroastrianism）。他認為火是光明的象徵，宗教儀式中皆行火禮。瑣羅亞斯德並未留下學說，死後由門生記錄而成《波斯古經》（Zend-Auesta，又稱《阿維斯陀》）一書。

　　在宗教的理念中，改革的宗旨主要是去除宗教的迷信，以道德及精神意義取代。它強調善與惡二元的極大差別，認為世界經過善惡的鬥爭之後，最後的勝利必定屬於善神阿胡拉—馬茲達（Ahura-Mazda），祂打敗惡神阿里曼（Ahriman）帶來光明。故阿胡拉－馬茲達出現時往往有火或太陽。所以波斯的燃火之舉及禮拜神明之象徵，使得祆教有「拜火教」之稱。

　　但是國王將宗教注重社會正義及理想改革的精神改變，為自身的利益建立一種實用性的崇拜，他們使善神居於領導地位，成為波斯神靈的君主，並稱國王是阿胡拉－馬茲達的代理人，勝利女神賦予其神聖權力。因為國王如此定義宗教，更加速他們保證正義、保證法令，及神聖真理統治的理由。

三、希臘人和波斯人

　　希臘人由於殖民化，接觸到許多蠻族，這些沒有政治組織的蠻族和希臘人和平相處。西元前六世紀末期，東方世界和西方世界遭到蠻族的威脅，波斯也趁著剛滅亞述和迦勒底（新巴比倫）的餘威，將勢力擴張至愛琴海，希臘的處境開始轉變。

　　東方的波斯徹底征服小亞細亞後，以行省制統治當地人民，大流士想兼併更大疆域的野心漸漸顯露出來。他為了兼併希臘並鞏固小亞

細亞，由黑海北部及多瑙河出發，西元前592年奪取色雷斯及部分馬其頓，將黑海（le pont-Euxin）納入波斯，使希臘處於波斯的勢力與統治下。

西元前499年至西元前494年，愛奧尼亞的希臘人抗拒波斯的統治，展開叛變。由於孤立無援而向其他城邦求助。雅典城邦協助愛奧尼亞人奪取波斯的行政中心——薩迪斯，米利都（Milet）的僭主也以一連串的獨立抗爭抵抗波斯統治。

但西元前494年，這些抵抗活動被波斯鎮壓，米利都被毀，欲報復提供援助的雅典及埃雷特里亞（Érétrie）。加上希臘人占據薩迪斯，更使大流士懷恨，於是準備對付希臘人，大舉進軍希臘。

波斯軍隊首先以海路進攻愛琴海，但是前進的過程中卻遭到暴風雨襲擊，無功而返，順勢占領北愛琴海的小領土。

(一) 第一次波斯戰爭

波斯人仍不放棄，再度於西元前490年遠征希臘。此時波斯人由馬爾多尼烏斯（Mardonios）指揮，將雅典人趕出哈爾基季基（La Chersonèse），占領薩索斯（Thasos）、色雷斯及馬其頓。又因腓尼基人的協助，使波斯軍隊直渡愛琴海征伐希臘。西元前490年，波斯人占領海上的基克拉澤斯群島（Les Cyclades）及那克索斯（Naxos），登陸雅典領域的馬拉松平原（The plain of Marathon）。當時雅典之危已迫在眉睫，只好派一位健步如飛的傳信者向斯巴達求救。但是斯巴達軍隊來不及趕到雅典，其他城邦也未出兵，只有一個小城邦普拉提亞（Plataea）出兵，以重武器步兵和雅典軍隊並肩作戰，猛擊波斯人，獲得勝利。當晚由跑得最快的菲迪皮德斯（Bhedippides）向雅典市民報捷。這位勇士正是前一天到斯巴達送信求援，又趕回來加入雅典軍隊抵抗波斯的勇者。他才參與完成戰鬥，又自告奮勇替雅典報知好消息，卻在低語訴說勝利之後，因太疲憊而光榮成仁。他的愛國之心及壯舉，

受到所有希臘人的崇敬及永遠的紀念。

　　由於波斯攻擊比雷埃夫斯港（Le Pirée）也失敗，傷亡人數為雅典的三十多倍（據希羅多德所言），損失慘重，只好返回波斯，十多年內不再興兵攻打，此次戰爭也使雅典人贏得持久的榮譽。

(二) 第二次波斯戰爭

　　雖然雅典內部發生叛亂及鬥爭，但對波斯還是不敢掉以輕心。他們在西元前481年的科林斯大會成立泛希臘的聯盟，斯巴達領導雅典及科林斯人的軍備，負責抵禦外來侵略。

　　在另一方面，波斯的大流士死後，其子薛西斯（Xerxès）繼位，他細心地準備征服希臘。西元前480年，薛西斯率領波斯本土各民族組成的大軍，越過達達尼爾海峽（Hellespont），沿希臘海港登陸馬其頓及色雷斯直逼希臘。所到之處，各城邦皆臣服而沒有反抗，波斯人在溫泉關（Thermoples）大勝，屠殺斯巴達國王李奧尼達（Léonides）及三百名衛隊、一千一百多名士兵，雅典也被焚毀，全城的人民遵循德米斯多克利的指示，遷移至薩拉密（Salamie）、特雷埃（Tréiéne）和薩勞尼克海灣（Soronic Gulf）一帶。

　　西元前486年，馬拉松戰士德米斯多克利（Thémistode）以境內礦山的收入，建造一艘有三百支槳的戰船艦隊，與波斯人決一死戰，誓死保護薩拉密及特雷埃的人民，此時希臘的海上及陸上勢力仍很可觀，使波斯無法一舉得逞。德米斯多克利用計反間波斯，誤導波斯王薛西斯說雅典人將即將乘船逃走，波斯果然調轉船艦，準備攔截雅典船艦，一舉攻滅雅典軍隊，而駛向薩拉密灣。但出乎意料之外，由於波斯軍隊人數過多，且船艦過於龐大，在峽灣之間轉動不得而自亂陣腳；且相較之下，雅典的小型船艦輕快且訓練有素，波斯艦隊潰敗。其過程被薛西斯在設於高聳陡峭山中的觀測站中親眼目睹，當時為西元前480年9月23日，稱為薩拉密之役，同時也是希臘軍隊致勝的重要一役。薛西斯害怕

希臘軍隊斷其後路，率領都分軍隊返回薩迪斯，並令部分軍隊返回色雷斯，部分留駐希臘，準備再和希臘做殊死戰。

翌年，因為雅典不妥協，戰事再起，貝奧提亞地區雙方戰況激烈。波斯軍隊再度慘敗，分別被雅典、斯巴達、德瑞埃（Tégée）、邁加拉（Mégare）及普拉提亞（Platée）所敗，波斯指揮官瑪爾多尼烏斯（Mardonios）也陣亡。當時的指揮官是斯巴達的保薩尼亞斯（Paussanias），他僅帶領一萬名左右的士兵和少許的雅典士兵，希臘則免除被亡國命運。希臘乘勝在米卡勒（Mycale）海峽擊敗波斯，收復亞洲地區一些小島，雅典趨勢占領塞斯多斯（Sestos）。這場米卡勒之役大捷，帶給希臘人無比的榮耀。

波斯統治的希臘殖民地又重獲自由，西元前478年結束波希之戰，斯巴達和雅典合作，驅逐其他各邦中出賣希臘同胞的寡頭政治份子，希臘的民主政治展開新局。

西元前481年才統一的希臘，卻因希臘各城邦內部爭鬥，瀕於滅亡。伯羅奔尼撒聯盟各邦中，雅典和斯巴達不和，發生戰事。當時希臘各邦有的保持中立，有的依附雅典，有的則投向斯巴達。二十七年的戰爭後，斯巴達再次成為希臘盟主，此時各城邦也精疲力竭，西元前332年馬其頓趁虛而入，輕易地奪取整個希臘地區。

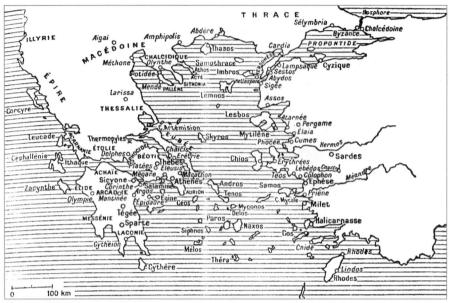

古代希臘世界和波斯戰爭

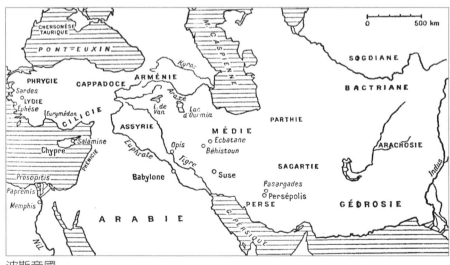

波斯帝國

第十五章
馬其頓王國

　　波斯人對於希臘的侵擾才停止，希臘城邦間又開始內部一連串鬥爭。伯里克里斯早就有意角逐希臘霸權，在競爭的過程中，各邦常因可怕的權謀而妥協。雅典也使用海上的霸權鞏固在城邦間的地位，這些都是領導希臘城邦抵禦波斯的重要憑藉。

一、提洛同盟

　　雅典是對波斯戰役的大功臣，戰後得到許多好處。斯巴達還在猶豫時，雅典先一步完成霸權，煽動小亞細亞及愛琴海各邦，成立「提洛同盟」。

　　在眾多城邦中，德米斯多克利（Themistode）主張成立提洛同盟最賣力。各邦共同主張同時誓立盟約，休戚與共，一起面對侵略者，團結一致。西元前478年各邦於愛奧尼亞人的聖地——提洛島（Delos，阿波羅神廟所在地）建立同盟，並擁有各邦的共同基金。基金由希臘聯盟各邦捐獻，比例按照各邦的財富而定，以維持聯盟的軍事支出。各邦所繳納的稅款則以不超過波斯對希臘諸邦所課之稅額為原則，為慎重起見，還分派十位監察員管理。西元前454年時，聯盟基金被遷到雅典衛城存放，這是雅典日後走向帝國之路的重要遠因。雅典於境外建造一道十六英尺高、六英里長、六英尺寬的圍牆、在希臘聯軍戰勝波斯後，愛琴海從此成為雅典的內湖，雅典不但壟斷愛琴海上的貿易，更樹立雅典成為海上霸主之象徵，走向「帝國之路」。

二、帝國主義的發展

　　希臘的帝國主義發展與伯里克里斯的政策關係密切。當希臘各邦全力抵抗波斯之同時，伯里克里斯正進行駕馭他國的計畫。爲完成他的理念，利用同盟國的協助來重建及建造他的國家，間接將提洛同盟的各邦轉化爲其統治工具，各盟邦的基金無異於貢金，同時雅典更開啓廣大的海上貿易之路。

　　雅典不斷地在海上或政治上擴張，積極地反對波斯人的戰爭。對同盟國的徵稅日益增高，剝奪希臘同盟各邦的自由，同盟的意義早已不存在。西元前462年至西元前446年，雅典、斯巴達及科林斯進行一連串的戰爭。最重要的是雅典和斯巴達之間，存在一種無法調和的掙扎和矛盾。

　　西元前449年至西元前448年之間，塞普勒斯（Chypre）順利將波斯人趕出愛琴海，並相互訂立「卡里阿斯（人名）（Callias）和約」。波斯戰爭也正式結束，宣布戰後必須恢復小亞細亞的自由權，但此時雅典增加對各邦課稅，各大城邦間針鋒相對。雅典和斯巴達休戰五年之後，終於西元前446年和斯巴達簽定三十年的和平休戰條約。

　　但雅典和斯巴達的和平只持續十五年，戰事又起，在這十五年中雙方和平共處有相當的共識，由斯巴達管理陸上霸權，雅典負責海上霸權。但其後因政治和經濟原因，導致從西元前431年至西元前404年的二十七年戰爭，讓希臘內部劍拔弩張，關係日益尖銳。

三、伯羅奔尼撒半島戰爭

(一) 導火線

　　伯羅奔尼撒半島戰爭的導火線是雅典和科林斯（此時爲斯巴達之同盟）間的衝突。修昔底德（Thucydide）認爲，此戰因波斯戰爭後雅典及斯巴達之間對立的心結而產生。

斯巴達擁有二個強大的海上同盟：科林斯和邁加拉（Mégare）。科林斯的海上勢力極大，已擴展至北希臘及西地中海，欲朝北愛琴海擴張。波斯戰爭結束後，雅典同時和科林斯競爭北愛琴海及西地中海之海權。雙方起初各據一方，互不相讓，科林斯和邁加拉只好求助於斯巴達，這是重要的直接因素。

斯巴達和雅典的政治理念不同，雅典試圖將民主思想傳播至各地，嘗試影響各同盟反對斯巴達寡頭政治。但在斯巴達人心中，他們已認同斯巴達貴族的保護，他們在氣憤之餘，也將雅典視為洪水猛獸及好征服的帝國主義者，斯巴達以「保衛城邦的自由及自主」為號召向雅典宣戰。斯巴達與雅典間的嫉妒關係也成為引發戰爭的要素之一。

西元前432年，伯羅奔尼撒半島同盟聚集於科林斯，要求雅典解決各邦間的嫌隙，欲採取「戰爭」手段處理。

雅典的勢力與財富均大，又有多數的同盟國，甚至有幾千塔蘭特（talent，或譯他連得，古希臘貨幣單位）的寶庫，在伯里克里斯的領導下，先後與阿卡納尼亞（Acamanie）、諾巴克都（Naupacte）、貝奧提亞（Béotie）之普拉提亞（Platées）、色薩利（Thessalie）等地結盟。因此阻斷科林斯海港，切斷伯羅奔尼撒半島經西西里之要道，斯巴達和科林斯不得不與雅典一戰。

斯巴達的同盟同時擁有海上及陸上的強大勢力，至少擁有整個貝奧提亞或底比斯的希臘領土，更使斯巴達極力和同盟國建立「良好的關係」，並宣布斯巴達為西西里島保護者，捍衛西西里。

西元前429年，伯里克里斯去世後，有二位重要的關鍵人物對雅典造成莫大的傷害。他們是伯里克里斯的政治對手也是他的姪子——阿勒西比亞德（Alcibiade）與里森德爾（Lysandre），後者是斯巴達人，也是一個成功的軍事指揮家及外交家，其內心對雅典懷有仇恨，這更加速他個人的野心。

(二) 戰爭

戰爭始於雅典同盟普拉提亞遭受斯巴達同盟底比斯的襲擊，普拉提亞因爲貴族投降而提早被攻陷。之後，斯巴達進攻阿提加（Attique），雅典也開始備戰，不但出兵封鎖伯羅奔尼撒沿岸，並將大批雅典居民遷移至雅典城內以確保安全。出乎意料之外，雅典人民因過分集中，使鼠疫大肆傳染，人口因而減少四分之一，不僅百姓、軍民，伯里克里斯也死於這場瘟疫。

西元前424年，斯巴達將軍布拉西達斯（Brasidas）用計誘使雅典殖民城邦脫離。致使阿根塔斯（Acanthus）獨立、安菲波利斯（Amphipolis）向斯巴達投降。雅典到此爲時已晚，指揮官修昔底德被僭主以怠職罪流放，他於流放期間致力著作《伯羅奔尼撒之戰》流傳於世。

西元前421年，雅典和斯巴達疲於長期征戰，最後取得妥協及和平的共識，訂定「尼西亞斯和約」（The peace of Nicias），休戰十五年，暫時得喘息的機會。

「尼西亞斯和約」並未解決雅典及斯巴達的嫌隙。此時雅典也接受阿勒西比亞德（Alcibiade）的建議，遠征西西里島。

雖然此次出征可獲得豐厚的商業利潤、土地，又可消滅雅典的主要敵人——科林斯，但是征伐卻遭遇到空前的困難。西元前416年，西西里島的塞利農特（Sélinonte）城邦攻擊塞哲斯坦（Segesta，又譯塞傑斯塔）城邦的愛奧尼亞人。情急之下，愛奧尼亞人只好求助於雅典，雅典考量之後，認爲西西里島的富庶對它的帝國很有幫助，故答應派兵支援，三位被派出征的將軍中，有一位是阿勒西比亞德。但在出征之時，他卻遭受陷害，被征召回到雅典受審。他深知是政治迫害，因而半途轉向斯巴達，且促擁斯巴達軍隊拯救被雅典圍攻的敘拉古。敘拉古在斯巴達的兵援之下，打敗雅典，此戰爭便是著名的「西西里之戰」。這是雅典的大災難，犧牲許多士兵，後果卻在八年後才顯現。

西西里戰敗之後，雅典損失慘重，他們決定用國庫的幾千塔蘭特打

造一支強大的軍隊。此時，幸而有塞拉門尼斯（Theramenes）推翻寡頭政治，組成四百人的公民大會（la Boule），以溫和的體制實行民主制度。他不計前嫌，召回在斯巴達失去地位的阿勒西比亞德，令其擔任艦隊司令。由於斯巴達和波斯聯盟，使雅典獲得不少的船隊資助，雖略有勝利，但為期不久。因阿勒西比亞德前往卡里亞（Caria）籌備戰款時，副司令不遵守其軍令，冒然和敵艦開火，最後潰敗。阿勒西比亞德被判流亡海外，此時，雅典的命運搖擺不定，里森德爾將軍因阿勒西比亞德的流亡，更順利帶領斯巴達軍隊在達達尼爾海峽（L'Hellespont）摧毀雅典高農（Conon）船隊。由於斯巴達同盟的支持，他將雅典的殖民者和公民逼至阿提加，並圍攻此城。科林斯和底比斯要求摧毀雅典，但因斯巴達之看法認為不可，雅典終得逃過被滅之命運，可是不久被併入伯羅奔尼撒半島同盟，淪為斯巴達屬邦，必須放棄殖民地、人民成為斯巴達之附屬人民，接受斯巴達寡頭政治統治。雅典民主政治宣告停止，進入一個以文化、藝術、文學領導的時代。

四、斯巴達的鼎盛時期

斯巴達在同盟中占有重要地位，在為希臘人帶來自由的名義下贏得勝利。此時的斯巴達軍權由里森德爾掌握，由於他醉心軍事，不擅於統御人事，又設置十人委員會之寡頭政治，不久遭到人民質疑，不禁懷念起雅典的民主制度。斯巴達國王阿吉西波里斯一世（Agesipolis I）為一挫里森德爾將軍的銳氣，贊成雅典繼續維持民主，使雅典人民得以再維持三十年的民主、和平歲月。

斯巴達協助小居魯士攻伐其兄阿爾塔薛西斯（Artaxerxès，又譯亞達薛西斯），結果卻於古納沙（Cunaxa）城郊陣亡。他的希臘傭軍由色諾芬領導，歷經萬難地返回家園，使波斯感受到自身的衰弱，轉而支持雅典對抗斯巴達，讓雅典的地位有轉機。

提薩弗爾那（Tissapherne）繼里森德爾之後領導斯巴達，他有強

烈的戰鬥力及意志力，積極應付各種戰事。西元前400年斯巴達遠征軍
與波斯交戰，戰況激烈。雅典人高農（Conon）曾敗於斯巴達手下，視
其如寇仇，高農和塞普勒斯（Chypre）的埃圭高阿斯（Eragoras）一同
加入波斯陣營對付斯巴達。支持波斯的這個陣營包括底比斯、科林斯、
阿哥斯（Argos）和雅典，時為西元前395年，這場戰爭被稱為「科林
斯之戰」。

　　西元前394年，斯巴達於喀羅尼亞（Coronea）打敗對手，但海軍卻於
克尼德（Cnide）島海上戰敗。此後，波斯允許希臘各邦自治，愛奧尼亞
脫離斯巴達，雅典則利用此時，儘快修好首都至比雷埃夫斯港的長城。

　　西元前386年，斯巴達國王發表專橫的宣言──「國王的和平」，
斯巴達的霸權達到最頂峰。他以專制對待希臘人，廢除所有的同盟。
西元前382年斯巴達占領底比斯要城卡德米亞（Cadmee），之後數
年間以鐵腕手段統治伯羅奔尼撒半島，不許底比斯──菲伊比達斯
（Pheibidas）──設衛戍部隊，並禁止各城邦組織聯盟。

五、雅典與第二次海上同盟

　　雅典在西元前404年衰落之後，政情發生極大的變化。西元前403
年，特倫特（Trente）寡頭政體被推翻，高農由波斯贊助，以及克尼德
（Cnide）的戰利品，重修雅典城牆，還爭取到財富，使人民得到補助
的津貼。西元前377年雅典人與鄰近城市及島嶼組成新的同盟，不同於
過去為了反抗波斯，這一次是反對斯巴達。雅典傾全力重建海上船隊，
努力維持城邦的自主權，因此成為一流的海權國家。

六、底比斯霸權地位

　　西元前379年，底比斯加入雅典聯盟，將占據在底比斯要城卡德米
亞的斯巴達趕走。但底比斯的力量快速竄起，使雅典被感威脅，這種矛

盾讓雅典轉向斯巴達。

西元前371年，貝奧提亞的留克特拉戰役（Leuctres）被底比斯打敗，斯巴達城邦也一蹶不振，底比斯大肆組織聯盟，間接強迫希臘接受其霸權地位。當時底比斯的軍事首領爲埃巴米農達斯（Epanninondas，西元前418年至西元前362年），他強大的軍事統御能力使底比斯人團結，有系統地發明新戰術。軍隊包括突擊隊、步兵及配合步兵的騎兵，使習於正面應戰的敵人混亂。他們不直接攻擊雅典，反而集中力量對付北部的色薩利及伯羅奔尼撒半島，三次征討斯巴達都戰勝。在西元前362年的第四次征伐，雖然戰勝斯巴達和雅典聯軍，但他卻不幸陣亡。底比斯此時又遇到經濟困難，在北方興起的馬其頓已揮軍希臘，底比斯短暫的霸業到此結束，被視爲半蠻族的馬其頓王國取而代之。

七、馬其頓人的國王

馬其頓人可能是埃比奧特人（Épirotes）的祖先，以農立國，與希臘人不同，他們沒有城邦，被希臘人視爲「蠻族」，位在色薩利之北地，地處內陸而多山，容易被希臘忽略。擁有肥沃的埃蓋（Aigai）平原、埃瑪蒂（L'Emathie）平原、拜拉（Pella，又譯佩拉）平原、阿克西（L'Axios）平原及阿里亞克蒙（L'Haliacomon）平原等，適宜耕作，一直以農事爲重。但伊里利亞人長期威脅馬其頓西部；北部有巴奧尼昂人（Paeoniens）侵擾；東部有色雷斯人威脅，處境雖惡劣，卻擊不垮他們的戰力，其軍事訓練嚴酷。波斯軍隊曾越過馬其頓而未遇到絲毫抵抗，故被視爲沒有戰鬥力的盟邦。其實相反地，他們極重視軍隊的戰力，由一位「馬其頓的國王」負責。他不一定代表馬其頓人的君主，而是指有能力統御強大的軍事力量及管理政事之人，他們必須維護貴族地位和地主利益，盤踞於山區的大勢力範圍。西元前359年，菲利二世（Philip II）正式成爲「馬其頓人眞正地國王」，憑著軍事才能及組織

能力，他組成一支武器精良、並有「夥伴騎兵」隨隊的軍事武力，具有良好作戰能力得以連續作戰，優於底比斯及斯巴達的軍隊。

菲利二世（Philip II，西元前359年至西元前336年）生於西元前382年，他勵精圖治，有效地控制貴族，開發境內資源、組成馬其頓方陣，使國家漸漸強大。早期的經驗幫助他了解政事，他是阿明塔斯三世（Amyntas III，西元前370年）的幼子，曾在底比斯當人質三年，對希臘的環境甚爲了解。繼位之後，開始大拓疆土，使馬其頓邁向強國之路。

(一) 菲利所取得的勝利

西元前357年菲利二世已占領安菲波利斯（Amphipolis），西元前356年又占領比得那（Pydna）、梅多那（Methone）（西元前354年），順利取得通往海洋的門戶。

西元前356年菲利二世摧毀波蒂得（Potidee），發現金礦區——斯蒂蒙（Strymon）的龐瑞山（Pangée）的財富，大量開採且鑄造錢幣，稱爲「菲利金幣」，與「大流士金幣」爭輝，在希臘造成旋風，也藉此收買人心，支付軍隊武器及戰備上的龐大支出。

西元前356年7月底，其子亞歷山大出生，之後在西元前356至西元前352年間戰事爆發，希臘的福基斯人（Phocidiens）被指控犯下褻瀆神祇的罪行，促成反福基斯人之戰，菲力二世藉此進入希臘中部地區。戰爭持續期間，西元前353年他占領色雷斯沿海各城，奪下要城優墨爾坡斯（Eumolpia），使之成爲馬其頓的戍兵重鎮。西元前348年雅典參戰前，馬其頓已摧毀奧蘭城邦（Olynthe，又譯奧林蘇斯）。

著名的演說家，雅典人德摩斯提尼（Démosthéne，西元前384至西元前322年）已注意到馬其頓國王菲利二世的野心，他於西元前351年發表著名的「反菲利演說」（The Philippics），呼籲雅典和底比斯並肩作戰，對抗馬其頓。但他們未及時注意，無法組成有力的同盟共同對抗馬其頓。此時菲利二世不論在思想上、宗教上或物質上都已深入人

心，能夠隨心所欲地介入希臘的事務。

(二) 喀羅尼亞戰役

雅典人不安地意識到他們不想要戰爭，菲利則聰明地運用外交和拉攏的手段，在西元前343年至西元前342年之間，成功地使希臘人民聽從他的意見。

可是，位於北部的色薩利（Thessalie）及色雷斯（Thrace）感到不安，德蒙斯代那把握機會，試圖於雅典再度組成伯羅奔尼撒半島同盟，並拉攏波斯。他加強軍力，組織船隊，喚起人們意識、堅定雅典人反抗馬其頓的決心，組織一個保衛希臘城邦的同盟，成員以科林斯、阿卡納尼亞（Acarnanie）、優卑亞（Eubée）、邁加拉（Mégare）、克基拉島（Coryre）城邦為主，共同抵禦馬其頓。

西元前340年，菲利二世攻打貝安特（Périnthe），當時雅典貨船正要離開達達尼爾海峽（Hellespont），貨船上的小麥被搶，但是此時他卻被雅典及波斯援軍打敗。此戰之後，底比斯人背叛菲利與雅典結盟，加入希臘各邦抵抗馬其頓。不久，西元前338年8月2日和希臘聯軍戰於喀羅尼亞，這場決定性的戰鬥中希臘各邦戰敗。馬其頓由菲利的兒子亞歷山大率領騎兵和步兵，將對方打得潰逃。菲利下令摧毀底比斯城，卻寬宥雅典，因雅典護衛城邦之舉令人尊敬，菲利也使雅典保有自己的領土安布羅斯島（Imbros）、斯基羅斯（Skyros）及利姆諾斯（Lemons），其他城邦也降服菲利。

八、科林斯同盟

菲利二世順利地降服希臘各邦之後，唯一遭到較激烈反抗的是斯巴達。但他認為斯巴達並不構成威脅，興兵將之逼到俄若達斯（Eurotas）平原。

之後，菲利召集各城邦的代表於科林斯集會，共同商討成立一個泛

希臘同盟，廣泛地包容原有的制度，也增加專制統治，除維持現行的機構及原本的制度，並擁有海上的自由通行權，禁止海盜、尊重各城邦的自主。在安全的考量上，同盟必須成立衛戍部隊護衛城邦，這些部隊及軍事力量，大部分置於科林斯、底比斯、優卑亞島（Eubée）等地區。馬其頓和國王是最高評論委員會代表，由希臘城邦的代表們組成一個類似聯邦之委員會決定大事。

西元前337年，菲利二世在科林斯召開希臘會議，只有斯巴達未參加，各邦誠心地擁護菲利，共同對付波斯。會中決定希臘必須停止境內的爭鬥，共同對外，並建立永久同盟，菲利成為「盟主」，由馬其頓領導希臘城邦對波斯作戰。

正當菲利準備進攻波斯時，西元前336年於愛女的婚禮上被刺。其王位由二十歲的兒子亞歷山大繼承，他承父遺志遠征波斯。

西元前五世紀至西元前四世紀的希臘世界

第十六章
希臘城邦時期

一、斯巴達城邦

自古以來，社會組織大體上未有太多的變化，斯巴達人民的階級關係非常明顯，分成三個階層，即斯巴達人、希洛人及皮里阿西人（Périeques，或譯皮瑞克人）。

西元前1000年左右，多支多利安人進入伯羅奔尼撒半島定居，其中一支進入拉科尼亞地區（Lakonia），摧毀邁錫尼文明，他們建立自己的行政中心，此地成為「斯巴達城」，氏族制漸漸地瓦解。

後來拉科尼亞地區的多利安人被稱為「斯巴達人」；原本居住於此地的少數原住民淪為斯巴達的次級公民，在社會上雖為自由民，但在政治上卻無任何權利，被驅至邊陲地區，稱為「皮里阿西人（皮瑞克人）」；大部分的原住民成為斯巴達人的奴隸，他們被稱作「希洛人」。斯巴達人原本的社會是部落組織，在征服的過程中，發展為國家的雛形。

(一) 社會組織的變化

1.斯巴達人

斯巴達人特別注重「血緣關係」，法律嚴格地規定，合法出生的斯巴達人，才能成為斯巴達公民，私生子不能成為真正的公民，但是若透過國家嚴格的軍事訓練，則可成為斯巴達公民。未擁有血統關係的希洛人則必須受到較不平等的待遇，他們必須為斯巴達人民耕種，並供給他們家庭的收入。斯巴達人是征服者，男人可有公民權。軍事將領會將自國外獲得的財富納為己有，或賞賜軍民，這顯然違反財富均等的規則，

於是私人財產出現。這些寶石或古幣等也被存於德埃（Tégée）的阿萊阿雅典神殿（Aléa Athena）之地，由富有的家族掌控。

西元前500年左右，斯巴達人數達四萬多，包括九千多名公民。人民的土地來源，經由被征服地區平均分配至各家，斯巴達人只能將土地傳給後代，不能分割或是轉讓。

斯巴達人一生只從事軍事工作，不負責生產耕作，希洛人終其一生必須勞役供應斯巴達人，僅能獲得價值極低的鐵幣。

2. 希洛人

多利安人建立斯巴達城邦之後，西元前640年左右，遭到邁錫尼人和阿哥斯（Argos）城邦聯合反抗，經過一番激烈爭戰，邁錫尼人敗於斯巴達，從此成為斯巴達的農奴（helots）。

希洛人的物質條件不如斯巴達人，但是最起碼，在將糧食繳交地主之後，能合法擁有一些「剩餘物品」。

西元前四世紀，斯巴達人口銳減，使得希洛人有機會進入軍隊，擔任步兵和槳手。他們雖然可獲得新生的自由，但仍沒有政治權利，其地位沒有法律保障。斯巴達經常對希洛人施以殘暴的鎮壓，監察官每年上任，都要對希洛人「宣戰」，然後派斯巴達青年前往希洛人的村莊拘捕和屠殺，希洛人的生命沒有得到合理的保護，生活充滿不公平。斯巴達人也只挑選健康的嬰兒，令其在七歲時開接受軍事訓練，十八至二十歲時，強迫參加屠殺希洛人的活動，使人數較多的希洛人長期積壓心中的仇恨，爆發在破壞城市及反抗行為上，他們與斯巴達人間的對立衝突一直無法化解。

3. 皮里阿西人（皮瑞克人）

皮里阿西人（皮瑞克人）散居於一百多個城鎮中，分布在沿海地區，人數至少有三萬人，雖受政府管理和監督，與希洛人相較自由得多。他們沒有公民權，也不得和斯巴達人通婚，主要以手工業和商業為

生，也從事農業，且須服兵役，大部分從事戰船的建造。他們也如希洛人般貧窮，卻大都很少反抗。

(二) 政治機構

斯巴達的政治組織是個特別的團隊，國家機構由國王們、長老會議、監察官及元老大會組成。

1. 國王

斯巴達的政治特色是實行雙瑞，在阿瑞亞德（Agiades）和歐里龐提德（Euryontidae）時已保留荷馬時代的特色，享有各種戰利品及祭祀品，兩位國王通常分別由二大家族世襲，須處理國家祭祀及重大家族法案，和平時各別掌握及管理國內政務；發生戰事時，則其中一位坐鎮國內處理內政，另一位擁有較大權力，掌握軍事，指揮軍隊。西元前418年之後，由於監察官不信任國王，便設立一個顧問委員會，但監察官本身卻不干預委員會之監督及權責。

2. 公民大會

公民大會其實代表貴族階級及權力，實際作用不大，會中的成員皆由斯巴達年滿三十歲之男子公民所組成。公民透過表決或歡呼的方式決議法令，決定戰爭或和平。公民大會的成員對長老會議的提議只有表決權而沒有提案權，只是一個半虛半實的無創制性團體。

3. 監察官

在斯巴達之政治結構中，「五人監察官」是重要的角色之一，他們專職國家的安全及治安權，代表無限的權勢，裁決並統治，發生緊急事件時可動員全國，具有對外政策決議權，並審理希洛人和皮瑞克人（les Périèques）的法律訴訟。他們的權力之大，如同雅典的「僭主」，其存在正符合斯巴達大家族的需要，可透過監察官領導國家。

除了阿哥斯（Argos），幾乎所有伯羅奔尼撒半島聯盟成員都曾是斯巴達的同盟，為了保證這些城邦的忠誠，斯巴達採取相當的警戒措

施，並審慎對待其同盟。

(三) 政治制度

伯羅奔尼撒半島建立的軍事聯盟以「共同防禦」爲前提。它由不同城邦共組，以「拉西第夢人（斯巴達人）」爲基礎。聯盟中並無聯邦公民權，斯巴達也不得干涉同盟國內政，他們擁有各邦的自主權，這也是西元前386年時「國王的和平」能繼續存在原因。

整個制度的運作是由各同盟邦派代表參加，每一個獨立的城邦（即同盟中之一員）有一張選票，可共同裁議聯盟中的事務。若遇重大事件，須發動戰爭或締結和平時，聯盟委員會將請斯巴達做出合理的裁決。

城邦代表有一定的任期，任滿時以投票選出新成員。因爲不須繳稅，更能充分保有相當的自主權，小邦都極願意加入，也使斯巴達利用這一點，不但保障權力也得到霸權的地位。

(四) 政治組織

政治的興衰影響伯羅奔尼撒同盟的領土變化，以下有幾個階段：

1. 西元前400年左右至西元前379年

同盟的鼎盛時期，範圍擴至整個伯羅奔尼撒半島、弗西德（Phocide）、勞克瑞德（Locride）、阿卡納尼亞（Acarnanie）及貝奧提亞等地。

2. 西元前383年至西元前374年

組織十個行政管轄區，包括哈爾基季基（Chalcidique），並規定若各城邦不能夠提供兵員，則必須支付稅款代替參戰的兵員。

3. 西元前386年和西元前379年

斯巴達國王埃巴米農達斯（Épaminondas）曾經保住大部分的同盟國，因此雖然科林斯同盟興起，伯羅奔尼撒聯盟仍有相當的影響力。

二、底比斯和貝奧提亞

貝奧提亞由十二個城邦組成，境內多平原和丘陵，如科羅那（Coronée）、塔納格拉（Tanagra）、奧爾霍邁諾斯（Orchoméne）或德斯拜（Thespies）；分布於底比斯城周圍，以農立國，農民負責耕種，騎士負責軍事任務。地主擁有至高權力，但並沒有產生專制及寡頭政治，是個和平之地。貴族階級可參加公民大會並選舉執政官及軍事指揮官。

西元前五世紀建立第一個聯邦，有六百六十名成員組成聯盟委員會，負責決定重大事件。此聯盟的管理人以貴族居多，不能發揮力量。西元前379年時，底比斯加速其「解困」，重組聯邦，並深深發揮作用，稱為聯邦國家。此時，貴族階層已不得人心，民族意識及民主觀念因而崛起。新的公民大會取代聯邦委員會，由全體公民組成，總部設在底比斯。行政管轄區也已由最初十一個改為七個，並選出四位底比斯人任軍事指揮官，無論組織規模、效能或影響力，都遠大於西元前五世紀所建立之聯邦。

公民大會中，底比斯人占很大的比例，底比斯也往往是最大的兵源，其地位日益重要。底比斯的政治特色則是民主及有效率，它快速地凝聚團結，建立起霸權。

敘拉古（Syracuse）於西元前五世紀在西西里地區獲得勝利，建立希臘民主政體，但西元前410年和西元前405年，迦太基正在醞釀征服整個西西里島。

三、狄奧尼西奧斯的僭主政治

西元前405年，狄奧尼西奧斯（Denys I'Ancien）被譽為「狂熱的愛國人士」，因人民大力支持擢升為執政官。他控制著由一千名忠心人民所建立的警衛隊，並獲得伯羅奔尼撒半島的居民及蠻族傭僱軍支持。

　　他力主民主，反對富人及有產階級，也反對迦太基之希臘思想，獲
得廣泛的認同，但也因為專斷及訓練特務，而成為他的一大敗筆。

　　總而言之，他的民主是獨特的，他大力鼓舞農業及商業經濟，並提
供人民足夠軍餉。政治上，他不斷打擊當時的大產業主，不斷削減其勢
力；並輔助其他的小生產者，減低他們的稅賦。

　　軍事方面，他將奧提伽島（Ortygie）地區設定成堡壘地區，並修
築堅固的城牆。於西元前405年的協約中，他發動反布匿（Puniques）
戰爭，順利地將迦太基人趕回西西里西部地區。

(一) 狄奧尼西奧斯

　　狄奧尼西奧斯有極大的野心，除了統治西西里島的大半地區外，更
渴望取得墨西拿（Messine）海峽及亞德里亞海（Adriatique），邁向他
的帝國之路。

　　為了征服義大利，他以洛克里（Locres）為基地，順利征服考
洛尼亞（Caulonia）、羅吉恩卡拉布里亞（Rhégion-Calabria）。西
元前387年更占據克羅托內（Crotone）。在第勒安尼海峽（la mer
Tyrrhéninne）他也占領了利帕里島（Lipari）、科西嘉、切爾韋泰里·
卡埃（Cerveteri Caeré）及皮爾吉（Pyrgi）。除此之外，他精明地組織
其帝國並利用心理作戰。他進行軍事移民，特別派駐人員進行地區的統
治，充分地掌握該地。

　　經濟方面，他支持商業，並使用被統治的敘拉古人所造銀幣來交
易，輕易地取得和義大利的聯繫，於義大利南部設立戍衛隊，以在經濟
上取得霸權，從此西西里的商業溝通了整個墨西拿海峽，徹底實行他擴
張的理念。

　　西元前369年，他與斯巴達聯盟之後，雖取得雅典之諒解，卻受到
希臘居民的不滿，並有種種負面的評價。

　　他代表一位傑出的政治家，有野心深具抱負，有教養卻帶點精明。

他宣告希臘化國王的到來，是位介於伯里克里斯及馬其頓菲利二世之間的重要政治家，可說是希臘化時代首屈一指的傑出政治人物。

四、希臘化時代

希臘化時代，王權代表的典範主要有二種特色：一爲表現出君主制之實效性，並強而有力地表示出君主政治之特色；二爲在原本微弱的制度基礎上，將個人魄力呈現於政治中，並有效地管理。

(一) 國王和臣民

君主制乃是封閉的政治型態，常以各種不同階層組合，構成一定的模式。階級的最高級爲國王，第二層爲公侯貴族，接下來爲行政官吏，最低者爲人民。國王常建立鞏固自身地位的力量，使臣民覺得他可信任，保持人與人之間的相互聯繫，最重要的是，必須保持對國王的忠誠。故國家是屬於個人的，國家的僕人也是國王的僕人，在希臘化王國的時代，這種政治型態持續著，因此，土地繼承問題變得非常棘手。

馬其頓王國可以說是此制度的最佳表現，但國王又聰慧地不使此種意象太明顯，使人民自願效忠，默許其政治意圖。馬其頓的菲利二世成功地放棄公民大會後，以軍隊形勢帶來勝利，馬其頓國王便順利地實行獨裁，統治希臘城邦。

然而令人驚訝的是，它具有君主制度簡單的特點，卻有些許民主政治的精神，最重要的是權力的不明確。

因在希臘化時代，國王派出的特派員可控制地方委員會，委員會又可決定一切地方事務。被征服的城市，如色雷斯因此失去自主權；色薩利則被分爲四部分，有一位執政官成爲聯邦行政官員，毫無疑問就是馬其頓的菲利二世。

亞歷山大即位之後恢復公民大會，以其個人魅力，建立龐大的帝國。

(二) 馬其頓的希臘化

馬其頓的希臘化表現於外在威望及內政上，積極地展開殖民和城市化的行動。

內政方面，菲利實施人口融合政策，先安排馬其頓人定居城市，再流放對手，侵占其財產，再建立重要城市，分設軍事、政治、經濟等重要據點，如亞歷山大城（Alexandropolis）、菲利城（Philippopolis）。

經濟方面，為鞏固財富，開採龐瑞（Pangée）山的金礦，寶石也增加國家的財源——此地距海九英里，已建名城為腓力比（Philippi）。

文化也是著重的目標，許多技師和知識份子相繼被吸引，馬其頓帝國漸漸開化，古希臘文也於各城邦中使用頻繁。柏拉圖學園柏拉圖（Platon）的繼承人，著名的哲學家斯珀西波斯（Speusippe）也曾寫公開信給菲利；亞里斯多德更被禮聘為其子亞歷山大的老師。他不但深入希臘文化精神，更開啟寶貴的文化之門，帶來古代希臘化運動的光輝，成為一個成功的希臘化君主，帶來無比深遠的影響。

(三) 雅典城邦

西元前508年，平民領袖克里斯提尼（Clisthène）帶領雅典人民實行民主改革。他大刀闊斧使雅典走向民主，被譽為「希臘民主之父」。

梭倫改革之後，他首先體認到貴族在部落中的優勢，並操控選舉。故廢除四部落制，重新劃分十個部落地區，代替原來的四個血緣部落，達到消除貴族壟斷執政官及議員席位的情形。這十個部落地區分散於雅典四周、沿海及內地，許多自由民和外來居民也獲得公民權，凝聚強大的民主力量。

他在十個地區中，分別以抽籤方式每區選出五十個議員，共五百名，替代梭倫的四百人會議，任期一年，負責執行公民大會的各種決議，會議中還有一位重要人物——首席執政（Archon Basileus），又稱

「五〇一人會議」。五百人會議再分十組，輪流處理國家事務三十六天。每一組的五十名議員以抽籤方式產生，是為了杜絕貴族及梭倫時代富豪獨享政權的弊端，同時使許多雅典公民具有議員資格及參與政事的權利。

軍事上，他特別制定「陶片放逐法」，規定公民可於陶片上記下應被放逐之政客人名，若表決人數超過六千名，則此人須被放逐於國外，十年後才得以返回（但因為被政客利用為排除異己的手段，實行九十多年後，於西元前417年廢除）。在克里斯提尼的大幅改革之下，雅典的民主政治達到高峰，也開啓伯里克利斯的民主政治，為其奠定穩固的基礎。

1.貴族階級

西元前472年，德米斯多克利（Thémistocle）及阿瑞斯蒂德（Aristide）仍受到神聖聯盟控制，和對手之間的對立並無消除。

⑴厄菲阿爾特

厄菲阿爾特（Éphialtês）充滿民主的抱負，他希望繼續梭倫（Solon）及克里斯提尼的政治改革，故積極尋求知識份子支持，例如伯里克利斯的顧問達蒙（Damon）及阿那克薩哥拉（Anaxagore），並贏得社會大眾的支持。

此時出現對厄菲阿爾特提供有利的條件，因商業的發展和艦隊進步使他們和斯巴達對抗，同時人民被教導民主的概念，反對貴族阿瑞奧巴瑞特（Aréopagites）及西蒙（Cimon）等人。厄菲阿爾特後來被謀殺，伯里克利斯繼之興起。

⑵伯里克利斯

伯里克利斯出身阿爾克馬埃翁（Alcméonides），他生於西元前490年，卒於西元前429年，早年受到阿那克薩哥拉（Anaxagore）思想影響，認為精神的力量可創造及管理世界，他奉行此意念並融合到他的

政治理想中，秉持古典文化且運用於政治上。

西元前461年，他順利地當選十將軍委員會的首席執政（The Head of Board Strategoi Auto crator of The Strategoi），時年三十。他雖然是貴族，但具有不凡的氣質，許多的學習經驗培養出民主素養。他以阿那克薩哥拉推崇的「精神力量」統治人民，使人民跟隨他的政策及理念且深信不移。因十將軍改由人民大會推選，可連選連任，他共連任三十二年之久，並在史冊中留下英名。

他獨特的氣質中似乎帶著能煽動民心的本能，他是一位勇敢的軍事領導者，也是一位有分寸且理性的策略家，同時也是外交家、財經專家，他極重視文化，圍繞於身旁的幕僚總不乏藝術家、哲學家及作家。他以積極的做法改革政治及軍事，執政期間使民主政治達到黃金時期。

外交政策上，伯里克里斯繼續對波斯作戰，與埃及組成同一陣線對抗波斯，並與其他希臘城邦相互結盟，因而威脅到斯巴達的地位，與斯巴達發生戰爭。

政治組織的改變並不大，不過由於進行過許多政治上的改革，造成權力名義上雖歸五百人會議所有，但已形同虛設。因十將軍之權力已滲透至司法、外交、立法等，幾乎掌控整個內政，最主要目的為消除貴族占據其議會之特權。而「公民大會」，審察十將軍委員會之各種政策及決議，以防僭越或濫權，實際達到「相互制衡」的作用。公民大會每年舉行四十餘次，它宣告政府的各種決策——諸如戰爭、和平、財政等各項措施，選舉十將軍和財政官員（其他行政官則由抽籤決定）並監督他們。它也直接審理國家法案、法令及各種通諭。這樣的組織並沒有黨派之分，人民可提出施政建議，人人皆可發言，真正達到民主（提倡「人人有言論平等」之概念，即由克里斯提尼首開此民主之風氣）。

伯羅奔尼撒戰爭之後，民主政體遭受嚴重打擊，實行寡頭政治祕密團體煙消雲散，由克雷奧豐（Cléophon）及克里昂（Cléon）帶領所鼓動的民主，使已遭嚴重迫害之民主趨勢出現一絲希望。伯里克里斯奠定

的民主體制發生變化，並展現於經濟之上，豪奢與繁榮之風出現，民生欣欣向榮，社會生氣蓬勃，政府擔負保護人民的角色，公職人員享受優厚保障。人民積極參與各種活動，唯獨對戰事不感興趣，當前線戰事再起，人們寧願選擇娛樂及支援休閒活動的費用，完全忽略國家戰事或兵役，政府只能派僱傭軍參戰。

五、西元前四世紀的政治生活

希臘的政治生活多彩多姿，在自由化的風尚下，有經驗的演說家建立希臘的政治，卻不組織政黨，因而更加受到人民愛戴及推崇。三位最有影響力的政治家有卡里斯塔多斯（Callistrators）、俄布洛斯（Euboulos）及德莫斯提尼。

卡里斯塔多斯（Callistrators）是第二次同盟的發起人，西元前369年，他不但力促雅典和斯巴達結盟，更是一位傑出的外交家及財政專家，由於他的卓越貢獻，帶給底比斯巨大的壓力。

西元前355至西元前346年間，俄布洛斯因擁有財政專長，連任八年的財務官，他深入了解民主體制及財政上的重要作用，並致力推行民主體制。雖然此時期爲同盟戰爭和菲奧克阿特（Philocrate）（人名）之和平期，但政治的艱難對他而言仍是極大之挑戰。財政方面，他不但關心一般民生及物質需求，並了解資產階級的財政問題，謹愼地看待馬其頓菲利二世的和平主義，極力反對德莫斯提尼及馬其頓的統治。

西元前343至西元前338年的德莫斯提尼具有崇高理想，他的言論及思想充滿民主和愛國情操，由於他巨大的號召力及影響力，使人民受到莫大的感召。

西元前四世紀曾發生極大影響的政治家，都不精於戰略，大部分爲財政專家或演說家、律師，軍事領袖都僅接受命令執行戰略，這皆爲此一時期的特色。

西元前四世紀至五世紀的希臘與伯羅奔尼撒半島

大希臘與西西里島

第十七章
希臘的經濟

一、古代影響希臘經濟之要素

(一) 地理環境

　　古代希臘由海克力斯之柱（Hercule）至高加索地區，屬於炎熱乾燥的地中海氣候，農業的經營方式，因內陸和沿海而有所區分。內陸地區適生產少數作物並飼養大型的牲畜，植物以小麥、橄欖樹、葡萄及水果最多；沿海地區因平原狹小，農作不易生長，畜牧業極不穩定。希臘大部分屬石灰石地質，土地貧瘠，岩石多，因地形太過傾斜而被急流沖刷變為沼澤，造成希臘地區的土地不適合穀類生長。阿提加地區專事栽植葡萄與橄欖，北部的馬其頓、色雷斯（Thrace）、色薩雷（Thessalie）、斯基提亞（Scythie）平原，以及小亞細亞的埃爾莫斯（Hermos）、梅昂特爾（Meandre）山峽為良好的灌溉平原，其餘的平原面積都不大。

　　雖然希臘世界土地貧瘠，但大自然很公平，它給予希臘另一種優惠，它不同於東方世界的航行能力。希臘沿岸不乏深水海港，地緣犬牙交錯，眾多的島嶼皆以優越的港灣配合夏季航海之便利，穿梭來往於愛奧尼亞海、南部之義大利、西西里島。他們也穿過愛琴海到達裏海和亞洲，開啓貿易之路，彌補先天環境不足，這些海的子民開闢新航道，發現新疆域，傳播獨特的文明。黑海東西岸皆曾挖掘出許多具歷史價值的文物，例如高加索南部的科爾基斯（Colchide）有大批金銀出土，證實希臘人航海貿易的傳播。希臘境內也發現內陸所缺乏的錫，東方優質的木材也被人由黎巴嫩或哈爾基季基（Chalcidique）半島運回，有實質

的交流。

(二) 政治情況

馬其頓帝國未建立前，城邦眾多且不統一，經常發生內部爭鬥，其以海上城邦間的敵對為最。但這些城邦的組織，還是有其共通性以及傳統原則。在其領土內，城邦對人及物有最高統治權，若遇到外敵，則堅守團結的力量，共同維持民族統一。

西元前五世紀到喀羅尼亞（Chéronée）時期間，雅典在一百六十四年中，有一百二十多年處於戰爭狀態，只有短短三十多年間維持零星的和平。戰爭雖使希臘世界不致崩潰，卻使得城邦之間陷於枯竭之中，經濟發展不如羅馬世界蓬勃。相較之下，羅馬因地域廣闊，又擁有廣大自然資源，皆促成一百多年的羅馬和平。

(三) 生產技術

希臘土地收穫不足，生產與技術能力相形之下難以迅速發達，此外更有多種原因造成農業發展的困難：

1. 希臘人口的快速增加及連年征戰

北方人口不斷地向南遷移，使南方鄉村生活越顯困難。每一塊小農地得分由農民各子承續耕作，面積立即縮小，歷代下來，耕作的產量不足以供給一個正常家庭所需，又遇到收成欠佳如天災或連年戰爭，使農民無論再辛勞，所得甚少之餘，又得承擔敵人砍伐果樹後必須重新栽植而造成生活困難，更造成奴隸之興。

2. 奴隸的存在

由於奴隸制一直未廢，使手工方面之勞作較不被重視，也輕視商業，物質需求低微，注重精神層次。

早期的農業發展一直停滯不前，西元前五世紀時農具有重大的突破，出現一種無導輪鐵製的「犁」，對農業有重大的貢獻。農業方法此

時才突破瓶頸，農地每二年休耕一次，西元前四世紀時每三年一次施肥、規劃土地，更加用心研究小麥品種（但自伯羅奔尼撒戰爭之後，農業退步，丘陵之間也荒蕪）。

由於戰爭影響，導致工業衰微，卻刺激某種手工業興起，如武器製造，此時因戰事大量需求，作坊主人引領著自由人或奴隸加緊工作，以應需求。另一種則是奴隸的悲歌——開闢礦山，如開採阿提加（Attique）的洛西翁（Laurion，又譯勞瑞翁）礦山——奴隸人數多達二萬至三萬人。製陶手工業，因生產形式有限，大部分還是以手工為主，少數資本家有能力聘僱一百多位工人，陶器在此時有極高的價值及商機。

商船已不再製造，「金融之門」開啟，銀行與海上保險業興起，國內可使用匯兌制度、人民有信用證，能有息借貸，藉由雅典的海上地位使貨幣統一。此時，科林斯及比雷埃夫斯港（le piree）已有先進戰備及完善的碼頭，與腓尼基艦隊、伊特拉斯坎艦隊、迦太基艦隊等相比，科林斯及比雷埃夫斯海港極出風頭。

二、傳統農業經濟地區

伯羅奔尼撒半島〔科林斯（Istem）除外〕、貝奧提亞、中部希臘及埃多里－阿卡尼亞（L'Etolie-Acarnanie）至色薩利－馬其頓（la Thessalie-Macédoine）等地，在西元前五世紀至西元前四世紀之間，一直保持傳統的農業經濟，因為各城邦的政治不穩定及陸上聯繫不足，使農業沒有長足的進步。

在這些地區中，因政治型態不同，間接影響土地耕作，如馬其頓、色薩利（Thessalie）土地屬於貴族所有；斯巴達的土地則屬國家所有；在阿卡底亞（Arcadie，又譯阿卡迪亞）或貝奧迪則屬中產階級的農民所有，並可種植小麥、大麥等作為主食及主要作物。

　　傳統農作有固定規則並自給自足，人們可依需求而種植，亦可飼養小家畜，由佃農負責耕作，奴隸則協助佃農在土地上勞動。

　　這種經濟特色維持一段長時間，馬其頓於西元前四世紀時有一些進步，菲利征服以及積極開疆闢土，得到多處財源，例如色雷斯的海港，龐瑞（Pangée，又譯潘吉亞）礦山以及哈爾基季基（la Chalidique）。值深思的是，國家獲得財富，其人民是否也受惠？

　　伯羅奔尼撒戰後，斯巴達已成為各邦之翹楚，它不但以強大的軍事力量為後盾，將軍隊長期派駐在外，造成其他各城邦的沉重負擔。但它卻能以掠奪的財物發放僱傭軍軍餉而使斯巴達富有。

　　當時希臘的財務狀況模糊，財富大部分集中於寡頭政治者手中，不但腐敗而越顯專制，各邦經濟沒有進步反而有倒退之勢。相對地，底比斯卻節節上升，因廣大的市場以及日益求精的手腕而使經濟能力增加。

　　此時，希臘人口普遍減少。西元前四世紀，貝奧迪、伯羅奔尼撒半島、色薩利等地的統計都證實這個現象。因國內的各種戰爭、動亂使人口衰減。另一明顯的現象在科林斯港及雅典，奴隸增多，呈顯經濟生活的另一種改變。

　　然而，西元前四世紀和五世紀最大的不同點在於僱傭軍增加，他們的地位漸獲提升。最主要的原因是征戰的需求。由於土地赤貧化，農業地區土地開始衰貧、荒蕪，少數有價值的土地又集中於貴族，更使得人民投身於戰場。最明顯的例子如狄奧尼西奧斯（Denys）時數量龐大的僱傭軍，雅典、喀羅尼亞（Chéronée）、福基斯人（Phocidiens）、色薩利將領奧諾馬爾庫斯（Onomarchos）的一萬二千名僱傭軍隊，科林斯將領蒂莫雷翁（Timolean）的移民潮有一萬人參與色諾芬也參與，以及西元前401年時，推崇小居魯士的居那克薩（Cunaxa）之地，有一萬名僱傭軍跟從。

三、雅典的經濟生活

　　雅典在波希戰爭之後，曾幫助許多城市繁榮，例如波蒂德（Potidée）、奧蘭特（Olynthe）、克里米亞的龐蒂卡培（Panticapée）、基齊庫斯（Cyzique）、色雷斯等。本身也恢復得相當快，它一直控制著經濟大權直到馬其頓的亞歷山大統治時期，它在過程中一直扮演著重要且極活躍的角色。此時希臘主要的工商業城邦邁向繁榮，農業技術空前進步，發展三種作物輪種法，分別是黍、小麥以及蔬菜。蔬菜在西元前五世紀時就已配合另外二種作物種植，使希臘能地盡其地利。此外，希臘丘陵也被妥善的利用，坡地遍植葡萄、橄欖樹等，雅典、米利都經濟快速發展，而有些城邦還種植果樹或養蜂，大量運用肥料如綠肥、人工肥料，使作物生長繁盛，因而帶動商業，舉凡油品供應、製造化妝品及照明，都使橄欖成為貿易出口的重要角色之一。

　　手工業在雅典發展更為快速，共有二十多種，除種類繁多外，手工相當細緻，在貿易商品中占有相當大的比例。

四、阿提加的農村生活

　　西元前403年時，每一個雅典人幾乎都有塊小土地，可種植高價值的經濟作物，農村生活樸實。西元前五世紀時，此種社會型態發展至最高峰。這些農民個個身體健碩，勤奮強壯，他們為民主而奮鬥且參加重武器的訓練，積極地參與各種政治事務，努力建立小農社會利益。他們意識到自己的重要，因為人數眾多，可以順利地影響體制，經由抽籤，他們可決定行政官員並進入公民大會，合作制定農業的互助組織，例如今之「行會」，不但令小麥價格穩定，蔬菜也順利銷售，促進商品流動。但另一方面，生產者的經濟利益也受到相當負面的衝擊。

　　尤其於伯羅奔尼撒戰爭之後，農業經濟無疑受到最大的挑戰，因無情的摧毀致使橄欖園和葡萄園荒蕪，農村人口向城市大量移動，使農業

遭受空前的破壞，農民陷入貧困。在阿提加，只要農人無法償還借貸債務，地產很快就落入債權人之手，農人則得替債權人工作，成爲佃農，收成後將六分之一的收穫量交給債權人。若是大筆借款或再進一步借貸，則必須以本人或子女、妻子抵押，和地主共立契約，只要債務無法償還時，便成爲奴隸。這也是間接造成人口再度減少的原因（人們逃避成爲奴隸的命運），農民到城市之後，又得重新面臨新生活的挑戰，從一開始的不情願，而因環境逼迫，不得不留在城市，讓整個農村經濟生活發生改變。

五、西元前四世紀一般商業的情況

西元前五世紀由於希臘以外地區的手工業發展甚慢，故希臘地區仍以此作爲海外商業發展的大宗。西元前四世紀，當雅典稱霸希臘，在陶器商業上占據大半的市場，如愛琴海的黑海（Pont-Euxin）、腓尼基海岸、利比亞的昔蘭尼港口，到處可見其陶器及貿易商品。當時雅典陶瓷業發展甚快，陶瓷分粗工或細工，製胚分門別類，將各種「紅花瓶」及「黑色釉瓶」等美觀飾品推廣海外，成爲雅典商品的特色。

但其他商業發展卻受到一定的限制而漸趨衰落，主要因人們囤積貨品，物價上漲，再加上國外蠻族國家已逐漸自行生產，不再需要依賴大批進口，國內所生產的產品只好自銷境內，出口則大幅縮減。

直至西元前四世紀中葉，雖然雅典在巴勒斯坦、敘利亞、埃及、腓尼基等地發展快速，但也因爲阿爾塔薛西斯（Artaxerxès Ochos）民族主義興起，影響雅典的貨幣，使雅典受到相當打擊。它在西西里和義大利的商業貿易也被塔倫特（Tarente）取代，塔倫特獲得商業主權，與愛琴海及東方世界展開貿易。對科林斯而言，卻沒有太大的轉變，它繼續保有多瑙河地區及伊利里亞（Illyrie）的商業範圍，維持著基本商業。

第十八章
古典時期的希臘文化

一、宗教

希臘宗教沒有特別繁瑣的教義，大多建立在對大自然的崇敬及人性低微的物質需求，通俗的宗教同時滿足對來生的渴求，因此，希臘通俗宗教的發展滯緩，不易爲一般人理解。

傳統宗教崇拜大自然的聖靈，皆與日常生活有關──大自然的神靈主宰作物的收成、人類精神的生活及家庭、墓葬、葡萄的豐收、死後神祕世界對亡靈的安撫。

古希臘人尊崇「多神」，創造許多生動活潑的神話，爲古典時代的文學戲劇奠定根基。希臘人崇尚自然主義，相信神能主宰人間喜怒哀樂，因此習慣以各種節慶祭祀，自然而然地成爲生活的一部分。西元前四世紀之前，一直圍繞著神祕色彩，而不爲外人所知的這種奧妙的自然主義直到古典時期文化的創新，才逐漸顯現褪去神祕的面紗。

(一) 古典宗教的特徵

古典希臘的特徵充滿泛希臘式風格。神話世界中，由宙斯主宰眾神，雅典娜、阿特米斯（Artemis）、阿波羅等成爲各城邦的守護神，如雅典娜（Athena）是埃爾貢（Ergane，手工藝人和工匠的守護神）、帕德嫩神殿〔Parthenos，由菲迪亞斯（Phidias）建造，供奉雅典娜神像〕的保護神。所以下至城鄉平民、上至行政官員，藉由各種慶典及儀式，深切地表達其崇敬的宗教情感。

各方神祇融合各種不同的特點，有時被大城邦據爲其代表──德爾菲（Delphes）的阿波羅神起源於多利安民族，雖然曾經被忽略，憑

著古典時期人們不輟的信仰，結合愛奧尼亞宗教的特點，發展蓬勃且受人尊敬。再者如埃皮達魯斯（地名）（Epidaure）的阿斯克勒皮俄斯（Asclepios，醫神）神祇，雖不涉及政治，但其力量幫助許多身染病痛及渴求心靈慰藉的人。

　　古典時期的神諭已不如古代能廣泛地被人接受，宗教多作爲政治手段。政治人物通常集資（包括人民的獻禮及德爾菲和奧林匹亞的財富）興建或重修及美化神廟。西元前446年，伯里克里斯甚至嘗試召開雅典衛城的公民大會，以作爲重建神廟的決心，也使大會決定舉行一系列能增進民族情感及健全體魄的競賽及全民運動。各邦如奧林匹亞、科林斯（地峽）（Isthme）、涅墨亞（Nemee）、德爾菲等也相繼以各種運動競賽的方式求得神諭。但是神諭卻未能有效阻止戰爭——如德爾菲之戰及福基斯人（Phocidiens）掠奪德爾菲的財富。甚至在西元前四世紀，厄利斯人（Eleens）及阿卡底亞人（Arcadiens）更在城中封閉的城牆內舉武裝械鬥，往往戰況激烈，死亡不計其數。人們卻因此發展出職業競技，甚至於奧林匹亞（Olympie）中贏得桂冠以獲得財富，成爲運動職業之一。

(二) 新宗教需求的出現

　　傳統宗教發展至某一階段，總力求突破，宗教不再能滿足信眾對教義的渴望，於是走向個人宗教信仰。人們逐漸自由化，只尊崇神祇的表面形式，內容可以稍加變化，可知獲得很大的寬容。西元前五世紀，希臘宗教世界門戶大開，國外許多宗教紛紛傳入，尤以古典時期的東方異教特別盛行，來自埃及與東方神祇的代表，還有土耳其安那托利亞高原弗里吉亞（Phrygienne）的「地母神」都受到熱烈歡迎。這個時期人們對神靈至高無上的權力有所質疑，改以一種理性的態度，不再盲目地信從神諭。悲劇作家歐里皮德斯（Euripide）在人類情感的描述上下工夫，文學和戲劇也融入宗教題材，改以幽默有趣的方式加以變化；阿里

斯托芬（Aristophane）更以喜劇詼諧的創作表達對宗教的熱情。因伯羅奔尼撒戰爭而興的個人主義更加蓬勃，改變了以往人們對神祕力量的畏懼心理，不但開始透視，更加擬人化，藝術或文學的神靈世界距離人們並不遙遠。

西元前四世紀，宗教發展已世俗化，一般人仍然迷信巫術；但另一群知識份子卻有不同見解，尤其是蘇格拉底、柏拉圖等人所崇尚的希臘精神。雖然西元前四世紀時宗教遭到漠視，但哲學家卻在科學、宗教、紀律、神祕主義、個人主義之間加以平衡，奠定希臘化的基礎，從此傳播哲學思想，影響甚遠。

二、伯里克里斯的時代

㈠ 悲劇

雅典在伯羅奔尼撒戰爭結束後，雖然面臨政治上的窘境，但在其他領域仍獨領風騷，伯里克里斯甚稱「希臘學派」。

在詩歌的表現上，抒情詩人品達（Pindare）為了紀念奧林匹克戰勝者敘拉古及昔蘭尼（利比亞）國王，以「頌歌」的合唱抒情詩說明泛希臘時期的宗教涵義。

西元前五世紀時，由於波斯戰爭影響，使詩人及作家受到愛國主義衝擊，出現嚴謹及莊嚴的作品，大多為詩歌形式表現，但戲劇形式的改變使文學再度掀起了巨大旋風。戲劇的起源可追溯至西元前六至五世紀間，希臘人民於每年祭祀酒神戴奧尼索斯（Dionysus），為慶祝橄欖及葡萄豐收，他們以遊行方式感激神靈。遊行後來演變成戲劇，也產生古希臘最富盛名的劇作家——愛斯奇里斯（Eschyles）、沙福克里斯（Sophocles，又譯索福克勒斯）及歐里皮德斯（Euripides）。這三位劇作家不以詩人的角色，而是以劇作家來表現悲劇，這是希臘戲劇的重要突破。雖然也有少許喜劇，但悲劇作品更出色。

1.愛斯奇里斯

　　第一位悲劇作家愛斯奇里斯（Eschyles，西元前525年至西元前456年）和品達（Pindare）同時，他不用詩歌，卻以悲劇形式表達同樣濃厚深切的愛國情操，不但沒有誇飾的言辭，劇中更充滿英雄的表現；作品有七十多部之多，但因年代久遠而散失，目前僅存七部。他曾親身參與波希之戰，對人類命運的痛苦及軟弱的道德價值觀感同身受，因而將悲憫人類命運的現實題材搬上舞臺。《波斯人》更是在薩拉密海戰後的鉅作，此劇描寫希臘抵抗波斯的情景，最終獲得勝利，他表現出對英雄的讚頌，同時也有對不幸者的頌揚，因他們過度驕傲招致神的處罰，如《阿特德人（Atrides）不可救贖的罪行三部曲》謀殺、殺嬰、亂倫。及《七個對抗底比斯的人》中阿哥斯的首領；當然也有反抗宙斯的泰坦族（Titan），以《被縛之普羅米修斯》顯出普羅米修斯的抗爭及英勇。愛斯奇里斯的劇作除了主要演員之外，還有一位配角共同擔綱，使對白能順利進行，這是他特殊動人的場面調度及戲劇形式。

2.沙福克里斯

　　第二位著名的悲劇作家沙福克里斯（Sophocles），則將演員由二位增加至三位，第三位演員扮演英雄並站在合唱團旁邊。

　　沙福克里斯（西元前496年至西元前406年）的劇作甚多，一百多部作品流傳至今僅剩七部，他審慎處理崇高的道德價值及理智，試圖以城邦的利益作為理想公民的範本，並強調雖然神靈也會處罰人類，但那是因人類未遵守規範及神的法令，例如安提戈涅（悲劇）（Antigone）因認為宗教的不成文法令比城邦法令更重要而死；或著名的劇本《伊底帕斯王》描述後來成為國王的底比斯王子伊底帕斯，神諭他將「弒父娶母」，雖然他的父親試圖阻止此事，將他丟棄，但他存活下來，長大後成為一個賢王，但仍無法改變命運，果真應驗神諭。他為了自我懲罰，將眼睛挖去以贖罪。沙福克里斯的悲劇闡釋人們無法抗拒神靈的安排。

不過後來阿提加的詩歌重新完美地安排，使結局變成被縛的伊底帕斯王，因自懲及遭受苦痛而獲得赦免，並安詳地死去。

3. 歐里皮德斯

第三位偉大的悲劇作家是歐里皮德斯（Euripides，西元前485年至西元前406年），他的作品有九十多部，現存十八部。悲劇發展至此，演員甚至可以隨劇情需要而增加，演出有更多變化，他應用現實生活的題材，甚至反映社會中的男女不平等，引人深思。他運用巧思，安排飾演命運之神的演員由舞臺上方降下，舞臺技術的創新，獲得熱烈的迴響。

(二) 歷史

希羅多德（西元前484年至西元前425年）繼米利都（Milet）的埃卡德（Hecatee）之後，成為偉大的史學作家，其名著《歷史》為後世史書的典範，後人尊稱他為「歷史之父」。希羅多德熟知波希戰爭史，並遊歷各地，了解各族軼事，廣蒐資料，深入探討民情風俗，以講述故事的方法，生動描述希臘城邦的英雄如何打敗波斯軍隊。他以史實為重心，也添加一些神話或故事，他喜歡用宗教及道德解釋事件原因。因其著作嚴謹可靠，亦成為往後歐洲歷史著作的範例。

修昔底德（西元前460年至西元前395年）於希羅多德之後，繼承歷史的傳承，他以「科學」的態度解釋歷史，並影響後來的史家如波利比亞斯（Polybes）及塔西佗（Tacitus），他實現了以歷史「傳遞知識」的理想。

(三) 哲學及科學

雅典提供自由思想者良好的環境，醞釀哲學，也啟發科學。古典時期的哲學家融會自然，通常也是科學家、數學家或天文學家。由於接觸大自然，發現世界萬物由物質構成，或是星體起源以及地球為球體等，

但因缺乏觀測儀器、數學知識不夠純熟而無法證實。

　　此種唯物論哲學派別最重要的代表人物是米利都學派的泰利斯（西元前624年至西元前547年），他努力舉證，打破迷信的世界觀，但因無法被廣泛接受而沒有被完全承認。除此之外，唯物論也受以弗所城的海克利斯（西元前530年至西元前470年）及畢達哥拉斯（西元前580年至西元前500年）等學者推崇。

　　由於畢達哥拉斯的影響而出現唯心論，代表人物是著名哲學家阿那克阿高爾（Anaxagore），他認為智慧是由人所創造，其思想獲得唯心主義者巴梅尼德（Pamenide）闡釋，他也認為人的物質存在並不完全真實，真實乃是「人的存在」，這同時開啟了形而上學。

　　支持唯心論的哲學家還有南部義大利的埃雷（Eleé）、希波克拉底（Hippocrate）醫生及德謨克利圖（Democlite），雖然他是唯物論者，主張原子論的科學家，但認同人的智慧由人心創造和唯心派哲學家不謀而合。

三、迂迴曲折的年代

　　西元前五世紀末期，戰爭帶來的傷害使文明產生極大的震盪——宗教方面，東方的異教特別流行，理性主義思想及個人主義散播，希臘古典時期的精神也為之轉變，發展出各式各樣的文化。

(一) 詭辯論者和第一個詭辯學派

　　自然學派的啟蒙使雅典發展出詭辯學派，其見解與唯心派雷同，認為根本沒有所謂的「真理」。主要學者為色雷斯阿布德拉‧普羅塔哥拉斯（Abdera Protagoras，西元前485年至西元前415年），他認為沒有任何事物的存在，人和事也不是一般人能所知的，強調「理智認識」（Noetik）。他勇於否定和批評，精心研究詭辯技巧，不僅培養出許多政客，也促使個人利益私心的興起。但這些言論很快遭到哲學家抨擊。

反對的哲學家是蘇格拉底，他認為真知後，能以善為之，詭辯學派並非全然客觀。雖不適用於每一個人，也遭到傳統人士或民主人士反對，但是西元前四世紀初，它對思想、戲劇和歷史所產生的影響力絕不容忽視。

(二) 阿里斯托芬

　　阿里斯托芬的劇作與愛斯奇里斯（Aeschylus，又譯埃斯庫羅斯）、尤里皮底斯（Euripides，又譯歐里庇得斯）同樣完成於戰爭期間，他寫過四十四部喜劇，不過只有十一部流傳。他以喜劇的詼諧方式表達思想，其喜劇著作也最有影響力。作品深刻反映世俗習慣，不但異想天開、戲謔，甚至「嘲諷」，極富含義。他批判雅典的政治，開創社會評論的先鋒，他推崇阿提加農民的純樸思想及和平主義，並不遺餘力地宣導及實踐和平，對喜劇而言，他特殊的手法贏得許多人的喜愛，也同時宣揚理性主義。主要作品有《騎士》、《馬蜂》、《蛙》、《和平》、《鳥》等。

四、西元前四世紀

　　西元前四世紀有如十七、十八世紀的「啟蒙時代」（Au Fklarung），文學與哲學大放異彩。西元前五世紀的作品雖然沒有多大突破，但它奠定的基礎，使這一時期能穩固且發揚濃厚的文學及哲學思想。

(一) 蘇格拉底

　　蘇格拉底出生於雅典，其父蘇弗勞尼斯加斯（Sophroniscus）是一名雕刻匠，母親為助產士。蘇格拉底自幼即對自然有濃厚興趣，所研究範圍與自然有關。但年長之後卻轉而對「人」做深入探討，走向哲學領域。

　　他沒有留下任何著作，由其弟子色諾芬（Xenophone）、柏拉圖及亞里斯多德闡揚他的思想，使後世得知。他的哲學思想注重高尚的道德及教育的良善教化。他是貴族政治的維護者，不贊同民主，他的門徒中以貴族青年居多，但不收學費，他注重美德，強調知識的重要，並認為「一切德性乃因智慧而生」，衍生出倫理的重要。由於他注重德性，又是具有責任感的英勇戰士及愛國者，雖然並不擁護民主，也不是革命者。

　　他對「善」及「正義」非常執著，認為「錯就不可能對」，他的門徒非常尊敬他，幾乎希臘著名的哲學家都受過他的教導。

　　伯羅奔尼撒戰敗後，由於人心尋求報復，蘇格拉底被誣陷「煽動青年、危害民眾、傳播迷信」，判處死刑。事實上，蘇格拉底因為反對雅典政府腐化的風氣才遭到陷害。但他仍堅持自己的言行必須合一，不願流亡而從容就死，死前在獄中還不斷和學生探討人生智慧，直到死亡的那一刻。蘇格拉底的德性及偉大思想深深影響後世，使他成為世界上偉大的哲學家。

(二) 阿提加的散文大師

　　當代希臘世界偉大的文學家及哲學家有二位，分別是蘇格拉底的學生色諾芬（Xenophon）以及接受詭辯教育的尖兵伊索克拉底（Isocrate）。他們是吸收愛奧尼亞及阿提加精華的散文大師，沒有明顯的政治觀點，文章中總能發揮獨特的魅力，以清晰、細膩的手法呈現動人的作品。

　　色諾芬是蘇格拉底的門徒，作品平易近人，具有相當影響力，他同時也是希臘第一位作家兼史學家，不十分贊同民主，反而很同情寡頭政治。

　　西元前401年至西元前400年，色諾芬被選派為指揮官，率領一萬名希臘士兵揮軍波斯，幫助居魯士爭奪王位，並將此事寫成《遠征記》

（*The Anabasis*）。後來投身斯巴達軍隊，終生被雅典放逐。他著有《古希臘史》，但水準比修昔底德差許多，卻是修昔底德著作的續編，完成《伯羅奔尼撒戰爭史》，直寫到西元前362年明丁尼亞戰役為止。雖然立場明顯偏向斯巴達，仍不失為希臘歷史的重要史料。

色諾芬的著作很多，如《思想》、《遠征記》、《蘇格拉底回憶錄》、《雅典的收入》、《拉西第夢人的共和國》等，尤其是《遠征記》，使人了解西亞地理；在《雅典的收入》中，描述雅典政治家俄普奧斯（Euboulos）的擁戴者，提議對遭戰爭迫害的同盟國人民採行合理政策，藉此提升國家收入；《蘇格拉底回憶錄》表現蘇格拉底的哲學精神，也不乏詼諧性。

敘拉古的呂西亞斯（Lysias）是另一位著名的代表人物，他不但專攻雄辯術，更是法律學家。伊索克拉底（Isocrate）和他一樣，除了擅於雄辯，更是一位教師，致力宣傳自由主義，向人們宣揚民主以及反對聯盟波斯的決心。直至馬其頓出現後，才實踐其思想，可是馬其頓人卻沒有一同實踐他的自由主義。

同時期的散文大師如德莫斯提尼（Demosthene）將散文修辭學的境界更提升一層。其他著名的阿提加散文作家有雅典萊庫古（Lycurgue）、埃斯基涅斯（Eschine）、伊比瑞德（Hyperide）等人，他們使文學的領域更豐富。

(三) 哲學

柏拉圖（Plato/Platon）及亞里斯多德（Aristotle）是蘇格拉底的門徒，蘇格拉底死後，柏拉圖、亞里斯多德及犬儒學派，各創三個不同的學院（Academy），發展各自的哲學思想。

1. 柏拉圖

柏拉圖（西元前427年至西元前347年）是一位雅典貴族（其母為梭倫的後裔），二十一歲時就學於蘇格拉底門下，所見所聞，受蘇

格拉底影響極大。蘇格拉底死後，他曾遊歷各國十二年，曾至麥加拉（Megara，又譯墨伽拉）避風險，也曾受教於畢達哥拉斯學派，向底比斯的塞貝斯（Thebes）及新米亞斯（Simmias）學得輪迴之說，強調「靈魂的高貴」。柏拉圖闡釋「唯心」之「觀念論」，認爲觀念才是眞實，物質則是虛幻。還將他的唯心論哲學運用到政治，提出「智慧」、「勇敢」、「節制」，甚至訂立一個烏托邦（Utopia）社會模型。

柏拉圖對數學推崇至上，並倡導形而上學（Metaphisik），認爲抽象觀念是存在的，人的靈魂則是不死的，不死不滅來自永恆不滅的記憶。

他不但研究數學、哲學，還研究音樂、推理學、幾何學，在想像力之外還充滿詩意，思想中也有大膽及虛幻，認同感官能力外還存在著眞理以及實在。

雖然柏拉圖的哲學思想流傳於世，但卻很難捕捉其中的精髓。他奉行保守的教育，也存有悲觀思想，因此他並不反對極權，這種專權的思想使後世驚駭。最後因僭主狄奧尼西奧斯二世不願推行他的理想國，又回到雅典專事寫作，終其一生只爲學術奉獻，享年八十。

2.亞里斯多德

西元前四世紀，柏拉圖的門徒亞里斯多德登上歷史舞臺。亞里斯多德（西元前384年至西元前322年）生於希臘殖民地塔吉拉，十八歲入柏拉圖門下，柏拉圖死後，亞里斯多德於西元前343年擔任馬其頓王子亞歷山大的老師，影響亞歷山大至深。

他不僅在哲學上有成就，邏輯學、政治學、修辭學、動物學、倫理學等他都著有百科專書。他認爲科學是一般性的哲學，強調歸納法的重要，從自然配合科學找尋一套規則，這套自然法則也幫助他清楚植物。他和弟子被稱爲「逍遙學派」（Peripatetice）。

亞里斯多德屬於民主派，他希望國家能兼顧貧和富，以一種中庸方式來實現民主。

亞里斯多德對老師極其敬重，但也有自己一套想法，絕不盲從。

他一生執著於眞理，六十二歲因病隱居於優卑亞島（Euboea）的哈爾基斯（Chalcis），六十三歲病故。他的著作豐富，直到西元前一世紀時，羅德島（Rhodes）的安特勞尼嘉斯（Andronicus，又譯安德洛尼庫斯）整理其著作，才使之流傳於世。

(四) 演說文化的產生

西元前四世紀，伊索克拉底及柏拉圖二位大師開啟了演說之始，自此之後，希臘語言學突飛猛進，並結合文學、哲學、各種學科融合一體，產生希臘著名的演說文化。

五、古典希臘藝術的歷史特徵

希臘文化繼承腓尼基文化的精髓，融入古希臘宗教崇拜，不論建築或雕刻、宗教的信念仍深烙其中。西元前五世紀時，雅典成為希臘的藝術中心，建築的成就主要是神廟。銅匠也是藝術活動的重要一角，尤以阿哥斯的波里克萊特（Polyclete）為代表。藝術之所以勃興，領導者有很大的影響。雅典經濟的繁榮，伯里克里斯帶領集體創作，使古典希臘文化大放異彩。

(一) 建築

希臘大都為大型建築，神廟的主體通常為長方體，以圓柱廊支撐。圓柱有三種形式：

1. 愛奧尼亞式

柱身較細，柱頭有優美的渦卷裝飾，柱底有圓形柱成為奠基，有輕盈、華麗之感。大希臘義大利南部的埃雷〔Elée，又譯韋利亞（Vellia）〕神廟或愛琴海諸島皆可見此類型。

2. 多利安式

有莊嚴、厚重之感，較為樸素，與愛奧尼亞式不同，柱身粗壯、有

希臘多利安式建築　　　　　　　愛奧尼亞式建築

深刻的溝紋，柱頭爲圓形，沒有墊腳石。常見於西西里亞島，帕德嫩神廟爲著名典型。

　　因爲希臘建築或藝術著重線條而非顏色，藝術家特別喜愛建神廟，再加上僭主的喜愛，使每一地區發展出不同且各具代表性的風格。

　　上述建築風格傳播至各地，如亞洲地區喜歡愛奧尼亞式，而雅典衛城的厄瑞克忒翁神殿（Erechtheion）及雅典娜尼凱神殿（Athena Nike）也是尊崇者之一。多利安式建築則在伯羅奔尼撒半島及西方世界被推崇，希臘本土的衛城山門（Propylees）爲代表作。

3.科林斯式

(二) 雕刻

　　雕刻方面，以多利安式建築配合雕刻形式，雕刻家波利克萊特（Polyclete）及米隆（Myron）等人呈現出動態及完美。

　　希臘雕刻的發展起初並不自然，姿態生硬不活潑，在逐漸改進後，線條逐漸明顯，西元前五世紀時發展至顛峰。菲迪亞斯（Phidias，西元前500年至西元前432年）於伯里克里斯時期深獲信任，負責雅典娜神殿的雕刻工程，其雕刻皆唯妙唯肖，不但將雅典娜由父親額頭跳出的情景表現得栩栩如生，各面情景雕刻之作皆爲連載故事。除希臘神話之外，更呈現出寫實社會，描繪遊行人民、男人、女人、祭司、法官等神情。著名的「擲鐵餅的人」（Discobolos-discus thrower）則爲米隆所

作，他本身也是奧林匹亞運動選手，難怪作品如此出色動人。波利克萊特著名之作品為「執長矛的人」，將雕像的精確比例完美呈現，他著有《雕刻規律》（*The Canon*），使雕刻技巧作為精進或改進的參考。

巨型雕刻方面，西元前五世紀以米隆、波利克萊特、巴奧尼奧斯（Paeonios）及菲迪亞斯（Phidias）等作品表現古典希臘的精神，造型優雅逼真。

西元前四世紀時，傑出的雕刻家有斯科帕斯（Skopas）、畢里亞布賴克斯（Bryaxias）、利奧卡雷斯（Leochares）及提莫塞烏斯（Timotheos），引導出一種新風格，勝過阿提加的雕塑家，他們共同為波斯總督普拉克西特列斯（Praxiteles）進行巨大陵寢的雕飾工程。此時，里西普斯（Lysippus）也應亞歷山大之邀而擔任宮廷雕塑大師。

(三) 繪畫

繪畫方面，西元前五世紀的著名大師有巴赫西斯（Parrhasius）、波利諾塔斯（Polygnotus）。西元前四世紀時則是利西普斯（Lysippus）受到亞歷山大信任，畫風較西元前五世紀的更純熟，深度適中，內容及景物更顯逼真，據說，生動的創作竟使得小鳥俯衝下來啄食。

(四) 陶器

陶瓷也是希臘藝術傲人的成就，雅典的精緻手工品已銷往黑海岸和地中海。西元前六世紀，阿提加的陶器瓶畫遠勝許多工藝品，西元前530年人物瓶畫由黑轉為赤色。西元前四世紀，陶器已有黑、紅二色，其上的人物像也有各種變化，精彩豐富。

第十九章
亞歷山大及其帝國

　　亞歷山大（Alexander III the Great，西元前336年至西元前323年）十八歲時登基，他承襲祖先戴奧尼索斯（Dionysos）和海克力斯（Heraklès）偉大的血統，其父菲利的英勇果敢、其母奧林匹亞絲（Olympias）的激進野心。他熟悉軍事組織，以超群智慧及大膽而富想像的創造力，一種「阿波羅式」熱情幻想，創造令人意想不到的大格局。

　　亞歷山大十三歲受教於著名希臘哲學家亞里斯多德，因聰慧敏捷，又蒙良師啟發，充滿年輕的活力。他文武雙全，不但要求周遭充滿文化氣息，並要求每位官員或軍民都得秉持英勇之氣。他不但是創業者，同時也是文化的啟發者。

　　其父菲利於進攻波斯時遇害，亞歷山大繼承父志。初登基時，國內情勢尚未穩定，威脅王室的叛亂四起，希臘各邦紛求獨立，胸懷大志的亞歷山大先鞏固王位，再出兵底比斯敉平叛變，並準備前進小亞細亞。他繼承其父「科林斯同盟盟主」的地位後，開始一連串的遠征。

一、亞歷山大的征服

　　西元前334年，國內情勢安定之後，亞歷山大率三萬五千士兵和騎兵渡過達達尼爾海峽（Hellespont），入侵亞洲，於國內留下一萬二千名士兵和五千名騎兵穩定秩序。他計畫三年內取得波斯和小亞細亞、埃及之港口，沒想到遭遇波斯省長抵抗，因他的勇氣而獲得大捷，於小亞細亞的格尼拉庫斯（Granique）河畔打敗波斯，再拿下米利都、呂西亞（Licia）、龐菲利亞（Pamphlia，又譯潘菲利亞）等地，他巧妙運用

外交手腕，使許多小城邦不戰而降。在征服沿海地區的過程中，亞歷山大有絕對的自信，且軍隊的作戰能力極強，他們大部分是馬其頓人，騎兵來自各階層的貴族，三萬名士兵則大部分為農民，使用的武器是五尺半長矛，許多軍官身經百戰，曾為菲利二世服務，現今擔任指揮和控制軍隊，隨亞歷山大遠征。

　　波斯人輕估馬其頓軍隊，敗筆是將騎兵集中於格尼拉庫河，由於地勢關係，波斯軍隊大多被河水沖離，以致失敗。

　　而亞歷山大將征服的領土保留原來的治理方式，其他城邦因亞歷山大實施民主政治，使他們脫離波斯的暴政，這些被征服的城邦也為亞歷山大遠征提供補給。

　　西元前333年春夏，雖然波斯將領門農（Memnon）占領萊斯博斯島（Lesbos，又譯列斯沃斯島）及希俄斯島（Chios），但他於夏天去世，對波斯產生一大致命傷。西元前333年秋天，波斯的大流士三世（Darius III，西元前336年至西元前330年）與亞歷山大在西里西亞峽谷附近的伊蘇斯平原（Plain of Issus）短兵相接，對陣中大流士眼見快要敗亡，為了不落入敵手而選擇「逃離戰場」，拋下大批武器、座車及財物，甚至其母西希岡比斯（Sisygambis）、妻子斯塔泰拉（Stateira）及二女一子，但亞歷山大仍以禮對待其家眷。大流士寫信求和，願讓出三分之一國土（幼發拉底河河西之地），遭亞歷山大拒絕，因為他欲征服「整個波斯」。他接著向腓尼基進軍，以七個月時間攻占難以攻下的提爾（Tyre），再進攻埃及。埃及人非常歡迎亞歷山大，他的軍隊在此度過整個冬天，並在尼羅河三角洲附近建立名城亞歷山卓（Alexandrie），受到如法老般的對待，亞歷山卓深受希臘化文化影響，日後且成為埃及首都。亞歷山大接受法老守護神阿蒙（Amon）的神諭，從此更相信自己具有神聖血統，可建立世界性的大帝國，他也一路獲致神靈認可，庇佑他遠征的勝利。

　　大流士戰敗後，欲集結軍隊再戰，雖然軍隊龐大，但戰略錯誤，西

元前331年波斯軍隊再度戰敗並逃跑，留下大批金銀珠寶。戰後亞歷山大迅速征服巴比倫及蘇薩，由於蘇薩主動投降並出迎，使總督阿布利泰斯（Abulites）繼續保有原職。蘇薩擁有各邦總督的財富及金庫，亞歷山大等於擁有巨大的財富。

　　西元330年，亞歷山大進入波斯波利斯（Persepolis），並獲得歸順。由於波斯堡輝煌、豪華，各種宮殿、金庫充斥，使亞歷山大的財富增加，但他卻縱容士兵掠奪、焚毀。亞歷山大何以焚毀此城眾說紛紜，據傳因其酒後失言，或者因情婦慫恿，也可能意圖報復。

㈠ 對東方省份的征服

　　西元前330年大流士再度逃亡，各省背叛，將他拘禁，部下貝蘇斯（Bessu）殺了他自立為帝。亞歷山大尋找到大流士屍首交還波斯人，予以厚葬，再追趕貝蘇斯。西元前329年，貝蘇斯被擒，於巴克特里亞（Bactriane）受刑。亞歷山大再度展開征服之路，他征服掃粟特（Sodians）的首府撒馬爾罕（Samarcande），娶省長之女羅克珊娜（Roxana），將中國人所稱的大月氏人驅趕至今天蘇俄中亞的錫爾河（Sil Darya）附近，再建一座亞歷山大城（Alexandria Eschate）及八大堡，更穿越德朗吉亞那行省（Drangiane）及阿拉霍西亞（Arachosie）行省，在阿富汗建立坎達哈（Kamdahar），再占領巴克特里亞（la Bactriane）、粟特（Sogdiane）。所到之處皆受到歡迎及臣服，然後再下塔吉克斯坦的都城苦盞（Khodjend）、烏茲別克撒瑪爾罕（Samarcande）等城市。

㈡ 進軍印度及撤退

　　因犍陀羅（Gandhara）的塔克西拉（Taxila）城主之請，且自願臣服於亞歷山大，於是他往巴基斯坦傑赫勒姆河（Jhelum）推進，擊敗旁遮普（Pendjab）波魯斯（Porus）王所率領的大象群，他繼續進軍恆河

（Gange），到達今天印度的北角。

　　但此時，由於士兵已疲於征戰，且一意歸鄉，亞歷大經過考慮之後，決定返回。回程時路途艱難，在阿拉霍西亞山區（Araohoue）至波斯灣途中遭到馬里（Malli，靠近錫金）部族反抗，沿著熱特奧茲（Gédrosie）終於回到蘇薩（西元前324年）。結束遠征之後不久，亞歷山大便因熱病死於西元前323年，死時只有三十三歲。最後由愛將托勒密將其遺體放入金棺厚葬，現今因戰亂遷移後，遺體則不為人知。

二、亞歷山大的君主統治及其功績

　　馬其頓人、希臘人，以及亞洲人對於亞歷山大的評價皆不同。對馬其頓人而言，亞歷山大的野心、企圖征服世界，是一種馬其頓王國的榮耀，他不僅是國王、首領，更是一位以身作則、身先士卒的戰士，當他出征，臣民皆能服從，他們知道，征服世界對亞歷山大而言，戰爭是實現他偉大夢想的手段而不是目標；對希臘人來說，亞歷山大身為科林斯同盟的盟主，科林斯同盟也因亞歷山大的統一，使各城結盟；亞洲人則認為，亞歷山大視他們為自己的子民，他的作為不僅為了實現野心，而是想使歐洲和亞洲重歸於好，亞歷山大不僅保留當地原有體制，且建立今日阿富汗最大的赫拉特（Herat）及坎大哈兩大城市；他並在埃及建亞歷山大城，人們深信他是大流士的繼承人。其實他的建設比摧毀還多，他企圖建立一個真正的大帝國，財富對他而言，遠不及榮譽及功名重要。他的行為和暴君有很大差異，雖然各方對他評價不一，呈現兩極化，但無損於他傳播希臘文化的貢獻。

　　當他以馬其頓少數民族統治多數民族時，明智地採取「種族融合」的方法。他不但使被征服當地行政官員及士兵能保有其位，令其祥和歸順，並造就種族大混血。尤其在長征過程中，因婚姻的融合（上至亞歷山大，下至士兵），至少有一萬多名新生兒誕生，長征的隊伍人數又增

鉅。以亞歷山大爲例，他有三位波斯妻子，其一是大流士之女斯塔提拉（Statira），一位爲波斯貴族省長之女羅克珊娜（Roxana），一位即阿爾塔薛西斯三世之女貝莎提絲（Baiysatis）。他不但在種族上融合，軍事上又令三萬多名波斯士兵接受馬其頓教育。他的作爲已邁向世界性的君主制，尤其此種希臘文化快速且廣泛散播，深深影響其後羅馬帝國時期奧古斯都的羅馬化政策。

亞歷山大使希臘世界和東方快速結合，並借鑑而生輝，使得「希臘化」（Hellenistic）新文化孕育而生。亞歷山大並非刻意經營，而是順水推舟地傳播，造就出這樣的結果。他的聰明智慧因文化融合而更加顯明，但是「未意料」的不只是征服世界，更是開創一個新的文化格局。

亞歷山大並沒有亞里斯多德「不把被征服者當人看」想法，他只是一心一意地完成夢想，他毅力非凡，卻也遭致不少反對及困難，他曾和其親屬菲羅塔斯（Philotas）發生衝突，有時得處理軍中不滿士兵的抗爭及侍從叛變，他由這些經驗學習治軍之道。

三、亞歷山大帝國解體及希臘化王國產生

亞歷山大逝世後，並未留下遺言安排繼承者，有人推舉亞歷山大之兄菲利三世（Philip III，Arrhidaeus），此人頭腦簡單；另有人推舉其妻之遺腹子亞歷山大四世（Alexander IV，Aegus），無法定論的情形下，只好立二位同爲國王，由安提帕特（Antipater）執政。但安提帕特逝世後，羅莎娜迅速帶領其子逃至伊庇魯斯（Épire），但後來被新的攝政者波利伯孔（Polyperchon）請回佩拉（Pella）。但是安提帕特之子卡山德（Cassander）叛變，新攝政王遭到部下暗殺，加桑德爾奪取政權，殺死亞歷山大之母奧林匹亞斯、羅克珊娜以及亞歷山大四世。

此時亞歷山大的部將蠢蠢欲動，首先瓜分各省自立爲王的是安提哥那（Antigonus Monophthalmos，西元前307年至西元前283年），他占

據了弗里吉亞，利西馬其亞（Lysimacheia）與色雷斯（Thrace）；其次為密托勒占據埃及；西元前312年塞流卡斯（Seleucus I，西元前305年至西元前280年）也占據巴比倫，亞歷山大建立的帝國從此被瓜分。

西元前315年托勒密曾和利西馬科斯（Lysimaque），馬其頓卡山德聯合進攻安提哥那，但直到西元前301年伊普蘇斯之役（Battle of Ipsus）才戰勝安提哥那。安提哥那是馬其頓帝國二十年歷史中占有重要地位的獨眼將軍，他與其能幹的兒子德米特里一世（Demetrius I）都極具軍事才能，曾戰勝托勒密的塞普勒斯（Chypre）及薩拉密（Salomine），但終究無法達到「統一」的野心，八十歲時被托勒密與馬里古聯軍所敗，於弗里吉亞的伊普索自殺。

托勒密自此之後不再參與作戰，他所占領的巴勒斯坦、敘利亞，托勒密王朝卻傳了十三代，直到豔后克列奧巴特拉七世（Cleopatra VII）才告終，她是凱撒和安東尼的情婦，一位謎樣的傳奇人物。

四、穩定期

動盪的政局雖然告一段落，但東方各省被印度人旃陀羅笈多。孔雀（月護王）（Chandragupta）及巴克特利亞（Bactria，即大夏）所據，西元前302年至西元前250年間曾為塞琉卡斯王朝所統治——塞琉卡斯於西元前281年呂底亞（Lydia）的高魯派迪昂（Corupedion）一役中殺死利西馬科斯，併吞小亞細亞。西方疆土由伊朗至黑海，也遭受一連串政治風波和不穩定。

塞琉卡斯兒子安條克一世（Antiochos I）在亞洲建立塞琉卡斯（Séleucides，又譯塞琉古）王朝，不再對西方和世界統一有任何幻想，專心一意地管理著遠東至亞洲及地中海之間區域。

希臘及馬其頓地區，由於托勒密·克勞諾斯（Ptolémée Kéraunos）的惡行，西元前279年遭到塞爾特人入侵，使德米特里（Demetrios）

之子安提哥那二世
（Antigone Gonatas）
喘了一口氣，繼續保有
他的王國。同年，他戰
勝塞爾特人，穩定安提
阿（Antigonides，又譯
安條克或安提哥那）王
朝。

　　亞歷山大帝國這
三個部分的命運各不
相同，西元前168年羅
馬摧毀馬其頓帝國；
西元前64年，龐培
（Pompée）滅塞琉卡
斯（Sélecides，或譯
塞琉古）王朝；托勒
密（Ptolémées）王朝
則被屋大維所滅（西
元前30年），此時
全部納入羅馬帝國版
圖。

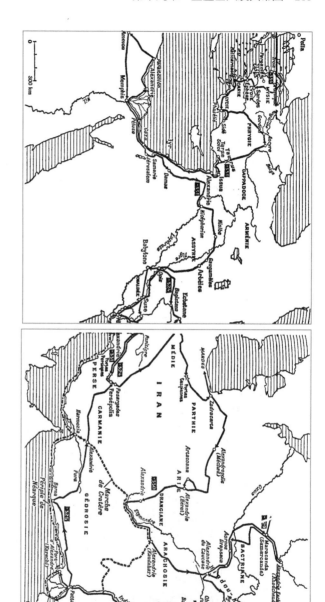

亞歷山大向外征服的路線

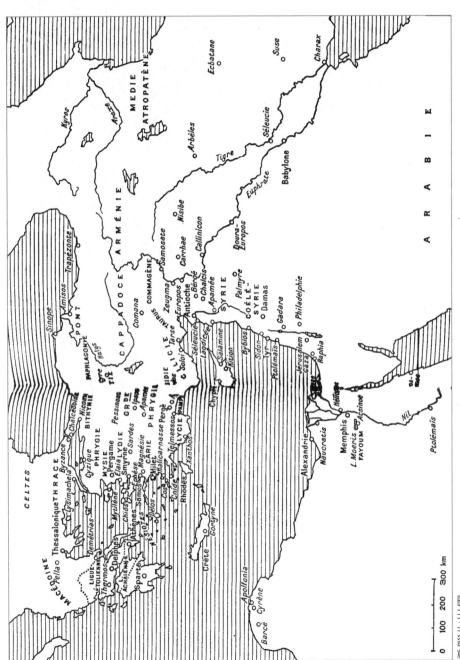

希臘化世界

第二十章

羅馬的誕生

　　義大利是一長靴型半島，三面臨海——第勒尼安海（Tyrrhenian Sea）、亞得里亞海（Adriatic Sea）及愛奧尼亞海（Ionian Sea），能自由地與外界聯繫，在地理環境上具有先天的優勢，很早就與西西里島的阿西安人有所聯繫，並接觸克里特人，具有古老的文化基礎。

　　義大利半島分二個部分，一爲大陸義大利，另一爲半島義大利。大陸義大利爲一廣大的「波河平原」（Po），其範圍北從阿爾卑斯山（Alps Mts.），南至亞平寧山脈（Apennines. Mts.）。由於大陸義大利有良好的氣候環境及灌溉系統，又有許多支流經過，發展出農業，是潛力深厚的地區。

　　半島義大利，南北深長，東西極窄，與大陸義大利明顯對比，全境則被亞平寧山脈（Apennines Mts.）貫穿其中——從北部亞得里亞海（The Adriatic）至東海岸皆是山脈，雖然如此但全境至少有四分之一平地可供發展農業，農地甚至比希臘地區廣大，因此有一定的農業基礎。在上古時期，狹義的義大利是指半島義大利，島國地形，又有亞平寧山脈的岩石貫縱背脊，將此地分割成數個區域，較不易集中發展經濟，缺少良港，不便貿易，都是義大利落後希臘的原因。

一、早期義大利的居民

　　考古遺址發現，遠在舊石器時代，義大利半島已出現人類活動的遺跡，他們使用石製物品、工具。新石器時代，他們已過著畜牧和漁獵生活。

　　西元前三千多年前即已務農爲生，西元前二千多年，印歐語系民族在波河平原定居。他們由北方進入阿爾卑斯山。於土丘建築房屋避

敵（最早建於水邊的木樁上）。西元前1700年他們不但實行農耕，也飼養牲畜，使用自然資源，以羊毛或亞麻織衣。此時，儼然已是農村社會，擅製陶器，大部分以黑灰陶土爲主，青銅器也已出現。

　　青銅器時代之後，緊接鐵器時代，此時一批新的民族── 維拉諾維安人（Villanviens）入侵，西元前一千多年時驅逐義大利原住民，在此定居。他們使用鐵器，文化特色是將死者火化後放入半圓形骨灰甕，發展出「維拉諾維安文化」（The Villanovan Culture），曾向南開拓疆土，建立一個小王國，但與希臘人或後來入侵的伊特拉斯坎人相比，他們的文化顯然甚爲落後。

　　此時，許多民族都和維拉諾維安人有接觸，但大部分爲印歐語系民族，有來自亞得里亞海以北的威尼斯人及卡莫尼卡（Camonica）山谷民族，也有來自伊里利亞的邁薩皮安人（Messapiens）及比西尼安人（Picéniens）、亞皮吉（Iapyges），與來自阿爾卑斯山的少數民族，皆泛稱爲「古義大利民族」。

二、伊特拉斯坎人及希臘人

　　西元前八世紀，義大利的歷史進入伊特拉斯坎（Etruscans）時期，希臘也正好在義大利建立殖民地，殖民地在上古時期更顯燦爛。伊特拉斯坎人來自臺伯河、亞諾河與第勒尼安海之間，他們和維拉諾維安人的起源有地點上的連續性，因此有一說法指伊特拉斯坎人是來自於小亞細亞的呂底亞人。他們經海路至托斯卡納海岸，便定居於此。學者們發現，其語言或文字與北愛琴利姆諾斯島（Lemnos）近似，雖較模糊，卻可看出是照希臘原始字母書寫而成，但至今仍無法解釋其文字法則，因其語言結構和希臘語仍不盡相同。

　　伊特拉斯坎人大多身材壯碩，個子不高，眉濃，鼻彎；女性則美豔。他們作戰能力較強，作戰武器較佳，軍事技術甚爲優越。因此，西元前六世紀在國王及貴族引導下迅速擴展廣大勢力。伊特拉斯坎人不但

擅於以手工製作器具，對經濟也有一套，更發展出灌溉和排水設施。在建築技術上，擅於開採礦石，在住屋周圍建巨石，商業貿易繁榮，製陶業興盛。

西元前六世紀，王國勢力達到鼎盛時期，範圍北至波河平原，南迄波倫那地區〔伊特拉斯坎弗勒西那（Felsina）到波河入口〕，並占據中部拉丁姆平原（Latium）。

西元前六世紀，伊特拉斯坎人由盛轉衰，他們結合迦太基的力量對抗希臘，形成三國鼎

伊特拉斯坎人時期的義大利地形圖

立局面，但此時伊特拉斯坎人內部分裂，並因民族主義興起，漸漸地趨向沒落，各邦各自為政，漠視敵方和友邦作戰。西元前五世紀，由於羅馬人和拉丁人力爭獨立，羅馬人和伊特拉斯坎人激烈決戰，羅馬獲勝，最後羅馬併吞各城邦，伊特拉斯坎人失去統治地位。但不可否認地，伊特拉斯坎文化經過希臘文化薰陶，深深地被希臘化，為羅馬文化帶來巨大影響。

三、伊特拉斯坎文明

考古學家自十九世紀以來於卡埃瑞（Caerè）、西丘（Chiusi）、塔爾奎尼亞（Tarquinie）、維伊（Véies）地區陸續挖掘出西元前五世紀和西元前四世紀的遺址，弗勒西那（Felsina）設於國外的商行，如沃爾西尼（Volsinies）及斯比那（Spina）皆出現世人面前。

由於伊特拉斯坎文化特殊，他結合東方文化的特色深深地影響義大利原住民——維諾維安人文化，使維諾維安人接受希臘幾何藝術，融合東方及伊特拉斯坎文化。

在文化表現上，對羅馬影響最深。由於最早接觸東方文化，此時

文化特徵具有強烈的東方色彩，又包容希臘愛奧尼亞和阿提加文化。手工藝術製作精巧，金飾極細膩；裝飾花樣繁多，繪圖精美，陶器已致純熟，以黑色陶瓷器皿為主。

　　伊特拉斯坎人的宗教信仰和埃及有幾分神似——恐懼死後世界以及未來，常藉占卜得知吉凶。特別重視「神的旨意」，崇拜希臘神祇，並將其莫名融入自身文化之中。由於東方宗教影響，使伊特拉斯坎人內心充滿恐怖或神祕，重視死後世界，他們深信，死後靈魂進入陰森的地獄，受凶惡魔鬼捉弄，須請「角鬥士」（Gladium-Gladiatores）打鬥以撫慰亡靈，這觀念主要是受巴比倫人影響。

　　初期精神生活樂觀且活潑，經常舉辦大型宴會活動或舞會，但後期轉為悲觀主義及憂鬱，成為內部分裂的原因之一。

　　希臘幾何藝術的傳播，使雕刻融入靈活的精神，以石棺為代表。因宗教或對神靈的崇敬，在石棺上常有燒土製成的圓雕肖像，其背景取自日常生活，例如一對用肘支撐的死者夫婦像，參加一場宴會，顯得唯妙唯肖。雕像人物臉部色澤晶瑩潔白，使用單線條更具特色，而且，很多的青銅鏡子都呈現了希臘神話的場景。

　　繪畫以壁畫最引人注目，在發掘的考古遺址中，可見大量美麗壁畫，目前分藏於波倫那（Bologne）博物館、朱莉亞（Villa-Giulia）博物館、佛羅倫斯（Florence）等博物館。

　　此外，伊特拉斯坎人也精於建築，在住宅周圍常大量使用巨石，注重城市方位，更將有墩的座牆之三角楣上建立起高聳雕像之神廟。當時，類似地下水道已被建造，帶給人們生活上之便捷，這種種開發及創新深深地影響羅馬文化，間接傳播古希臘文化，使中部和北部義大利，順利地和希臘地區產生直接的聯繫。

　　西元前六世紀，因伊特拉斯坎人勢力迅速擴大，在國王帶領下進入拉丁地區。但拉丁人拒絕外族統治，便群起抗爭，共同抵禦伊特拉斯坎人，西元前509年，拉丁人恢復獨立，羅馬人也趕走國王塔克文

（Tarquin）。最後，伊特拉斯坎人在西元前三世紀和羅馬人融合，也被同化，開啓羅馬統治整個義大利二百四十五年的光輝時期。

四、羅馬的起源

羅馬城建立的年代至今未有最明確定論，據瓦羅（Marcus Terentius Varro，西元前116年至西元前27年）推算，大約建立於西元前753年，且在巴拉丁諾山丘（Palatin）中所挖掘的考古遺址中發現古代墳墓，證明所推算的年代相去不遠，

羅馬傳說的故事——狼與雙胞胎兄弟

爲了印證這個時期，恰有一羅馬傳說配合這美麗的野史。

羅馬人的祖先要追溯至特洛伊遺民，一對雙胞胎兄弟被丟入臺伯河，因母狼育乳飼養而存活，最後牧羊人拾回撫養。及長，兄弟雖報其仇，但卻爲了在何處建城而互不相讓起爭執，最後以占卜來決定。以山頂上老鷹盤踞數目的多寡而定，結果由長兄獲勝，建立羅馬城。至今羅馬市徽還是以此神話故事象徵羅馬建城。

考古資料發現，西元前一千年前於拉丁姆（Latium）地區有一廣大沖積平原，因土地肥沃，使義大利一支部落——拉丁民族定居於巴拉丁諾山丘。

由於和另外二支民族——拉丁人和薩賓人〔來自卡皮托利（le

Capitole）山〕相鄰，逐漸結合而成「拉丁同盟」，並以蒙特卡沃（le montecavo）上的朱庇特（Iuppiter）神廟作爲宗教中心，後來也聯合其他部落，形成龐大勢力。

五、王政時期

這個龐大的勢力發展至建立共和期間，被稱爲「王政時代」。西元前八世紀，七個部落分別建立於三座小山崗上——分別爲巴拉提努斯山（Mons Palatinus/Palatine hill）、愛斯奎利努斯山（Mons Aesquilinus/Esquline hill）、卡埃利亞山（Mons Caelian hill）。王政時代前三位國王爲努瑪龐比流斯（Numa Pompilius）、塞爾維烏斯・圖里烏斯（Servius Tullius）、安古斯・馬奇路斯（Ancus Marcius），持續至少有二百四十五年。

王政時期的國王對羅馬有許多貢獻，他們建築王宮、成立宗教中心、重組政治機構，對外推行貿易及擴張領土政策，對公共事務也不遺餘力——鋪設當時著名的馬克西姆下水道（Cloaca Maxima），改善環境。同時，修築「塞爾維亞城牆」（Mura Serviane/Servian wall）。

羅馬早期社會中，各部落相互尊重，地位平等。每一個村落有其共同始祖，族長被稱爲父祖，村民必須堅守整個部族共同的農地、田產。他們也共享一個墓園及共同的宗教，由三百個族老們（父祖們）組織一個羅馬元老院（Senex/Senatus），共同管理國家事務並議決政策。此種體制使貴族階層（gentes）無法太早出現，使羅馬領導者擁有長期的優勢，於宗教上、政治上享有許多的傳統維護者。

人民參與政治事務，全體的成年男子組成人民大會，可通過或否決法律，擁有選舉領袖及官員的權利。領袖依賴人民大會的力量，他們主掌案件審判及任命軍事首長、管理宗教等。

王政時代，因爲受到希臘人和伊特拉斯坎人的潛移默化，社會各方

面進步神速。人們普遍使用鐵器，充分提高經濟效能，也間接促使農業興起。

　　商業受到農業興盛引發的連環動力，使羅馬越趨繁榮。但人民大會往往支持有產階級利益，只針對某種產業開發，產生不平衡的商業危機。最終，因貴族投資產業財大勢大，操控政治，使得貴族（patricians）和平民（plebians）不論在各方面，差距越來越大。

六、共和初期

　　王政時代結束至西元前三世紀初，此時爲共和時代初期。西元前509年，由於伊特拉斯坎人衰落，羅馬貴族階層的布魯圖斯（Brutus）成爲領導驅逐伊特拉斯坎人最後的國王。

　　西元前507年，羅馬政治制度發生重大變革，國家控制權已完全落入貴族手中，王權也被選舉出的二位執政官（Consulls，任期一年）替代。貴族和人民之間因權力的不平衡，種下兩者的爭鬥。

　　歷代以來，羅馬的氏族制度一直遵守著氏族部落間的共同使用原則，但貴族在氏族制瓦解時，藉特權占領許多土地，平民因此失去每人皆可分得土地的傳統權利，只好附著於貴族的土地上，但往往在繳不出貸款及徵稅，只能將妻兒或自身賣爲奴隸抵債。貴族掌握元老院實權（執政官又爲貴族選出），最後他們也控制人民大會，終於造成平民和貴族之間的爭鬥。

　　西元前494年，羅馬和鄰近的沃爾西人（Volsci）交戰，平民因受貴族苛待並要求廢除苛法不成，所有平民拒服兵役，除非獨裁者瓦萊里烏斯（Valerius, the Dictator）允諾取消苛法。但掌握實權的元老院不批准，人民深感被欺之餘，憤而集體離開羅馬聖山，並決定另建新城，貴族恐懼人民的背離會有不堪後果，決定應允，並答應平民可選出二位「護民官」（Tribuni plebes，之後陸續選出多至十位）後，平民欣然

回到羅馬共同抵禦敵人。這是平民爭權所獲得第一個勝利，從此之後，走向平等權利。

西元前462年，平民護民官特蘭蒂斯‧阿爾沙（Terantilius Arsa）提議，羅馬可藉成文法典保障人民，但遭到貴族反對，他們敷衍地成立一個由十人組成的委員會負責，並制定十表條文於十塊銅牌上，委員會成員皆為貴族，所制定的法律當然不為人民所信服，便要求重新編製二表。西元前450年，「十二銅表法」（XII Tabulae/Twelve Tables）被懸掛於鬧區（Form），十人委員會也改成貴族五人、平民五人，此時部分權利已達平等，但事實上十二銅表法並未使平民獲得多少利益，它只是將習慣法條列出並稍作整理，還未完全達到同情平民。

其後，因十人執政官期限屆滿而不退，並實行獨裁而遭致民怨，羅馬全體平民第二次離開羅馬至聖山，要求罷免十人委員會，並去除害群之馬阿皮烏斯‧克勞狄（Appius Claudius），獲准之後，平民獲得可與貴族通婚的法律保障。

西元前396年，平民遭受征戰迫害或債務無法負荷，卻因貴族毫無仁心，使平民更加痛苦。

西元前376年護民官李錫尼為人民請命，突破對平民的待遇，他提出多條善待公民的法律，但歷經十年，遲遲才獲得回應。羅馬人民第三次離開羅馬，獨裁者只好改變態度，完全接受羅馬平民和貴族之間的平等。西元前366年建立「和睦神廟」，以紀念階級獲得平等。

西元前366年，平民終於能夠如願地選出自己的執政護民官，即十年前替羅馬人民請命的李錫尼。

西元前287年前，戰勝薩莫奈人（Samnites）後，為防止平民第四次出走，重新訂立新法，平民在會議中的決議皆有效，決議平民的權力於元老院之上，從此羅馬真正邁入平等。此時，羅馬成為整個義大利的主人，依舊實行寡頭政治，但已真正結合新的領導階層，即平民和貴族共同合作的新政治體系。

西地中海地區和伊特拉斯坎時期的義大利

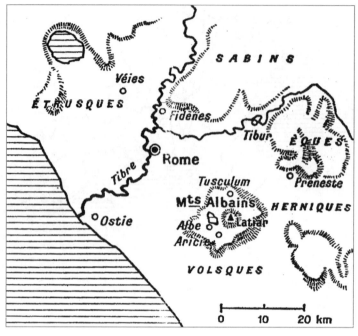

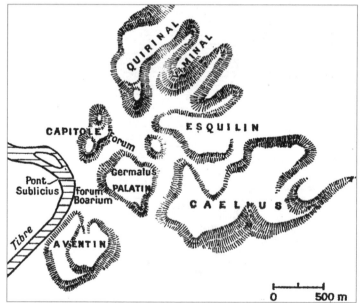

拉丁姆平原

西元前三世紀的義大利

第二十一章
羅馬的對外擴張

一、征服義大利

羅馬在不斷地努力下獲得勝利，最初的羅馬軍隊由拉丁姆地區中強壯的農民組成，不過，因元老院的軍事政策得宜，以及將領的軍事長才，使羅馬能團結地一致向外。

羅馬軍隊以「方陣」（Phalanx）爲基礎，由八十個士兵組成「百人團」，傳統方陣有三千名，士兵的武器爲一盾、一矛和盔甲，征戰取得的戰利品使武器配備增加。士兵增爲六千人之後，分爲六十個百人團，每二個百人團再組成「小隊」，後來二百人的小隊又改爲四百人。

西元前508年，拉丁各邦趁老塔克文（Tarquinius）被逐，內部混亂之際紛紛獨立，聯合伊特拉斯坎國王拉斯‧波希納（Lars Porsena）攻擊羅馬。羅馬起初戰敗，但於西元前496年拉丁之役（The 1st. Latin War）獲勝。

雖然來自北方的伊特拉斯坎人一直對羅馬造成威脅——爭奪臺伯河主控權。但對伊特拉斯坎人的莫大威脅卻是高盧人——亦即塞爾特人（Call，Celtics-Celts），他們於西元前390年進入義大利北部，驅逐伊特拉斯坎人，對羅馬構成嚴重威脅。由於高盧人作戰技巧略勝羅馬，因而輕鬆地攻破羅馬，並於西元前378年達成協議，羅馬以一千鎊黃金交換自由，高盧人逐漸退出羅馬。

西元前340年至西元前338年，拉丁人、薩莫奈人聯合進攻羅馬，被羅馬輕鬆擊敗，結束「最後一次拉丁戰役」（The Last Latin War），羅馬於此時征服新城，使它成爲附庸，羅馬不但獲得大量殖民地、領

土，更成為拉丁同盟的領導者。西元前330年，羅馬已擁有六千平方多公里土地，再加上殖民地及八萬人口成為幅員廣大的國家。

西元前321年，羅馬軍隊遭遇挫敗，原本擅於平地作戰的他們，進入森提努姆（Sentinum）山的卡丁那（Caudine）分岔口（卡丁那峽谷中）時，被薩莫奈人（Samnite）包圍，經過艱難的戰鬥後，只好投降，但絕不接受屈辱的條約。西元前310年，薩莫奈人再度聯合伊特拉斯坎人向羅馬宣戰，但羅馬因豐富經驗，敗其聯軍，使薩莫奈人、高盧人、伊特拉斯坎人、翁布利亞人向羅馬言和。

西元前283年，所有義大利人及盧卡尼亞人（Lucanians）、薩賓人、高盧人等再度為獨立而戰，無奈已無法抵抗羅馬強大的軍隊，伊特拉斯坎人、義大利人戰敗而臣服，只剩薩莫奈軍隊孤力奮戰，但終究不敵。西元前290年，在臺伯河流域瓦迪莫湖（Vadimonis lake）戰敗，正式歸附羅馬，羅馬疆域擴至愛西斯河（Aesis River）、盧比孔河（Rubico River），往西更達西恩那（Siena）城，土地面積也較西元前330年擴展十三倍之多，不但達到八萬二千平方多公里，人口也上漲四倍，於是，繼西元前280年的埃及、迦太基、敘利亞之後，羅馬成為征服地中海世界的第四個國家。

西元前三世紀初，羅馬已成為義大利最具影響力的國家，但義大利南部的希臘殖民地一直維持獨立。西元前282年希臘城邦圖里等受到薩莫奈人、盧卡尼亞人侵擾，便向羅馬求援，羅馬正好趁勢進入塔倫特（Tarente）灣。塔倫特早已對羅馬的擴張感到不安，派艦隊攻擊羅馬而引起戰爭。當時塔倫特與迦太基聯合，並求助位於希臘的伊比魯斯國王皮瑞斯（Phrrhus of Epirus，西元前318年至西元前272年）。

皮瑞斯的政治手腕極靈活，他以僱傭軍隊長身分到坎帕尼亞（Canpanie）西西里島建立王國後，也想在義大利伸張勢力，因此塔倫特的求援使其順水推舟地率領二萬二千名步兵、三千名騎兵及二十頭大象進軍羅馬，使不曾見過大象的羅馬軍隊戰敗，折損士兵七千名。此

時，剛依附羅馬的城邦紛紛見風轉舵，投靠皮瑞斯，西元前279年，他於阿普利亞（Asculum in Apulia）再度戰勝羅馬。但皮瑞斯並未善用時機，導致羅馬和迦太基先訂立條約，迦太基占領西西里島的希臘大城敘拉古。敘拉古趁勢向皮瑞斯求救，他便於西元前278年進軍西西里，歷時三年才將迦太基人逐出。但由於他的專橫，使希臘人不再支持，羅馬也於此時占領半島南部眾多城市，準備全力對付皮瑞斯。

西元前275年，皮瑞斯和羅馬戰於貝內文托（Beneventum），皮瑞斯戰敗，只好匆忙回鄉。大希臘部分城邦及義大利城邦只好再與羅馬簽定條約，如塔倫特（西元前272年）、奧斯克人（Osques，西元前270年）。

但四年後，羅馬和迦太基發生衝突，第一次布匿戰爭爆發。

二、迦太基世界

迦太基位於今非洲北岸的突尼斯（Tunisi），是腓尼基人於西元前九世紀建立的殖民地。腓尼基人被波斯人、亞述人征服後，許多富商將此地作為他們的棲身之所。它富有肥沃土地及優越的天然港灣，貿易活動頻繁，使此地繁榮而富裕。

西元前六世紀，它成為希臘、埃及、不列顛、西班牙等地貨物商品集散地，包括了北非沿海、科西嘉、西班牙東南岸，西西里島西部等地，此時已是地中海最富裕國家。西元前五世紀至西元前三世紀之間，更為迦太基鼎盛時期。

迦太基人在農業上一點也不馬虎。原本之住民——利比亞人、柏柏爾人（Berbers）及努米底亞人（Numidia/Numidans）成為迦太基的農奴或奴隸，使迦太基人能專事於商業上的發展。由於大量運用科學技術，開發水渠引水灌溉，使得農產品中的葡萄、橄欖、無花果收成特別豐碩。

　　儘管他們已有優良的農業技巧，但最能展現迦太基特色為海上貿易及商業。迦太基人富有大膽冒險精神，曾航向布列塔尼，大西洋摩洛哥地區，也曾經航至利克蘇斯（Lixus）、毛里塔尼亞附近地區（la Mauretanie）、到達西非內陸尼日（Niger），大肆擴張商業路線。西元前525年，西非幾內亞（Guinèe）及喀麥隆（le Cameroun）等地區都可見迦太基人的蹤跡。

　　迦太基人實行貴族政治，主要機構有元老院、民眾會議及二位執政官。元老院大都由商人組成，實行專制體制，寡頭政治使人民心中不平衡，也埋下迦太基政局潛伏的危機。元老院由三百人組成，最主要的三十人——包括二位執政官可決定國家重要決策及制定法律；執政官員並無薪資，但名額大部分都被貴族占去——人民通常敵視元老院，如漢尼拔、哈米卡爾（les Hamilcar）、哈斯德魯巴（les Hasdrubal）、巴卡（Barcides）等家族，他們為遠離政治的不公，向外移民或建立殖民地擺脫這些人。

　　地中海上能與迦太基一較長短的有伊特拉斯坎人及希臘人。但聰明的迦太基人靈活運用外交能力，先聯合伊特拉斯坎人攻擊希臘人，將愛奧尼亞希臘人由科西嘉島逐出。但西元前474年，伊特拉斯坎人遭到敘拉古及希臘人聯軍的艦隊攻擊，迦太基人卻袖手旁觀，以致伊特拉斯坎海軍從此沒落。

　　追溯迦太基文明，源自提爾的埃什穆（Eshmoun）及邁勒卡爾神祇（Melqart）地區的腓尼基文化，該城有山丘作為天然屏障，地勢缺口也由巨石築圍牆彌補，鞏固境內用心之至。在迦太基城中，以哈蒙‧巴耳（Hammon Baal-Lord）神廟信仰最為顯著，西元前396年，農神狄密特（Déméter）及穀神科瑞（Corè）信仰也融入迦城。在迦太基考古遺跡中，留下許多雕像、石碑、銘文、同時還發現殘酷之「火嬰兒」（Children or Firstborn passing the fire）——由祭司勸迦太基人奉獻嬰兒給巴耳‧哈蒙（b'lhmn），當時，遭受這慘絕人寰的人祭（Sacrifice

of Human Being）之嬰兒至少有二百多位。迦太基人口在繁盛時期也曾
發展至七十多萬人。腓尼基文化同時也融合波斯時代的埃及文化，非洲
的利比亞文化及希臘文化、西西里島文化，形成一特殊的文化型態。

三、第一次布匿戰爭

西元前348年，羅馬與迦太基二國共同訂立通商條約，西元前279
年又因聯合反擊皮瑞斯（Pyrrnus）而立協約，兩國早已有密切往來。
但戰勝皮瑞斯之後，二國關係逐漸起變化，此時，敵人雖已不存在，但
迦太基過去所占領的撒丁尼亞島（Sardaigne）、西西里島西部、利帕
里（Lipari）島、科西嘉島等勢力擴張，使羅馬深受威脅。最終因墨西
拿海峽的歸屬，種下雙方戰爭開端。

導火線起於皮瑞斯戰爭時期，來自北義大利一批自稱「戰神之子」
的瑪末丁人（Mamertins），強占西西里島的墨西拿，並不時地侵擾希
臘城鎮。雖然皮瑞斯曾於西元前277年攻打墨西拿，但卻鎩羽而歸。
敘拉古國王希倫二世（Hiron II，西元前269年至西元前216年）進軍墨
西拿將成功之際，瑪末丁人分為二派，分別求援於迦太基及羅馬。羅
馬認為此乃發兵的大好機會，藉此享有墨西拿，便派執政克勞狄烏士
（Appius Claudius pulchercauday）前往協助，但卻為時已晚，迦太基
早已捷足先登。羅馬趁此先攻占對岸的里吉姆，並用計使迦太基退出墨
西拿。西元前264年，羅馬軍隊進入西西里島，第一次布匿戰爭因而爆
發（西元前264年至西元前241年）。

羅馬軍隊在戰勝迦太基後，使迦太基士兵大量死亡，隨後又占領敘
拉古，攻下西西里島西南沿海岸的阿格里真托。雖然迦太基擅於海戰，
羅馬只能退避，但西元前260年，羅馬因獲得進步的船艦，在迪流斯
（Duilius）指揮下，獲得海上勝利。卡圖魯斯（Lutatius Catulus）又於
西元前241年在埃加特斯群島（Aegates）獲得決定性勝利，迦太基則在

協約中失去西西里島。此外，還得支付羅馬巨額賠款。

　　西元前237年，迦太基發生嚴重內亂，僱傭軍及人民反抗，羅馬採中立態度。但二國重新訂立新約，迦太基不但割讓撒丁尼亞島、科西嘉島，還須額外賠款1200塔蘭特。迦太基在遭此恥辱之後，預備雪恥。

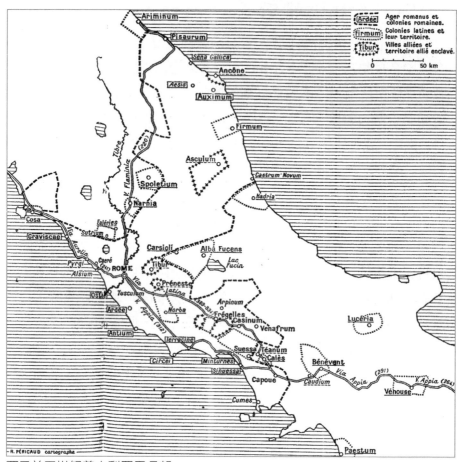

西元前三世紀義大利羅馬各邦

第二十二章
共和時期的羅馬文化

羅馬向義大利境外擴展疆土，使商業、手工業皆空前興盛。同時，境內土地取得及稅收更使羅馬的經濟發展有穩定作用，西元前三世紀上半期，羅馬雄踞地中海的前期，貿易隨之跟進，殖民地道路的修建，更使經濟發展錦上添花。

小麥生產與貿易出口，都刺激錢幣的發展。些時，羅馬已仿照希臘錢幣，加以改良，使用青銅錠作爲貨物交換的工具，將貨幣單位定爲「as」（阿司）。後因感到不便而再度發明「六分阿司」，其廣泛的運用使市場交易更活絡。西元前二世紀時，羅馬錢幣已不敷所需，改以「銀幣」作爲主要交易工具，此時「阿司」則被當作小零錢使用。

一、經濟和社會情況

商業經貿使一批新階級興起，他們可能依靠戰利品發財，有些因從事海外貿易而致富，他們成爲羅馬貴族階層的新貴，且凡爲商賈之家或擁有資財的金融家也都成爲新貴階層。這些新貴不乏來自羅馬以外地區，如伊特拉斯坎的沃呂姆尼家族（tes Volumnii）或奧居尼（Ogulnii）家族，薩賓人克勞狄（les Claudii）家族等則是本土貴族，這些新貴出現，反而是另一個特權獨霸的開始。

這些新興階層利用他們雄厚的資產，包攬政府委託經營的事業，羅馬商人的海上貿易或

羅馬商人的海上貿易

公共建設，他們被稱爲「騎士」階級（Ordo eguestn cavalry），同時承攬人民的稅收。

貧富懸殊無疑地越來越大，人民的窘境也加深。騎士階級自私奢侈，在揮霍財富之餘，還大規模地經營農地或開採礦山。因爲需要人力開發，羅馬因此增加大批奴隸。羅馬早期已有奴隸制度（Serritus-slavery），他們的人權則受到保護，但連年戰爭，使得海外戰敗國家人民，如迦太基人及希臘北部伊比魯斯人（Epirotes）皆成爲奴隸，他們毫無人權，只被視爲「會說話的物品」，且價格低得荒謬，奴隸的慘境不爲一般人所知，他們不但被賤賣，還須戴腳鐐，更沒有法律保障，過著非人生活。當時奴隸數目之多，至西元前二世紀之時，已達羅馬人口的二分之一。

因新貴大肆擴張土地，以大量奴隸替其勞作，便擴大農莊，占領公地成爲私人財產。許多操控奴隸的新貴階級同時也操縱農莊經濟，小農民無法與大農莊抗衡終至破產，他們有的以幫傭或做雇工爲生，但有些人則變成遊手好閒的無賴，寄生於羅馬政府的失業救助，羅馬的農莊經濟，一直不能獲得良好的平衡。

二、政治制度

西元前三世紀，羅馬政治還算平穩，元老院及各階級爭鬥已趨平息，尤以漢尼拔（Hannibal）戰爭後，更使得羅馬擁有數年的穩定政局。

羅馬有二種人可獲得公民資格，一爲羅馬人民且於合法婚姻中誕生；二爲獲得解放的奴隸，如主人於遺囑中釋放；奴隸獲得主人的註冊釋放（五年舉辦一次；或營救主人有功者），他們皆有參政權。

羅馬公民人數最少均保持在二十七萬人左右，大部分以青年男子爲主，每一個公民皆有權參加部落大會（公民大會），並被分組於「百人

隊」中，而百人隊又分年輕百人隊及青年百人隊。百人隊中的公民可依法選舉行政官員。不過通常能獲得實際優沃待遇的人，大部分是貴族或騎士階級，他們大都選出對自己有利的代表，並以特權決定百人隊中誰可繼續選舉。通常只有上層階級的十八個百人隊獲得此項權利。

因爲明顯地不公平及遭人非議，西元前286年，羅馬重新通過決議，使這些城市平民也可擁有民主權，部落會議已可以擁有自己的立法權而不須元老院同意。

三、羅馬文明

羅馬人重視「實用」，是他們與生俱來的文化風格。漢尼拔戰爭前拉丁文學並不存在，直到安德羅尼庫斯（Livius Andronicus）才開啓拉丁文學創作。安德羅尼庫斯是大希臘的希臘人，來自塔倫特城，西元前272年塔倫特臣服羅馬他因而成爲奴隸，但獲得釋放並成爲家庭教師。他們的貢獻是將荷馬著名的《奧德賽》（Odyssey）以悲劇或喜劇的譯本搬上舞臺，成爲有名的教材。另一位著名拉丁文學創始人是納維烏斯（Gnaeuw Naevius，西元前269年至西元前199年），他來自坎帕比亞，是羅馬公民。

此時，拉丁文學尚屬啓蒙階段，整體形式還是仿希臘文居多，或將希臘文直譯爲拉丁文；但納維烏斯卻設法創作國家劇本，並大量採用戰爭背景，如布匿戰役中民族英雄事蹟，試圖喚起民族情感。雖然拉丁文學未立刻受重視，但西元前三世紀期間，逐漸走向顛峰。

此時，眾多外來文化一直深深影響羅馬文明，如希臘、伊特拉斯坎人、塔倫特人、薩莫奈人（Samnites）、坎帕尼亞人等，使得羅馬藝術雖光耀生輝，但卻沒有自己的特色。

羅馬人一度沉迷希臘文化，曾產生一股熱潮，凡各種陶器、雕塑、建築、繪畫、文學、哲學等皆爲模仿對象，可說徹底將希臘文化「發揚

光大」。伊特拉斯坎藝術也被羅馬一一展現，最後，卻發展出一種屬於羅馬寫實主義的風格，這無疑地是對羅馬文化的另一種啟發。

對於羅馬文化，最能展現獨特風格的，應屬於羅馬人虔誠信仰的神廟，這也是羅馬人熱情不減的文明史能持續的最大動力之一。最早可追溯卡匹托勒山上所建的卡匹托勒神殿（西元前509年立奉朱庇特、米涅瓦及朱諾三神），西元前496年又建立農神薩圖恩（Saturnus）神殿及西元前484年所建的拉丁農神殿，此不但說明羅馬堅定的宗教信仰力量，同時也是建築藝術的濫觴，羅馬政治的重要場所，各種平民會議及元老院開會之處也非神廟廣場莫屬。

法國尼姆地區的羅馬建築

政法地位和各種宗教祭典，神殿對經濟活動的作用也日趨加強。神殿廣場不但演變成與農業有關，國家金庫也保存於神廟中。它不僅可供聚會，召開政治會議，更成為貿易交易、法律事務仲裁場所。例如西元前三世紀以前，薩圖恩神殿早已成為以往元老集會參與庫里亞會議（comitia curiata）的場所；巴拉丁諾山（Palatin）的神廟也成為貴族所在中心，王族和貴族商討議決之地；阿文提諾山丘（Aventin）成為平民聚集廣場，除此之外，在該世紀中，還有一種新的迎神儀式，即是塔倫特人及伊特拉斯坎人帶來競技活動的大膽表現，更豐富宗教活動發展。

伊特拉斯坎人影響羅馬人的建築至深，西元前312年，第一條長達十六公里的地下水道已為羅馬人帶來方便，從此更使羅馬人體現實用價值。羅馬人由伊特拉斯坎人的建築經驗得知，以各種石塊原料製造各種水道、城門、碉樓等，並使用拱圈建築，達到實用、美觀及雄厚堅實。

它不但耐用，更不遜於希臘古典建築。

　　羅馬發展出一種特殊的繪畫藝術，由於羅馬人極注重對祖先容貌的瞻仰，使得「肖像」創作興起。起初，羅馬人因技術或創作能力不純熟，乃先以蠟爲材料「製模」祖先遺容。祖先死後面容印於其上，故形貌逼眞。但因死亡後面容較無生氣，西元前三世紀時，改成較生動活潑的肖像畫法。

女神石雕

　　羅馬人因受伊特拉斯坎人對祖先墳墓的雕像或肖像要求「眞實環境之寫實」的影響，不再注重眞實臉孔，而是以具體的生活狀況爲背景的肖像作品取代，從此展開寫實的繪畫藝術，肖像創作也成爲繪畫藝術的啓蒙。

　　羅馬受陶器文化影響並不長，西元前三世紀時，整個義大利地區充斥著來自盧坎尼亞及坎帕尼亞的陶瓷器，西元前200年，它們突然消失，這也許意味另一個陶瓷文化興起。

　　宗教發展，古羅馬神話將農神及大自然神靈幻化爲人形，西元前三世紀左右，又受希臘神祇及印歐語系神靈影響，再度融合東西方文化，終於發展出富有羅馬現實主義精神的宗教形式。它不但有法律形式規範，同時也具有契約默契。任何重要祭典，節日，都有曆法予以配合，同時由祭司——奴瑪（Nurna），國王的稱號——主持，使羅馬上下團結統一力量。

　　羅馬宗教兼容並蓄，他們向各國借來或奪來一些神靈；例如：藉由伊特拉斯坎人及塔倫特人的競技活動，羅馬人加深對海克力斯的崇拜；對德爾菲（Delphes）或埃皮達魯斯（Epidaure，醫神）神殿的

宗教信仰也使希臘神祇獲得羅馬的青睞,因此科瑞斯〔Cérés,暱稱科瑞(Coré)〕、戴安娜(Diane)、米涅瓦(Minerve)及里貝爾(Liber)又稱穀神、巴代爾(Pater,生育之神)、維納斯、阿波羅等神靈也成為羅馬的重要神祇。

羅馬臺伯河神

羅馬的戲劇創作,走向成熟。尤其從西元前三世紀至西元前二世紀的這一段時期,戲劇配合文學,由萌芽進而熟稔,啟發者仍是希臘。安德羅尼庫斯在文學創作上大放異彩,西元前240年,他在羅馬政府為第一次布匿戰爭拔得頭籌所籌畫的慶祝會上演出悲劇《奧德賽》,深獲好評。此後戲劇風行,安德羅尼庫斯創做出更多劇本,遂成為喜劇大師;生平創作有一百三十多部,大部分已散失,他為羅馬開啟戲劇藝術大門。從此羅馬盛行安德羅尼庫斯風潮,但他們不只將希臘原著翻譯,又加以補充〔也稱為「希臘裝戲」(Palliatae)〕,加上羅馬人自編的內容,真正成為羅馬人自編自演的「羅馬喜劇」。

羅馬戲劇的特色,很多地方反映社會寫實面,同時也表現羅馬政體的本質,包括統治者和奴隸階級生活。鮮明地表達更與民間通俗文化結合,發展出民間的滑稽劇,雖然不為統治者接受,但民間大眾的喜愛程度正說明這種矛盾關係。

最早的民間滑稽劇源自於坎帕尼亞地區的阿泰拉(Atella)城,它使用義大利方言,西元前三世紀時傳入羅馬,正式和羅馬民間藝曲融合,並發展出受人喜愛的滑稽劇,它不但有寓言涵義,更將雖粗俗但逼真的故事展現,內容包含小丑、騙子等角色,獲得熱烈迴響。

四、羅馬的行政組織及政治改革

　　西元前三世紀可說是羅馬政治組織發展的進程階段，最初，西元前312年，由克勞狄（Aphius Claudius）任監察官時期，他已有更加照顧貧民的觀念，在各城市實行較為優厚的政策，西元前304年，弗拉維烏斯（Flarius）發表法律編纂，同時令祭師制定一部適合羅馬的曆法。西元前297年，里西尼烏斯‧斯多羅（Licinus Stole）也以法令禁止富有者占領公地，雖然成效並不明顯，但卻證明改革者的決心。西元前241年，因戰爭的恐懼常存羅馬人民心中，羅馬再度使用於亥巴書板（table de Heba）上的抽籤方法，使不論上層階級或下層階級都可獲得利益，人民利益又再度向前邁進一步。

　　西元前232年，第一位「平民」代表人 —— 保民官弗拉米尼烏斯（Flaminius）提議，羅馬自高盧征服的土地必須分成個人分地，不是只有上層階級人士才能獲取，同時富人也不能擁有超過一百二十五頃土地，拉近經濟上的懸殊差距及不平等。

　　西元前218年，人民力量大為團結，表決並立法使元老院成員不可能再從事包稅及商業活動，從此貴族勢力大為削弱，人民社會地位又獲得一次較平等的待遇。

第二十三章
羅馬與迦太基的紛爭

　　第一次布匿戰爭結束，羅馬和迦太基維持二十三年的和平。但羅馬未曾停止繼續擴張。迦太基也在和平期間（西元前235年至西元前220年），以賠償羅馬爲由，於貝迪克（Betique）開採銀礦，卻慢慢地征服伊比利半島，計畫對羅馬雪恥，甚至大膽地推進到協約所訂的邊界埃布羅河（Ébre），並建立迦太基城（Carthagéne）。但迦太基卻因內亂頻仍而日趨沒落，所僱的傭軍也發生暴動，就在無暇應付之際，羅馬出其不意地以「需要銅礦」爲名，占據撒丁尼亞島（Sardisnia），更順勢占領科西嘉島，再將利古亞（Ligures）人和住在德拉蒙（Telamon）海角波河平原的高盧人趕到北部，這是含有濃厚警告意味的舉動，之後西西里島也落入羅馬手中。

一、第二次布匿戰爭

　　由於迦太基和羅馬的互不相讓，讓迦太基在西班牙南部的勢力更使得羅馬耿耿於懷，二國領土比鄰，敵對之勢越加明顯。羅馬甚至派兵越過庇里牛斯山（Pyrenees）就近監視迦太基，並等待機會大肆打擊迦太基。

　　根據雙方在西元前226年所訂條約，以埃布羅河爲界，埃布羅河以南爲迦太基領地。但位於埃布羅河以南的撒貢托（Sagantum）不願順從迦太基，與羅馬結盟（據史載是撒貢托首先侵擾迦太基），請求羅馬保護，而羅馬竟出面干預，顯然違反雙方協議，於是迦太基先占領撒貢托，令羅馬大爲不快，立即出兵攻打迦太基，第二次布匿戰爭至此引發。羅馬計畫使戰場定於西班牙和北非，不願波及義大利本土，但事實

卻不如想像般容易。

　　首次粉碎羅馬美夢的著名將領是漢尼拔（Hannibal/Grace of Baal，西元前247年至西元前183年），他乃名將哈米卡爾長子。因幼即受父教誨，立誓終有一日為迦太基雪恥。此時，漢尼拔接受復國大任。

　　戰事爆發後，羅馬派出二支軍隊攻擊迦太基，一支前往西班牙阻撓迦太基軍隊，使其無法順利回國求援，另一支則進攻迦太基，準備包夾敵人，以求得勝。但漢尼拔出乎意料地親自率領九萬名步兵、一萬二千名騎兵及三十七頭戰象，朝地中海前進，準備進軍義大利。他們越過艱難的庇里牛斯山後，人力物力損失不貲，卻也到達隆河（Rhone）打敗羅馬軍隊。此時雖已進入十月嚴寒冬天，但漢尼拔再度率軍經過高盧，並越過阿爾卑斯山（Alps）進入波河流域。所剩步兵人數不到三分之一，騎兵只剩二分之一，戰象則僅剩一頭，但因獲得高盧人支持，得以戰勝羅馬軍隊，同時也獲得南部古義大利人的響應。

　　當羅馬聞訊，漢尼拔即將逼進埃布羅（Ebres）河，趕緊派執政官大西庇阿（P. Cornelius Scipio）速去阻撓漢尼拔的進攻。然已為時已晚，漢尼拔大軍早已向阿爾卑斯山邁進，直逼義大利而來。但大西庇阿軍隊退回之時，卻與漢尼拔軍隊相遇，二軍交戰，羅馬又戰敗，適巧由另一執政桑普羅尼亞（T. i. Sempronius Longus）帶領的羅馬軍隊也敗北於義大利北部特雷比亞河（Trebia）上，羅馬再度遭到空前的不安，只得向元老院請求援助，但元老院派出弗拉米尼烏斯（Flamininus）率領三萬名兵力和漢尼拔展開戰事，卻敗得更慘，連弗拉米尼烏斯也陣亡，士兵僅剩五分之一。

　　漢尼拔朝義大利直撲而來，羅馬苦於兵源短缺，雖再由百人隊長（Centennius）率四千名兵趕到，但也如同之前羅馬軍隊的命運，全部慘敗。

　　此時，羅馬局勢告急，眼見即將面臨重大危機。但此刻漢尼拔軍隊因天災而覓食困難，撤退至阿普利亞，使羅馬獲得喘息機會，再

選出執政官費邊（Fabius）為統領。他了解漢尼拔兵力龐大，絕不能正面衝突，選擇採取拖延戰術，欲牽制漢尼拔軍隊。一年之後雖有成效，但卻沒有任何明顯進展。羅馬人民雖知此戰術可使羅馬軍隊休養生息，卻也封給費邊「遲緩者」（Cunctator）的稱號。平民會議中要求決戰漢尼拔的呼聲升高，終於西元前216年，羅馬再度選出執政官保盧斯（L. Aemilius Paullus）及瓦羅（C. Terentius Varro）率兵八萬六千名攻打漢尼拔，不幸又戰敗，讓羅馬死傷慘重，只剩四萬多人，迦太基軍隊則損失六千多人。坎尼（Cannes）戰役對羅馬又是一次巨大的打擊，更使漢尼拔獲得北部高盧人及南部古義大利人、盧坎尼亞人（Lucaniens）、卡普安人（Capouans）、布魯提人（Bruttiens）、薩莫奈人（Samnites）支持直接脫離羅馬，漢尼拔成為義大利的「解放者」。

西元前212年，羅馬為使背叛的卡普安人受到教訓，攻下此城並施以殘酷報復，藉此警告其他各城不能再與漢尼拔結盟。同年敘拉古也被羅馬攻陷，人民被殺害（當中包括著名的科學家阿基米德），此時羅馬也恢復在西西里島的統治。同時，拉丁人（Latins）、伊特拉斯坎人、翁布里亞人（Ombriens）仍向著羅馬。然因漢尼拔繼續被限制於南部——他雖獲得許多同盟，如塔倫特（Tarente）、克羅托內（Crotone）、洛克里（Locres）、敘拉古——故一直沒有對羅馬構成新的威脅。同年，羅馬情勢大轉，由於敘拉古（Syracuse）被馬克盧斯（Marcellus）所占，羅馬為反對馬其頓菲利二世與埃托利亞同盟（Ligue étolienne），從此力量更加強大，局勢轉而對羅馬有利。

西元前210年左右，羅馬派遣小西庇阿（Scipion）擔任西班牙總督，他的軍事才能並不遜色，西元前209年他占領新迦太基（Carthago Nova），西元前207年打敗哈德德魯巴（Hasdrubal，為漢尼拔二弟），並將其頭顱送給漢尼拔，漢尼拔本因受困欲等待其弟的援軍，見其此狀即心灰意冷。西元前203年，漢尼拔的三弟麥高（Magon）也在

加代斯（Gadés）戰敗，因傷去世，從此漢尼拔絕望，並知悉已日暮途窮。

　　迦太基此時國內局勢已變，迅速召回漢尼拔，他匆匆回國，此時已是西元前202年，這是漢尼拔一生中第一次失敗，也是最後一次失敗。

　　漢尼拔回國後，受到許多人猜忌，因札馬（Zama）一役敗於羅馬，從此迦太基請降，並於西元前201年訂立和約，迦太基必須於五十五年中繳交一萬塔蘭特，並且限制除非羅馬允許，不得與其他國家交戰，更失去西班牙。迦太基被迫交出一百名人質，履行二國所定條約，此後，它實際上已成羅馬附屬國，失去強國地位。

　　西元前195年，漢尼拔當選迦太基最高執政官，他透過許多民主程序建設國家，開化的憲政精神使迦太基政情較為進步及穩定，歲收也隨之增加，西元前188年就已清償賠款，使迦太基再度走向繁榮，卻再度引起羅馬緊張，深怕迦太基又威脅羅馬，因此羅馬逼迦太基交出漢尼拔接受處分。迦太基保守的貴族階級告密，欲交出漢尼拔，幸而漢尼拔得知消息後，連夜離開迦太基，逃至現今突尼西亞塔布蘇斯（Thapsus），從此流亡海外。

二、羅馬和東方世界

　　羅馬對外征服的原因曾出現許多變化，隨著局勢不同有不同的心境。疆域擴大後，顯示羅馬的征服不再只為防止他國侵略或為免除被包圍的恐懼，而是積極地向外拓展屬於羅馬本身的「事業」。但是不僅如此，對於國際間的聲望或是羅馬維護他國的理想也都有實質的行動——誠如羅馬促使希臘城邦恢復自由及弗拉米尼烏斯（Flamininus）（他主持羅馬東部政策，並使希臘獨立）於科林斯所訂立的宣言，都對國際局勢造成一定的影響，但對於是否藉自由之名，行使霸權之實，則有待後人評價。

對羅馬是否進行帝制的問題，早有一些將領們表示贊同，如斯奇比歐（Scipion）、孟流斯（Manlius）、維勒索（Vulso）等人。西元前二百多年前，元老院雖對此主題深感興趣，仍未採取明確行動。羅馬終究受到帕加曼（Pergame）和羅德島商業的誘惑，開始醉心卻畏懼，但當他們漸漸從中獲得利益，如戰利品或貢品時，野心越顯升高，終至走向帝國，但由於羅馬對帝國原無前景及計畫，這不啻是個不可知的危機。

(一) 東地中海的開拓

西元前二世紀至三世紀期間，地中海有幾個雄霸一方的小國，如馬其頓王國、敘利亞王國、埃及托勒密王朝，由於各國利益衝突，使羅馬享漁翁之利。

第一次布匿戰爭後，羅馬轉攻巴爾幹半島的伊利里亞。第二次布匿戰爭後，由於漢尼拔和馬其頓國王及其他各國訂立「地中海及羅馬聯盟」欲使馬其頓國王菲利五世進攻義大利，但因羅馬嚴密防守，未能得逞。此時羅馬也拉攏人心，使斯巴達、羅德島等城和羅馬建立良好關係，並共組埃托利亞同盟（The Aitolian League），由於勢力龐大，使菲利五世不敢輕舉妄動。此時，希臘各邦紛紛對馬其頓失去信心而轉向羅馬，使馬其頓處境堪慮。西元前205年，只好和羅馬訂立弗拉米尼烏斯和約，此為「第一次馬其頓戰爭」。

西元前203年，第二次布匿戰爭結束，敘利亞安條克三世及馬其頓王國菲利五世企圖瓜分埃及，卻被羅德島等羅馬埃托利亞同盟擊敗，並向羅馬求援。

此時羅馬早已摩拳擦掌欲介入戰事，先成功地使敘利亞王國保持中立，再全力對付「不聽話」的馬其頓菲利五世。於是第二次馬其頓戰爭遂於西元前200年爆發，歷時四年。結果羅馬大勝，並藉此宣布希臘各城邦脫離馬其頓，享有自由，不必向羅馬進貢，羅馬也不派駐軍隊至各

邦。希臘各邦舉國歡騰，但隨後卻漸漸地演變成羅馬可間接抑制民主成
長的藉口。

　　菲利五世死後，馬其頓珀爾修斯（Perseus，約西元前212年至西元
前166年，西元前179年至西元前167年統治）和各邦組成反羅馬聯盟。
羅馬恐其造成威脅，於西元前171年向馬其頓宣戰，展開歷經三年的
「第三次馬其頓戰爭」，最後馬其頓戰敗於皮特拿（Pydna），羅馬的
指揮將軍為包路士（Lucius Amilius Paulus，卒年西元前216年，又譯
保盧斯）之子小包路士（與其父親同名，生於西元前229年，卒於西元
前160年），從此他得到「馬其頓尼庫斯」（Macedonicus，指征服馬
其頓者）封號，珀爾修斯則死在羅馬獄中。馬其頓至此被瓜分為四個自
治區，成為羅馬屬國。這場戰役中，凡是和馬其頓有關的反羅馬同盟皆
受到羅馬的殘酷報復，當中有五百至七百位著名反羅馬人士被處死，幾
十座城被洗劫一空，十五萬以上人民被賣為奴隸。

　　由於以上殘忍行徑，使得巴爾幹半島掀起反羅馬局勢，一名自稱
馬其頓國王珀爾修斯與王后勞迪絲之子「菲利」（人稱「偽菲利」）
（Philip V）的安德利卡斯（Andriscus，又譯安德里斯庫斯）發起戰
爭，西元前149年一度擊敗羅馬軍隊，但隔年之後，卻遭擊敗，從此馬
其頓成為羅馬附庸。西元前146年，羅馬元老院派出孟密伍士（Lucius
Mummius，又譯穆米烏斯）及麥德祿士（Quintus Caecilius Metellus，
約西元前210年至西元前115年。又譯梅特盧斯，他也有「馬其頓尼庫
斯」稱號）將軍將希臘各邦擊敗，城中所有的人民不是被殺就是流放為
奴隸，希臘和馬其頓從此成為羅馬的附屬，國際地位全失。

㈡ 第三次布匿戰爭

　　第二次布匿戰後，迦太基力圖振作，並以極快速度還清債款。羅
馬由於擔心迦太基復起，將對羅馬形成重大威脅，故欲找尋適當機會消
滅迦太基。適逢鄰近迦太基的努米底亞時常侵擾迦太基，以至於迦太基

在憤怒之餘而有自衛保衛行動，但羅馬藉機揚言迦太基破壞第二次布匿戰後所定協約，以此冠冕堂皇理由向迦國宣戰，第三次布匿戰爭就此爆發。西元前194年雙方開戰，迦太基奮戰三年，仍無法改變被滅亡的命運，再加上遇上饑荒，城終被羅馬所破。羅馬殘酷地摧毀造成十萬多人喪生，留下奴隸，迦太基城被羅馬焚燒，大火持續十七天之久，並在廢墟灑上鹽粒，使迦太基永不復建，從此之後成為羅馬的行省之一。

(三) 東方世界的全面征服

　　迦太基被毀滅，震攝了佩爾迦姆國王阿達勒三世（Attale III），他將王國向羅馬奉上，成為羅馬在亞洲行省之一。

　　東方王國中，由於帕提亞人（Parthes）進攻塞琉卡斯（Séleucide）人，再加上埃及的進攻，使得東方王國逐漸瓦解及混亂，巴勒斯坦仍被猶太人掌控；西里西亞（Cilicie）成為羅馬行省及不法商人聚集地，還有一些不服羅馬作為的希臘城邦。直至西元前96年，埃及成為羅馬的附屬，二年後它也成為羅馬的非洲行省。

　　由於羅馬稱霸東方世界後的剝削及壓榨，使得東方國家人民同仇敵愾，準備醞釀暴動，位於小亞細亞東北方的本都（Pont）國王米什拉達特六世（Mithridates VI）深知此點，決定稱霸小亞細亞，實現他建立大國計畫。西元前88年，他入侵小亞細亞，並盤踞整個亞洲行省，一天之內於小亞細亞殺死八萬多名義大利商人及稅吏。各地居民因本都王取消羅馬的債務及釋放奴隸等措施而支持他，米什拉達特成功地掀起反抗羅馬的風潮，並擴及提洛斯島（Delos），甚至還蔓延至希臘的雅典、貝奧提亞（Béotie）、伯羅奔尼撒半島等地。

　　此時，羅馬元老院卻苦惱究竟該讓平民派領袖馬略（Gajus Marius，西元前155年至西元前86年），或貴族派領袖薩拉（Sulla，西元前138年至西元前78年）對抗米什拉達特。元老院贊成以貴族派領袖蘇拉出戰，但保民官（站在同情平民一方）蘇爾皮修斯（P. Sulpiuius

Rufus）卻鼓動百姓選舉馬略代替蘇拉出戰。

　　蘇拉聞之動怒，由坎帕尼亞地區率眾回頭占據整個羅馬，並大肆殺害保民官蘇爾皮修斯及其黨員，馬略聞風逃走，之後他再向希臘進軍。西元前85年，蘇拉重新占領希臘，使希臘再受羅馬統治，本都王被迫負擔巨額賠償，首次米什拉達特之戰（The First Mithridatic）終於結束。

　　但此時羅馬內部因平民派再度獲取政權，馬略攻陷羅馬城，並進行一連串大規模報復行動，大批蘇拉派人士被殺，血腥的行動使人顫慄（其中包括執政屋大維），蘇拉從此也被列為羅馬公敵。馬略死後，由獨裁者辛那（Cornelius Cinna）執政，並連任四次。

　　西元前83年，蘇拉率軍返回羅馬，並大舉展開報復，不論是平民派、中立派或保守派皆被殺害，這場政治鬥爭，前後有四千多名貴族被殺死，充滿血腥的內鬥給人民帶來極大傷害，糧食法被廢除，貧民無法進入城市，護民官和公民大會也被削弱，此後，獨裁統治，徹底毀滅民主和自由，給予致命的一擊。

　　西元前66年，龐培（Pompée）握有更大的軍事指揮權，他戰勝迪卡那（Tigrane，米什拉達特女婿，亞美尼亞國王），打敗塞琉卡斯最後一位國王及耶路撒冷的哈斯蒙尼王朝（Asmonien Hyrcan），隨後整個東方世界為其所有。敘利亞、克里特－昔蘭尼（Creté-cyrènaique）、比提尼亞（Bithynie）成為第三個行省。

　　埃及地區因局勢混亂而衰落，國王托勒密十二世（Ptolémée Auléte）負債累累，遭受空前的危機，直至克列奧巴特拉（Cléopâtre）女王利用對凱撒及安東尼的影響，導致羅馬方寸大亂，使埃及稍得喘息；但西元前31年，阿克興海戰（Actium）進攻埃及安東尼大敗；西元前30年，由於屋大維的強大軍事力量進入埃及，至此之後，埃及成為羅馬的行省。

　　羅馬耗費一百七十年時間，占據整個東方世界，但東方和古希臘世

界的巨大影響不曾隨時間停止。

三、對西方世界的征服

羅馬對西方世界的征服，不如對東方來得順利，因為西方世界較少有組織的王國，且軍事能力絕對不遜於羅馬，他們大部分是一些未開化的民族部落，他們為自由而戰、為生存而戰。當然，羅馬的征服無法按部就班照預期計畫順序攻下這些部落，尤以高盧人及西班牙人，他們懷著濃厚的自由意志，更使羅馬在征服過程中，受到極大挫敗。

(一) 北部義大利

內高盧（Cisalpine）自西元前197年起二十年間，因漢尼拔戰爭影響而得到安定。它發展多處殖民地，如巴爾姆（Parme）、克雷摩那（Cremone）、普萊昂斯（Plaisance）、阿基雷（Aquilée）、波倫那（Bologne）及摩代那（Modène），不但使經濟快速勃興，政局更獲得穩定。波河平原的開發，使北部義大利成為最富庶地區。

(二) 非洲北部

如前所述，迦太基被羅馬毀滅，羅馬人將迦太基人驅離自己的家園，他們大批被賣為奴隸，從此不再復興，成為非洲行省。領導此次滅亡迦太基戰爭的羅馬軍事領袖小西庇阿（Aemilius Scipio，西元前185年至西元前129年）得到「阿菲利加努斯」（AFricanus，意謂「非洲征服者」）的稱號，烏提卡（Utica）成為該區首府。此地被規劃九處為自由城，用意則為接待羅馬人，並且以廣闊的田地劃分地借給利比亞農民，或是由羅馬將土地售出以賺取利益。

西元前118年，努米底亞（Numidie）是一個深愛希臘化文化的小國家，城市重心主要位於東部的西爾塔（Cirta），國王為瑪西尼薩（Masinissa）之子米西普薩（Micipsa）。米西普薩之姪朱古達

（Jugurtha）整日周旋於騎士之間，並精明靈活地賄賂於政治人物或外交官之間，建立了他的政治手腕外交，並逐漸實踐他的野心及殘暴。他憑藉著曾牽制羅馬於一場苦戰而成為大英雄。

西元前106年，努米底亞和羅馬交戰，蘇拉因賄賂朱古達的岳父波庫斯一世（Bocchus I），使得戰爭提早結束。努米底亞從此落入羅馬手中。羅馬貴族派領袖蘇拉也因此遭到馬略嫉妒，更種下雙方從此在羅馬內鬥不休的種子。

努米底亞被征服後，羅馬並未在此地定居，將東利比亞作為努米底亞的保留區。雖然再度成為羅馬的附屬，但朱古達的戰爭確實反映了羅馬貴族的腐化。

(三) 西班牙戰爭

第二次布匿戰爭後，伊比利半島地區被分配給對於戰事有功的羅馬士兵或殖民者。但由於這些統治者對於人民漠不重視，只注重礦山的經營，造成許多反抗，抗拒不合理的壓榨及徵稅。其中以塞爾特伊比利亞人（Celtibéres）和盧西塔尼亞人（Lusitaniens）為最，他們為自由和獨立而戰。

揭竿起義的民族英雄是盧西塔尼亞的一位牧羊者維里阿修斯（Viriathe/Virathus，西元前154至西元前153年），他不但鼓動自己的同胞，也鼓動塞爾特伊比利亞人共同對抗獨裁。西元前137年，他們首次獲得勝利，迫使羅馬執政官莫西奴斯（Gaius Hostilius Mancinus，又譯曼奇烏斯）投降，使塞爾特伊比利亞人初嘗自由的味道，首都努曼西亞（Numance）也不再充滿統治者的權威。

羅馬聞此消息，立刻動員六萬名兵力對付這個只有一萬名自衛兵的團體，戰爭持續不斷，塞爾特伊比利亞人不輕言投降，西元前134年，他們才因饑荒不得不向羅馬的小西庇阿（Scipion Emilian）投降。

縱使羅馬已征服此地，但此區仍不平靜。對於羅馬高壓統治不滿的

盧西塔尼亞人和塞爾特伊比利亞人仍伺機而動。

西元前112年，此二支部落人民整裝待發且大批南下，打敗羅馬軍隊於阿爾卑斯山東部。他們再進入高盧地區，並於西元前105年於阿基坦（Aquitaine）再度打敗羅馬軍隊，使得羅馬元老院大為緊張。

西元前102年，馬略率領大批羅馬軍隊，先在馬賽擊敗二支部落，再於西元前101年在波河北岸殺死塞爾特伊比利亞人及盧西塔尼亞人十萬之多，再度獲得此地，恢復統治權，但卻在被殖民者的心中烙下不可抹滅的傷口。至此之後，羅馬北方再度獲得穩定。

西元前80年至西元前72年，一位羅馬出身的將領塞多留（Quintus Sertorius，約西元前122年至西元前72年）在西班牙戰爭中嶄露頭角，他原是管理內西班牙，同時也是馬略的追隨者。在蘇拉派遣人員替代塞多留後，他只好在摩洛哥另組一支艦隊，對付再度反抗的盧西塔尼亞人。西元前80年，塞多留返回西班牙，憑藉他的軍事天分及西班牙人對他強烈的忠誠，再度擊退前來攻擊他的羅馬總督，如馬略及龐培等人。

西班牙地區人們對他有不同的評價，認為他確實解放了西班牙，並將此區羅馬化，而不是要使此區獨立。他雖然熱愛羅馬，但政治形勢的不利使他不得不自衛，雖對羅馬造成一些傷害，卻未危害羅馬。

西元前72年，他被部下佩爾波那（Marcus Perpenna）刺殺，從此西班牙落入龐培之手。

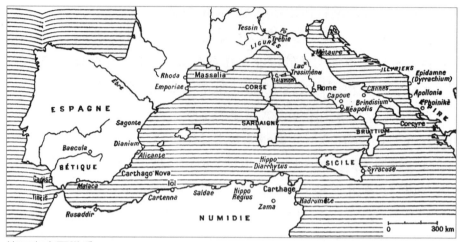

第二次布匿戰爭

羅馬的東部省份

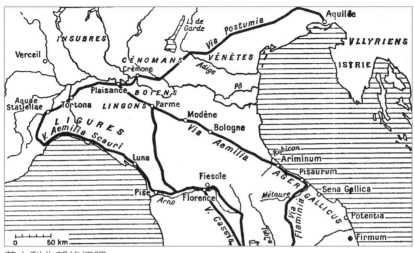

義大利北部的征服

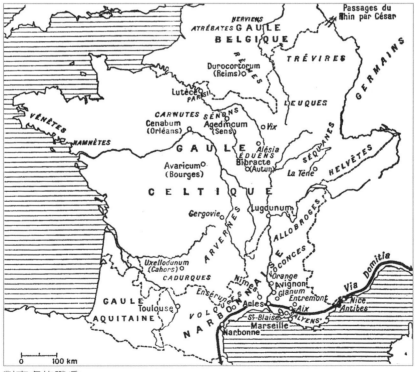

對高盧的戰爭

第二十四章
羅馬共和時期的政治改革

　　西元前133年是羅馬重要的關鍵年，因爲西元前264年至西元前133年，統治者和被統治者之間維持了一段平衡的時期。

　　西西里島的奴隸革命平息後，國家和行省之間面臨政策調整，當務之急是去除國內的腐敗及一連串改革。

　　西元前第三世紀初期，平民雖曾稍獲權利，但迦太基戰爭迫使改革停頓。西元前第二世紀，部分貴族同情平民的遭遇，格拉古兄弟致力於改革，但遭遇空前的困境。由於羅馬政體腐化加上積弊已久的陋習，使格拉古兄弟失敗。

一、格拉古兄弟

　　提比略・格拉古（Tibérius Gracchus）出身於平民貴族，幼年時受過良好教育，母親高爾那里雅（Cornélia）及希臘哲學家對其影響甚鉅。青年時期曾隨西庇阿將軍參加迦太基戰爭，於征服西班牙戰爭中有良好貢獻。西元前134年當選護民官，他的熱忱與充滿改革決心，徹底改造羅馬。他首先重新推行土地改革法案，以李錫尼法案爲骨架，限定每位羅馬公民不得擁有五百畝以上公田，多餘的田地由政府徵收，統籌分配給無田耕種的貧民。平民獲得土地後，每年的收穫須繳稅以示公平，而且土地不得出賣。土地的分配由「三人委員會」（Triumviri/three man）負責管理，分別是：提比略、格拉古、其弟蓋約・格拉古（Caius）及其岳父克勞迪斯（Appius Claudius Pulcher）。

　　此法令卻不得民意支持，富人認爲這是「劫富濟貧」，損害富人的利益；貧民也認爲從此他們得放棄無所事事的遊民生活，必須勞苦耕

作，因此也大表反對。結果富人及元老院貴族策畫由另一位護民官馬庫斯·屋大維（Tribunus M. Octavius）否決提比略的土地改革案。提比略·格拉古眼見法案未能執行，便交付公民大會表決罷免馬庫斯·屋大維。

事後，馬庫斯·屋大維被罷官，法案順利推動，但富人不願交出土地，使得提比略執政再度遭遇挫折。元老院開始策畫陰謀，試圖散布謠言，指提比略有意獨裁，同時發動暴亂，追殺他及其支持者，在卡皮托勒山發生激戰。提比略·格拉古和支持者三百多人殉難，屍體被丟入臺伯河，並且不得入殮。

提比略·格拉古去世後，人民確實也享受到他努力的成果，部分的土地分發給平民，提比略·格拉古總算沒有白白犧牲。

西元前124年，提比略的弟弟蓋約·格拉古（Cains Gracchus）因才能出眾，被選舉爲護民官。他不但連任且記取其兄的教訓，推動農地改革法案，並重組「三人委員會」。他推行糧食法，使貧民能獲得溫飽；再令騎士階級取代元老貴族權利；並爲了有效解決土地問題，使六千多人移民至義大利或迦太基。由於他立法爲平民設想，廣獲人民支持。但元老院又策動另一波陰謀，先讓另一位護民官德魯蘇（M. Livius Drusus）以一件不可能實現的法案鼓動民眾，表示要於義大利設立十二殖民區，民眾信以爲眞，從此蓋約·格拉古失去平民支持，中斷連任。但元老院並不善罷干休，使得兩派人馬再度激戰於阿芬丁（Aventine）山丘，結果三千人罹難，蓋約·格拉古自殺。蓋約·格拉古死後，元老貴族再度掌勢，行動更爲激烈，企圖恢復原狀。雖然「平民派」（Popularis）效法格拉古兄弟，但只是藉他們的名義，行寡頭政治。格拉古兄弟雖然失敗，對於平民利益仍有長遠的貢獻，直到西元前125年，獲得土地的平民達到八萬人。他們的積極與遠見爲平民造福，在羅馬歷史中占有舉足輕重的地位。

蘇拉（Lucius Cornelius Sulla）死後，後繼者爲龐培（Gnaeus

Pompeius）、西塞羅（Marcus Tullius Cicero）、喀提林（Lucius Sergius Catilina）、凱撒（Gaius Julius Caesar）、克拉蘇（Marcus Licinius Crassus），其中對政治極具影響力的是龐培及凱撒，而凱撒、龐培、克拉蘇甚至形成三巨頭政治或前三雄（The First Triumrirate）。

二、龐培

　　龐培（Gnaeus Pompeius/Pompey，西元前106年至西元前48年）原為蘇拉副手，出身騎士階級，有軍事才能。青年時期曾召募軍隊歸順蘇拉，因此極受賞識。西元前94年曾擔任西西里島總督，又被派任為非洲省長。

　　西元前83年龐培戰勝馬略士，蘇拉讚許有加，朱古爾達戰爭及同盟戰爭他亦傳捷報，他相當注重軍人的榮譽。蘇拉死後，他便成為貴族派的領袖。此時因羅馬境外反對蘇拉勢力的領袖塞多留（Quintus Sertorius）對西班牙非常有政治影響力，元老院便派龐培討伐。西元前72年塞多留被刺殺，龐培凱旋而回，副執政克拉蘇（M. Licinius Crassus，西元前115年至西元前53年）是戰事順利的主因。西元前70年，由於政局改變，不但恢復公民大會及護民官選舉，西塞羅的勢力也開始興起，各黨派極力扶植。龐培逐漸向共和派靠攏，與克拉蘇同年當選執政，更加強他們的政治力量。

　　西元前67年，羅馬城陷入糧荒，許多人歸咎於地中海海盜猖獗，他們以克里特島及小亞細亞東南沿海的西利西亞為根據地，擁有一千五百艘船艦，威脅羅馬官民的日常生活。羅馬部落會議決定派龐培出戰，消滅海盜。於是他帶領十二萬多名軍士大量的金錢（as，貨幣單位），一個月左右即凱旋而歸，從此地中海沿岸轉為寧靜，龐培的聲勢再度凌駕其他人之上。

　　西元前74年，本都國王米什拉達特六世及亞美尼亞王提格蘇一世

（Tigranes I，King of Armenia）掀起爭端，西元前64年龐培再度受命討伐，結束第三次米什拉達特戰爭（The Third Mithridatic War），本都國從此成為羅馬附庸，羅馬也意外獲得敘利亞及巴勒斯坦。龐培於西元前62年回國。

龐培優異的軍事能力遭人嫉妒，儘管克拉蘇與他在政治利益上對立，但龐培礙於元老院以不給其下王公貴族土地及金餉作為要脅，使他必須與克拉蘇結盟，因而掩飾對克拉蘇的氣憤。凱撒為消除二人的嫌隙及鞏固個人政治地位，不但下嫁自己的女兒茱莉亞（Julia），也居間調停，三人也因政治目地相互利用而更加接近，這便是首次三巨頭或前三雄（The First Triumrirate）。

三、凱撒

凱撒（Gaius Julius Caessar）出身貴族，他尊崇格拉古兄弟及馬略的一些政策，因平時和平民接近，樂善慷慨，獲得許多平民支持，如同他的姑丈馬略給予平民的形象。西元前65年，羅馬競技會上他得到人民愛戴，軍事能力因此展現。他娶馬略部將秦那（Lucius Cornelius Cinna）之女科涅莉亞·秦那（Cornelia Cinnilla）為妻，並走上政治之路。西元前64年，他曾任大法官，審理死刑事案件，西元前63年，他提出塞維利烏斯·盧呂斯（Servilius Rullus）之農業土地法案，因受肯定同年當選副執政。次年出任西班牙總督，但因奢華無度，欠下一筆債務，由於克拉蘇慷慨資助，才順利離境就任。他在西班牙一年，因政績卓著，富有的凱撒已能還清克拉蘇的借款，還將剩餘繳交國庫。

西元前59年，凱撒當選執政官，他首先將土地贈予曾立戰功的士兵，同時使騎士階級也於亞洲分享一些好處，並免掉他們積欠國庫的三分之一稅金，使凱撒在東方世界的措施得以完成之外，更制定農業法案促進公共田地的分配，對老兵和平民給予很大的照顧。

　　凱撒令他的支持者編寫公報，將元老院會議的結果記錄且公布，如此不但可使元老院決議明朗化，更間接地阻撓元老院至高無上的權力。在政治改革上，他發起調查貪污，顯然元老院的反彈極大，但在其努力下終於通過凱撒對羅馬的政治發展有決定性的影響。

　　西元前59年，元老院任命凱撒為高盧總督，總管南高盧及內高盧，任期五年。此舉正合凱撒之意，他於西元前58年前往赴任。

(一) 高盧

　　高盧人（The Cauls）又稱自己為塞爾特人（Celtics），西元前第三至四世紀時勢力極盛，其活動區域自大西洋區至易北河，南至希臘的

一位跳舞的高盧女士

磁磚鑲嵌樂師

高盧人已知運用木材建築

圓盤的塞爾特文

德爾菲、小亞細亞等地。西元前280年至西元前270年間,他們陸續建立許多零星的小國,文化程度並不高,還停留在部落階段。

　　西元前61年,各部落間並不團結,彼此仇視內訌,使蘇維匯(Suebi/Svevi)的日耳曼人乘隙進入高盧,占據今日的亞爾薩斯(Alsace),該地因此受日耳曼文化影響。而比利時人(Belges)及內爾維人(Nerviens)個性上多有粗野及好戰特質;西南部高盧(阿基坦地區)則和西班牙古伊比利亞人(Ibéres)相互融合,使古伊比利亞人被同化,產生塞爾特伊比利亞人(les Celtibères)。東南方則受希臘文化影響而希臘化。

　　西元前58年,三十六萬多名北部高盧人——「赫爾威濟部落」(Helvetit)進攻到大西洋岸,被凱撒出兵擊敗。隨後,亞爾薩斯的高盧人受到日耳曼人欺壓,請求凱撒援助,凱撒再度出兵擊退日耳曼人。

　　西元前57年,比利時人(Belges)凝聚各邦的高盧人及日耳曼人共同對付凱撒,三十萬人被凱撒的四個軍團擊敗。西元前56年,高盧卻

羅馬化的高盧人

高盧人反抗羅馬的入侵

由於凱撒的外交手腕及軍事行動，一一地被征服。

西元前56年三巨頭於高盧南方的路卡（Luca，又譯盧卡）開會，為修補三巨頭之間的嫌隙，會中決議凱撒繼續任高盧總督五年，後由龐培出任西班牙總督五年，西元前55年再由克蘇拉出任敘利總督官五年，如此的會議決定，更顯示權力的不平衡及彼此的不信任。西元前53年，克拉蘇急欲表現，在總督任期未滿，便率軍前往東方和帕提亞人（less Parthes）作戰，戰死於卡萊爾（Carrhae），從此「三巨頭」政治被擊破，龐培和凱撒陷入敵對狀態。

凱撒的征服使高盧人承受巨大傷痛，因此起而反抗。當時一批羅馬商人遭土人殺害，高盧人深知羅馬必定報復，故先發制人，由奧弗涅（Arverni，今日法國中南部）高盧領袖韋辛格托里克斯（Vercingétorix）帶領叛變。同年，凱撒在阿萊西亞（Alésia）戰勝高盧人，西南高盧成為羅馬行省。

(二) 龐培的元首制

當凱撒在高盧遭到挫折期間，龐培趁勢成為羅馬的合法統治者。西元前52年，元老院再度任命龐培為執政官，同時享有至高權力。為了鞏固政治地位，他穩定選舉期後混亂的秩序，流放米隆〔Annius Milon，他殺害克勞狄（Clodius Pulcher）〕，確保糧食正常供應，更拉攏騎士階級，為未來的「元首之路」做準備。他逐漸走向「共和國統治者」的身分，但卻是由羅馬元老院及公民大會決議的結果。

西元前51年，凱撒征服高盧，成為羅馬功名顯赫的人物。羅馬元老院害怕他的威脅，龐培也唯恐他的勢力凌駕自己，因此他們彼此妥協，試圖削弱凱撒兵權。元老院命凱撒交出兵權，凱撒未立即答應，反而要求除非龐培也釋出兵權。元老院見凱撒未能輕易被說服，便決定保龐培棄凱撒，於是引起一場爭鬥，元老院、凱撒、龐培三者相互勾心鬥角，口是心非，一場內戰也逐漸爆發。

(三) 凱撒的活動—凱撒的功業

在無法達成共識下，元老院命龐培保護羅馬，並視凱撒爲「公敵」，拒絕給予任何讓步，雙方交惡，戰爭開始。西元前49年，凱撒率領軍隊越過盧比孔（Rubicon）河，一如當初的蘇拉向羅馬進攻。驚慌的龐培及元老院未做好準備，倉惶地逃到巴爾幹半島。

凱撒再度入主羅馬城，重新建立元老院。西元前49年，他前往西班牙解決龐培的軍隊後，擔任十一天的獨裁官。西元前48年他成爲執政官，並於西元前48年在希臘法薩羅（Pharsaules）打敗龐培。當他爲追殺龐培來到埃及，正值托勒密王朝發生奪位事件，凱撒愛慕克列奧巴特拉（Kleopátra），立她爲女王。西元前47年，他鎮壓本都（le Pont）國的反抗，連戰皆捷。西元前46年破例再成爲五年的執政官、再任十年的獨裁官及三年的審查行政長官，他成爲軍事上眞正的獨裁者。此時，共和國已名存實亡。

羅馬在凱撒的控制下，人民消極地接受，他嚮往皇帝般至高無上的權力，也積極地爲他的皇帝特權努力。在迦太基的特普絮斯（Thapsus，又譯塔普蘇斯）戰爭後，他掌握了政治實權；在西班牙南部芒達（Munda）戰爭後，使他榮獲金冠和「祖國之父」尊稱，並獲得崇拜。

西元前44年，他獲得「終身獨裁官」封號，但卻導致元老院的不滿，他們以行省人民反對爲藉口反對凱撒，圖謀刺殺凱撒的計畫。以布魯圖斯（Brutus）爲首的和共派組織陰謀刺殺凱撒。

(四) 凱撒的改革

凱撒在軍事上做好強而有力的措施：他安置老兵，使跟隨他的八萬名軍人各自擁有土地，也成爲他重要的支持力量。在境外，他給予南部高盧和西班牙地區人民羅馬公民權，不但提高個人聲望，也鞏固他帝國之路的重要基礎。

　　他對國內也有多項改革，他先使公民大會成員由六百人增至九百人，大部分來自被羅馬流放的蘇拉一派，多爲西班牙人及高盧人，甚至有部分是獲得解放的奴隸；他並提高元老院議員名額，大法官由八位增爲十六位，財政官員也由二十位增至四十位，並將執政官職務縮減，任期僅數月或數天，明顯貶低執政官的身分。

　　他也重視人民生活，以法律保障小麥分配，制定新的農業法案，使窮人、老兵可自由地購買土地，有三個孩子以上的父親也能獲得農村土地耕種權。他同時建築大量神廟、劇院、公共設施，請天文學家修定曆法，訂出一年三百六十五日，羅馬的太陽曆於西元前45年正式實行。

　　對於殖民地區及行省，他頒布法令給予合理的城邦自治權，並將八萬人移民至迦太基（Carthge）或科林斯（Corinthe）。高盧、非洲、西西里島、東方世界都獲得適當自治，使各行省羅馬化，給予高度寬容及不輕易剝削的管理方式，外地人民獲得較合乎人情的待遇，徹底地將所屬版圖眞正地「羅馬化」。

　　凱撒對文化有高度包容性並加以保護，使羅馬文化融合高盧文化，文化藝術廣被各個地區，凱撒於西元前52年作《高盧戰記》（*Commentarri de Bello Calico / Callic War*）一書，八卷，記載對高盧作戰的經過及高盧人的生活情況，不但文辭簡潔，文學造詣高，使戰爭史融合文學，連西塞羅也大表讚譽，認爲充分將高盧藝術美學及神祕主義和羅馬實用文化結合。

第二十五章
屋大維時期

羅馬帝國時期的疆域

　　西元前48年3月15日「共和國派」共謀殺死凱撒。凱撒死後，其他人開始爭奪權位。凱撒的部將馬克‧安東尼（Marc Antoine）及騎兵隊長雷比達（Aarcus Aemilius Lepidus）暫時獲得統治權。3月20日，安東尼策畫，鼓動百姓及凱撒的支持者，引起對凱撒的崇敬。然安東尼的權勢危及元老院，且他不能完全得到元老院的信任，因此元老院積極另覓替代人選，在西塞羅的推薦下，支持年僅十九歲的屋大維與安東尼抗衡。

　　西元前44年，安東尼欲奪取高盧總督職位，屋大維則堅決令元老院承認自己擁有凱撒的繼承權，並出兵討伐，於義大利北部姆提那城（Modéne）打敗安東尼，使他逃到阿爾卑斯山的高盧。

　　屋大維回到羅馬後，以執政官陣亡為理由，要求元老院任命他接

替，引起元老院猜忌和防範。西元前43年，他如願得到執政職位，但自此之後與元老院對立。

屋大維衡量利弊後，爲了鞏固政治地位而北上，他與安東尼、雷比達協議患難與共，結爲同盟，乃爲「後三雄」或「憲法共和三雄」（Triumriri reipublicae constitnendae），也展開西元前43年的「後三頭政治」。

一、後三頭政治

羅馬首次將後三頭政治公開化，並以三頭獨裁的形式，進行五年內復興羅馬共和的願望。協議結果由安東尼掌高盧；西西里、北非、撒丁尼島歸屋大維；雷比達取得西班牙及義大利，期限各五年。

他們先在國內打擊共同的敵人 —— 西塞羅，西塞羅死於安東尼部下之手；在境外，由於刺殺凱撒的元凶布魯圖斯（Marcus Junius Brutus）及卡西烏斯（Cassius）分別逃至馬其頓、小亞細亞，並建立勢力，他們欲聯合龐培次子塞克斯圖斯（Sextus Pompeius）對付羅馬三雄，戰事再起。

西元前43年，戰爭在馬其頓的腓力比（Philippi）爆發，後三雄獲勝，從此羅馬帝國版圖又成爲三人平分之勢：屋大維占領高盧、西班牙及義大利；安東尼取得東方行省，如敘利亞，小亞細亞；雷比達則得到非洲，後三頭政治也趨於穩定，但因一時不能消滅塞克斯圖斯，三雄也平分他所擁有的科西嘉島、撒丁尼島、西西里島。

屋大維返回羅馬，分配土地給三雄的老兵，再計畫圍攻塞克斯圖斯。西元前36年，龐培的軍隊被屋大維消滅於墨西拿之北，在逃亡中爲安東尼部下所擒，最後死於米利都。同年，因雷比達抱怨領地過小，欲占領西西里島，迫使屋大維起兵並擊敗他，讓他不但失去非洲，也僅得到有名無實的「祭司名位」。

此外，安東尼在東方也歷經巨變，西元前41年，他因結識埃及女王克列奧巴特拉，旋即感情快速滋長，並與之結婚留在亞歷山大城。但安東尼的前妻富爾維亞（Fulvia）及其弟盧基烏斯（Lucius Antonius）則和屋大維交戰，最後戰敗，富爾維亞因受安東尼冷落而病終。屋大維為鞏固二雄的情誼，仍然與安東尼交好，並嫁其妹屋大維婭以增進兩人的合作關係。

西元前32年，因安東尼有意將腓尼基、西利西亞等地賜予克列奧巴特拉之子，此引起了元老院的不滿，擔心羅馬將被亞歷山大城取代，西元前31年羅馬對埃及發動戰事。安東尼戰敗棄軍逃走，大部分人民則支持屋大維。西元前30年，屋大維再度進軍亞歷山大城，安東尼及克列奧巴特拉雙雙自殺，托勒密王朝滅亡，埃及併入羅馬版圖。

二、元首制的建立

羅馬人對君主政治沒有好感，征服東方後，更不願走向希臘化時代的君主政體。因此羅馬自始即透過律法強調權力的來源必須建立在軍事基礎上，維持共和傳統，權力取得均須透過行政長官職務。

屋大維跟隨凱撒的腳步，邁向帝國之路。但他體認到若直接進入帝國制度無法為人所接受，因此巧妙地以「元首制」包裝君主制。

屋大維在元首制中仍繼續保有羅馬護民官及執政官的權力，同時義大利及西方世界仍以他為首，並有權管理行省、指揮軍隊。

西元前31年，屋大維依然將「共和制」的憲法交付元老院，並保留執政官、公民大會、元老院，但將所有官職攬於一身，政治機構形同虛設。

西元前28年，屋大維安排人事布局，元老院中清一色皆為其親信，並任命自己為「首席元老」或「第一公民」（Princeps Ciritatis）。西元前27年，他「以退為進」，生活起居故作平淡，並表

示欲退隱，交出大權，以進一步恢復共和。然而元老院反而視他爲聖者，並尊稱他爲「奧古斯都」（Augustus/augere）。他也要求今後八月改爲「奧古斯都月」，從此明正言順地走向帝國，更擔任各種職務，掌握一切權力。西元前19年，他再度獲選爲執政官，立法創議權，西元前12年，羅馬人再選舉屋大維爲最高權位的大祭司。

(一) 奧古斯都的權力

奧古斯都聰慧地包裹著共和外衣，實際上以各種有利的方法鞏固帝位。對於人民的不可侵犯權、元老院的領導權及部落會議的立法權，他皆以一種新方式進行，他有權批准及任命人員、否決元老院或部落會議的決議，並可舉薦人員以選舉百人團會議，這樣既不喪失律法的選舉原則，更間接掌握元老院。同時，屋大維全權負責外交，此種元首制如同帝制。

奧古斯都的政治支持者多來自上層階級，他對奴隸階級或獲得釋放的奴隸漠不關心，甚至埃及人也毫無城邦自治權，但他倒是很在意義大利境內民眾，使他們了解一切行政措施都是爲其利益而設，適巧連年征戰下來，秩序混亂，田地荒蕪，這無非是一個使民眾感到休養生息的大好時機。奧古斯都大量發放補品給城中的貧民，民眾無形中滿意「共和外在，帝國實體」的政治。

內部改革並不如凱撒徹底，他運用權力設立一個私人委員會，成員多半是元老院議員或騎士階級。對行省和義大利內部他有不同的管理方式，行省的政治機構，他有限度地給予各行省人民羅馬公民權，由元老院管轄已羅馬化的行省，自己則管理其他行省。他委派人員管理義大利境內各城，由元老院及總督監督。屋大維視埃及爲個人資產，元老院無權干涉其事務，他也委派騎士階層擔任行政長官。

行省人民大致滿意這種政策，奧古斯都禁止掠奪征戰，並有效管理的態度，爲行省人民所接受。義大利境內人民也同時獲得休息及糧食補

給，亦無反對聲浪。

　　帝國的支柱是軍隊，內戰結束
後他犒賞軍隊並實行精兵政策，他
將七十多個軍團減至二十五個，加
上來自其他行省的輔助部隊，總數
不超過二十五萬人，主要成員為羅
馬公民，大部分駐守於邊疆或各行
省。

羅馬最古老的大道——阿匹安大道

　　奧古斯都為有效保衛邊疆地區，親自征服西班牙坎塔布連（les
Cantabres），派遠征軍征服非洲及埃及。他將給予亞洲小國自治，
如本都王國（Pont）、科馬基尼王國（Commagene）、卡帕多奇亞
（Cappadoce），吞併加拉太（Galatie）、猶地亞（Judée）等。同時
侵略西班牙和北日耳曼民族，卻遭到挫折，西班牙北部坎塔布連等部落
反抗羅馬最激烈，奧古斯都以七年時間加以平息（西元前26年至西元
前19年），征服西班牙。

　　西元前12年陸續征服多瑙河中、下游，西元前12年至西元前5
年則征服易北河，從此日耳曼於西元前5年併入羅馬，舍克人（les
Chauques）、倫巴底人（les Lombards）也歸附羅馬。

　　奧古斯都務實地告誡後繼者，不必再延伸國界，此時，帝國疆域也
大致確定。

三、奧古斯都的世紀

　　奧古斯都為羅馬人帶來很大的希望，他一如路易十四，賦予時代極
大的意義。奧古斯都時代正是羅馬的「黃金時代」。羅馬富有堅定的精
神被發揮，此也是羅馬於富足繁榮的指標。

　　當羅馬奉屋大維為「奧古斯都」，使他的偉大稱號和宗教不可分

割。奧古斯都成為大祭司後，政治和宗教不知不覺地被畫上等號。他抵制東方的哲學或宗教，只強調保守的文化風格。當然，人民對帝王的崇拜也合理地建築於普通的公眾願望，但它不啻一種政治上的王權思想。西元前29年，當安東尼及埃及女王兵敗自殺後，他為自己舉辦一場盛大的遊行，九位被征服國家的國王及王子作為車駕的前導，暗藏凌駕天下的君王之勢，但他聰明地低調且保守處理，使人們相信他的樸實、質樸，這種做法無論在宗教上或政治上都深受崇敬。

他恢復古代的宗教崇拜，在巴拉丁山修築阿波羅神殿，關上雅奴斯神殿的大門，表示戰事平息，與民休息。

奧古斯都也停止將敵人列入黑名單加以殺害的活動，使羅馬呈現平靜安和樂利的景象。他徹底將共和色彩的質樸作風融於奉天承運的神靈色彩。

對於風俗民情，奧古斯都也不排除倡導古風，西元前11年，他頒布《朱利亞反私通法》及《朱利亞婚姻法》，以嚴刑制止淫亂及奢華腐化風氣，使社會呈現清新、提倡家庭正常生活。

西元前17年，奧古斯都還曾舉行「盛世大祭典」（Ludi Saeaulares），企圖以巫術的宗教儀式標榜當時代乃一新的大時代。祭典於戰神廣場舉行，在阿波羅神、大地女神之前，由二十七位少年與少女，演出由詩人賀拉斯所作的《太平盛世頌》，宣傳其功業。

(一) 學術文化

奧古斯都力倡「維護羅馬和平」的原則，使文化因帝國的繁榮富庶更加光芒。學術方面，奧古斯都極力倡導文化精神及內涵，使得羅馬城充滿詩人、文學家、藝術家、演說家、科學家等人才輩出，由於他重視文化保護，使這些專業人士及能人都有一展長才的機會。

由於帝國興盛，日常生活充裕，百姓審美觀也提高，有文化、教養的上層階級沒有物質上的顧慮，又無須負擔政治責任及義務，故能自由

地享受文化及藝術薰陶。奧古斯都繼續凱撒的計畫，建立二座大型公立圖書館，私立圖書館數量更多，可見閱讀風氣之盛。

　　著名詩人維吉爾（Virgile，西元前70年至西元前19年）著有《田園詩》，賀拉斯（Horace，西元前68年至西元前8年）著有《諷刺詩》與《諷刺短詩》，他們都受奧古斯都的友人梅塞那（Mécene）保護，由於他努力地推動文藝，使二位詩人能發揮才能。他們都努力反映羅馬現實社會——西元前39年至西元前29年的農村狀況——藉由生花妙筆展現在大眾面前，也符合奧古斯都的期望。但令人欣慰的是，他們並沒有因替政治服務而奴化，能揭示真正的羅馬農村生活。

　　維吉爾對萬物保持高度的興趣，他同時也是文學作品流傳最廣的「國家詩人」。賀拉斯悠閒地脫離梅塞那的影響，回到出生地義大利北部維吉里奧（Virgilio）獨自歌唱他的班多西（Lafontaine-Bandousie）甘泉，作品優美而富有深度，上層階級對他崇拜備至。

　　由於當時設有書局，使得賀拉斯的詩集得以流傳，暫時拋棄亞歷山大詩體，將文學帶至另一境界。

　　作家當中，最著名的當屬史學家李維（Titus Livius，西元前59年至西元前17年），他的《羅馬史》長達一百四十二卷，字字珠璣，將羅馬歷史敘述得鉅細靡遺。他追溯羅馬早期的艱難、歷代的英雄功蹟，直到共和時代，內容包括王政時期至共和初期：第二次布匿戰爭、馬其頓戰爭及敘利亞戰爭等，同時包含文學創作，主題遼闊深遠。他專心治史的功夫，使羅馬歷史的全貌展現在後人面前，即使只有部分流傳至今，依然可見其史學成就。

(二) 奧古斯都時期的藝術

　　奧古斯都時期，由於文化豐富，建築材料更獲得大量供應，其中有各式各樣的大石塊及石材，不但細緻，色澤也以冷色系為主。

　　奧古斯都曾於凱撒廣場旁興造一個更為巨大的廣場，其中之豪華

羅馬競技場（內部情況）

羅馬競技場（外觀）

非凱撒廣場可匹敵，此紀念廣場是屋大維立誓替凱撒報仇後所建立的戰神殿，供奉戰神馬斯的廣場，但後人卻稱之為「奧古斯都廣場」，完工於西元前2年。

奧古斯都集會廣場上有半圓形神殿及馬斯・烏爾托（Mars Ultor）神殿，神殿劇院則由層層疊疊的形狀建立。此外還有奧古斯都、聖・雷米（Saint-Rémy）陵墓，三角形山牆及白色大理石的映照下，表現奧古斯對藝術的重視。

雕塑方面，凱旋門上的雕刻呈現歷史事件，風格充滿希臘化精神。至於羅馬的廣場或殿堂中，皆是精心雕塑的作品，不但使用大理石，雕工石匠甚至來自亞歷山大城、雅典、帕加曼等地著名的作坊，在精心設計下，古典與希臘化的浪漫滲入其中，配合羅馬務實的精神及奧古斯都的藝術風格。

浮雕上也顯示出希臘化的優雅裝飾，雕塑上有棕櫚葉漩渦裝飾；肖像畫也唯妙唯肖，如第一門的奧古斯都大理石雕像（Prima Porta）其神情落寞，面無喜悅，和同時期的歷史浮雕相較之下，顯然較不活潑。

奧古斯都時期藝術達至顛峰，建築和工藝皆大放光芒，西元前32年，著名建築學家維特魯威（Vitruvius），花費十年完成《建築十書》，將奧古斯都時期的文化藝術具體呈現，對後人影響很大。

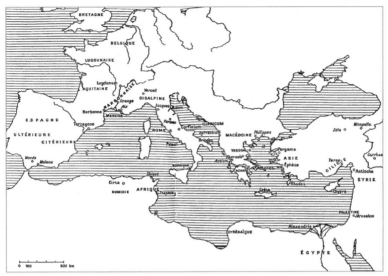

西元前一世紀時期的羅馬世界

羅馬帝國的東部省份

羅馬帝國時期的西部省份

第二十六章
羅馬下帝國

　　奧古斯都死後，由第三任妻子莉維亞（Livia）所帶來的繼子提比略（Tiberius）繼任，也開始了提比略王朝。

　　羅馬帝國前期，約自西元前31年至西元193年，分別歷經奧古斯都元首制期間及克勞狄王朝和弗拉維王朝；羅馬下帝國則自戴克里先（Dioclélitien）統治時期，再經君士坦丁帝制時期，而後東西帝國的滅亡（西元476年西羅馬帝國滅亡，西元565年查士丁尼大帝去世），在上帝國和下帝國的交接，還歷經一個「過渡期」，為西元三世紀的危機。

一、西元三世紀的危機

(一) 塞維魯王朝

　　歷經克勞狄王朝、弗拉維王朝、安東尼王朝。康茂德（Commode，西元160至西元191年）三十歲死後，整個由奧古斯都建立的帝國和平瞬間而逝，西元三世紀充滿危機及混亂，僅六個月內就易主二個皇帝，各省也不服氣，紛紛擁立皇帝，分據一方，禁軍更開始作亂。皇位的爭奪戰歷時四年，由潘諾尼亞（Pannonia）總督塞維魯（Septime-Sévére）結束混亂局面。塞維魯是非洲人，生於西元164年，卒於西元211年，他的軍團駐守在今日奧地利、匈牙利附近，由於軍團龐大，又有地利之便，於西元193年進軍羅馬，先後除去他的敵手尼日爾（Pescennius Niger）及阿爾比努斯（Clodius Albinus），並大肆殺害擁立阿爾比努斯的貴族及元老，從此坐享他的帝位。塞維魯生性殘暴，但對騎士及法學專家卻極禮遇，他娶敘利亞籍的朱麗婭‧多姆娜（Julia

Domna）爲妻，生一子卡瑞卡拉（Cara/Calla，在位西元211年至西元
217年）和哲塔（Geta）。康茂德死後，塞維魯呈現的是一個軍人專政
的專制時代，但關心窮人的命運，社會也呈現穩定狀態。由於中央集
權，邊境尚稱平靜。塞維魯曾征服安提阿並派軍駐守，帕提亞、不列顛
也是他欲征服的目標，西元211年病逝於不列顛。

　　塞維魯死後，理所當然的繼承者爲卡瑞卡拉，他遊手好閒，終日
沉迷於劍客之間，曾獲得禁軍長官的頭銜。塞維魯原有意立長子哲塔
（Publius S. Geta）與卡瑞卡拉共同執政，但卡瑞卡拉欲獨攬大權，將
哲塔刺殺，自立爲帝。

　　當政之後，卡瑞卡拉暴虐的行爲原形畢露，他濫殺無辜且奢華無
道。西元216年，他征服亞美尼亞，於征服安提阿途中被部下所弒。
其後政權由禁軍擁立的騎士階級馬克利努斯（M. Opellius Macrinus，
西元164至217年）所掌握，但他隨後又被軍團所殺。塞維魯的內姪孫
埃拉伽巴路斯（Heliogabalus）接替其位，但因毫無建樹，又被禁軍
所弒。最後所立之帝爲塞維魯・亞歷山大（Sévére Alexandre），時年
十三歲，他雖受過良好教育且性情敦厚，但權力都操控於其母及祖母等
敘利亞人手中，他雖極力治國，且有不錯成績，但西元前235年在萊茵
河一帶被暴軍殺害，結束塞維魯王朝，同時也開啓羅馬史上最混亂的時
期。

(二) 戴克里先的專制時代

　　戴克里先即位前五十年中歷經十六位皇帝，羅馬政治呈現空前混
亂。戴克里先出身於普通士兵，他是達爾馬提亞（Dalmatie）的伊里利
亞人，是個聰明而富權謀的暴發戶，亟欲拯救帝國存亡。西元284年，
任職衛軍長的他取得帝國的權力。由於擔心帝國消亡，帝位不保，極力
鞏固自己的寶座，使帝王專制的時代因而來臨。

　　他嚮往皇袍加身的神聖權力，如中國皇帝一樣，頭戴皇冠、身穿

皇袍，要部下行跪拜禮，藉此行天人合一的神授說。但不同的是，他能擢賢輔助，分別管理龐大的疆土，創立「四頭政治」。戴克里先將帝國疆域劃分四份，分別由四位有能力的人管理，增加統治的實效性，並非瓜分行省、破壞領土的統一。四位統治者中，他制定以自己和他的朋友瓦列里‧馬克西米利安（M. Aurelius Valerius Maximianus，約西元250年至西元310年）為正職，又稱「奧古斯都」，馬克西米安便治理西帝國。西元293年，戴克里先深感二帝仍不足，再立二位副手，分別為君士坦丁一世（Flarius Val. Constantius Chlorus，君士坦丁之父）輔助馬克西米利安；又拔擢好友伽列里（Galerius Val Maximianus，約西元260年至西元311年）以助其業，同時嫁女瓦列利雅（Galeria Valeria）以鞏固政治關係。馬克西米利安及君士坦丁一世分別管理西班牙、非洲及義大利，維也納高盧、不列顛等地；戴克里先則轄尼科米底亞（Nicomedia）、小亞細亞、埃及、色雷斯、昔蘭尼等地，副手則掌巴爾幹各省及潘諾尼亞（Pannonia）、色雷斯，莫西亞（Moesia）帝國只分割而不瓜分，且以戴克里先為首，同時四頭政治應保持姻親關係，以確保皇室血統及方便世襲。總而言之，羅馬選擇優秀人才分別治理國內及各行省，在這四頭政治中表現出優異的成績。

1. 戴克里先的改革

　　先就戴克里先的政治統籌而言，他能夠選擇「賢」和「勇」，不僅本著現實主義精神，更拋棄以往元首制限制、狹隘，讓羅馬義大利的優越性及地方自主精神實現。他將皇帝和神權合而為一，其目的是為神格化的帝位扎根，政治企圖極明顯。

　　改革部分，他試圖先鞏固軍權，將軍隊編制成機動部隊及邊防部隊，增加軍隊數量至五十多萬名；為避免叛亂及分立，他將行省縮小，全境劃分成一百個行省，羅馬也成為行省之一。

　　除了規劃版圖，他更積極抵禦蠻族，沿著帝國邊境修築防禦系統，經萊因河、多瑙河畔，敘利亞及北非，防止蠻族入侵。征兵制已成，然

後是精兵制，同時招募來自高盧、日耳曼、伊里利亞人的傭兵軍，以增強軍力。

　　經濟及社會改革方面，他制定新的賦稅制度，解決連年饑荒及戰爭造成的凋蔽。由於軍政混亂時期的稅務不清，有的地方不繳人頭稅、土地稅；有的地方全都得繳交，使得國庫稅率混亂，收入更為短少。他規定全部居民都得繳交土地稅和人頭稅，分別以各種職務、田地多寡按收成繳交。奴隸、官員、老兵、無財產者免繳，實物稅法也以一年為期，以增加軍方糧食。為防止逃稅，他限定人民必須固定在自己的土地上，不准自由民及農民任意遷移，田地只能子承父業，不能自由選擇職業，造成社會的矛盾及社會問題。他也力圖改革幣制，發行成色較奧古斯都時期純、重量較輕的金幣，無奈此舉已不能挽救長期的通貨膨脹，當然此制發行不久，不見成效終究無疾而終。

　　西元305年，戴克里先及馬克西米利安同時宣布退位，但他們卻忽略繼承者的強大力量：經過爭奪帝位的混戰後，由於君士坦丁一世兒子君士坦丁頗受士兵擁護，陸續消滅四頭繼承者的政治力量，成為西帝國的唯一君主。他廢除四頭共治的同時，也擴充自己的政治機構，所有官員的任免皆由君士坦丁一人執行，真正走向帝制。

(三) 君士坦丁

　　君士坦丁於西元312年10月28日獲得帝位，同時也宣布基督教的苦盡甘來合法化，基督教徒的犧牲也隨君士坦丁大帝的即位而重見光明。

　　君士坦丁是一位極有遠見的軍事及政治家，他使混亂多時的羅馬帝國再度統一，當然也走向軍事的獨裁。

　　君士坦丁於西元311年發表米蘭（Milan）詔書，顯示他實施改革的決心。他賦予自己帝王的權力，以貴族、伯爵分封他的忠實擁護者，並使他們進入政治組織。君士坦丁身邊圍繞主教、哲學家及高級行政官員，他改變立法，力行改革，但不可否認，對於陰謀及獨裁也不排斥。

　　為保持軍事穩定，應付邊境的不安，君士坦丁增加軍人數量，軍中的日耳曼人數也越多，並開始受重用。西元331年，制定法律使平民和佃農聯繫起來，更使得教會一切活動受到合法及保護，君士坦丁也以基督教之名聚資興建聖保羅（St. Paul）、聖若翰（St. Lateran）、聖彼得（St. Peter）、聖勞倫斯（St. Lorence）及聖女艾格尼斯（St.Agnes）等教堂，供成千上萬教徒及眾人宗教巡禮，同時亦使羅馬成為基督教中心。

　　西元337年，君士坦丁對波斯人發動戰爭，忽患重病於5月去世，臨終前他接受尼科米底亞（Nicomedia）主教歐塞比烏斯（Eusebius，又譯優西比烏斯）施洗，成為基督教徒。

　　君士坦丁死後，繼承王位的工作顯得極為重要，如同以往，帝位的爭奪使政局動盪不安。由於繼承王任的權限定極嚴格，最後終由君士坦丁之子分割帝國。歷時十六年的內鬥，終由狄奧多西（西元379年至西元395年）統一，但不久帝國又分崩離析，終至滅亡。

　　西元351年，君士坦丁二世於慕爾薩（Mursa，現今克羅地亞）擊敗對手，坐上拜占庭君士坦丁堡的寶座，在眾多表兄弟的幫助下統治帝國。

　　他雖是一位不錯的統治者，但卻未繼承其父的軍事才能，對於多瑙河的蠻族更是束手無策。西元355年，君士坦丁二世因無子嗣，只好立姪兒朱里安（Julianus）統掌高盧，防禦阿拉曼人（Alamans）及法蘭克人。西元359年，朱里安被軍人簇擁，演出皇袍加身。君士坦丁二世聞之大怒，殺害他的家人。朱里安以報家仇之名，進軍君士坦丁堡，大勝，從此君士坦丁堡再度易主。

1. 朱里安皇帝

　　朱里安獲得帝位後，避免內戰，順利登基。朱里安早年曾受過基督教洗禮，但因接觸信奉異教的哲學家影響，使他轉向復興傳統宗教，從此基督教受到朱里安歧視。他理所當然地成為許多基督教徒攻擊的目

標，但異教的力量終究大於基督教，遂演變成宗教間的攻訐，律法再度禁止基督教，基督教自奧古斯都至戴克里先之後，再度受到打擊。

朱里安與君士坦丁或戴克里先不同，他奉行「人道主義」，闡揚自由主義，不但減輕人民賦稅、恢復自治城市，對元老院及傳統元首制也極尊敬，他儼然是一位奉行神祕教義的修道者、立法者、行政長官及統治者。

西元363年6月，朱里安於遠征波斯途中受傷身亡，從此君士坦丁家族也隨之消亡。

2. 瓦倫提尼安一世至狄奧多西時期

朱里安死後，軍團擁立約維安（Jovien）將軍為帝，他很快地恢復基督教，但卻於折返回小亞細亞途中過世，統治時間才數月。軍團再度擁立瓦倫提尼安一世（Flavius Valentinianus，西元321年至西元375年）統治西帝國，其弟瓦倫斯（Flavius Julius Valens，西元328年至西元378年）則治理東帝國。二人皆為虔誠的基督教徒，分別信仰東正教派及阿里烏教派，基督教獲得良好發展。

瓦倫提尼安因感到分治的重要，西元367年任命長子格拉提安（Flavius Gratianus，西元359至西元383年）共同治理。但瓦倫提尼安於出征薩爾馬提亞人（Sarmatians）時身亡，格拉提安再立四歲之弟瓦倫提尼安二世共同治理西方，並於西元379年任命狄奧多西一世（Flavius Theodosius，西元346至西元395年）為東帝。西元383年，格拉提安於里昂被部下殺害，次年狄奧多西一世討伐馬克西姆斯（Flavius Magnus Maximus，約西元前335年至西元388年）成功，順利保住義大利北部。西元392年瓦倫提尼安二世也被部下刺殺身亡，著名修辭家友金（Flavius Eugènius，西元345至西元394年，又譯尤金紐斯）被立為帝以代瓦倫提尼安二世，但兩年後卻在與狄奧多西一世爭戰時戰死沙場，狄奧多西一世再度統一羅馬。

狄奧多西死後，帝國分治，正式分為東西。狄奧多西子嗣軟弱無

能，但由於東帝國地理條件豐厚及君士坦丁堡的防衛，得以維持至西元1453年。但西帝國於西元476年宣告結束，羅馬帝國的上古史也告一段落。

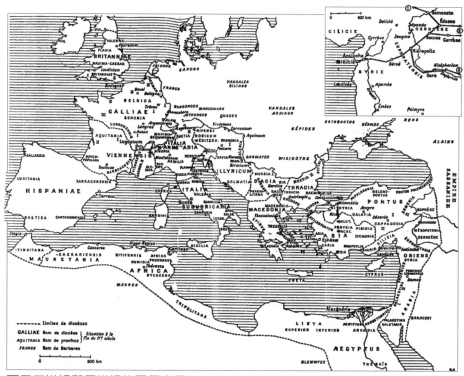

西元三世紀和四世紀的羅馬帝國

第二十七章
帝國行省與文化關係

羅馬帝國時期的文化反映出各種政治及經濟情況，涵蓋各行省及民族，亦揉合東西方行省的色彩，輝煌且燦爛，尤以帝國早期為文化的黃金期，羅馬集各種文化之菁華。

羅馬城市景觀

高盧人的木珠寶

一、行省文化與羅馬關係

羅馬帝國版圖廣闊，各種不同文化極為豐富，許多行省都已「羅馬化」，也相對地以本身的文化影響羅馬。帝國中期雖然政局混亂，幸虧未曾波及各行省的文化。

各行省每年舉行行省大會，負責每年各項節日慶典，羅馬會派遣使者與會，節目由公民製作，城市常舉辦此種盛大活動，往往使農村失去關照，城市文化逐漸風靡，鄉村文化則漸趨沒落。

羅馬受希臘文化影響極深，各種公共建築及神廟常見希臘風格，來自其他東、西方行省的文化也不知不覺被羅馬吸收，進而發展出真正屬於羅馬「實用精神」的特質。

凱撒錢幣頭像

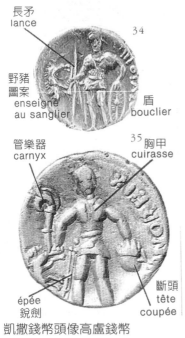

長矛
lance

34

野豬
圖案
enseigne
au sanglier

盾
bouclier

35 胸甲
cuirasse

管樂器
carnyx

épée
銳劍

斷頭
tête
coupée

凱撒錢幣頭像高盧錢幣

對於羅馬在東方的行省而言，埃及對外來文化的接受度不高，除了本身久遠的文化之外，最重要的是對自己文化認同的神祕感。羅馬帝國時期，除哈德良在上埃及創建安蒂諾波里斯城（Antinooupolis）之外，並無新的城邦。西元二世紀時，羅馬帝國大量允許私人產業及開發商業，新的有產階級漸漸主導文化動向，經濟繁榮使各行省致富，始有餘力推動文化流通。最顯明的例子是安提阿（Antioche），它成為敘利亞地區最繁華的城市，塞琉西亞（Seleucie）與庇埃里港〔Piérie，即泰西封（thésiphon）〕亦間接致富。

西元第一世紀，羅馬開發小亞細亞，舉辦各種競技，奢靡的風氣充斥，生活極盡靡爛更不在話下。

非洲地區、萊茵河沿岸及高盧地區也相當繁榮，孕育出輝煌的文化。但是發展較東方晚而質樸，也較不光彩奪目，正足以彌補羅馬的文化差異。該地穩固的地理條件及廣闊森林適合成立軍事區，藉此鞏固羅馬的政治力量，尤其是非洲的農業正可供應帝國所需，如此巧妙配合下，羅馬文化快速滲透，成為具有潛力及活力的地區。

戰車

高盧俘虜

二、社會

羅馬於克勞狄統治時期，正是世界主義的興盛期，許多奴隸在東方獲得解放，他們多半具有才學，大部分來自納博納省（Narbonensis）、內高盧（Cisapine Gaul）、西班牙，對文化交流貢獻良多。

富人為享受文學樂趣，尋求曠世之作，資助許多學者，因此作品逐漸增多、內容亦顯得豐富。克勞狄、尼祿支持浪漫品味及希臘化文化的東方風格；弗拉維王朝則轉而支持質樸之風。上行下效，學術風氣、藝術品味隨當政者的喜好而呈現不同風貌，不過社會因素也不可忽視。各行省產生許多有產階級，他們支持傳統及嚴肅，義大利的富有者更竭盡所能地維持傳統，一種不威脅現有局勢的傳統，因此文化上未能有突出的作品及開創新風格的活力。

帝國歷經混亂動盪，王室家族由盛至衰，甚或遭受迫害，舊貴族消失，取而代之的是一批同樣驕傲自負的新貴族。他們開啟一種新文化，將學術、文化帶向「愛說教」的理念，不但毫無創新，更使文化停滯不前。這種注重雄辯術卻不求精進開創的文化，令人對東方文化產生懷疑及抗拒，使羅馬的藝術衰微，文化的黃金時期逐漸消失。

角鬥士

賽車

以小孩為祭品

年輕的羅馬子弟學習拉丁文

三、哲學

　　帝國政治的變動與社會思想多元化的影響下，出現許多哲學派別，各種唯心論或遵奉傳統的傳統主義等，使羅馬學術領域更顯多彩多姿。除了延續共和時代西塞羅的唯心主義之外，尚有懷疑學派、斯多葛學派、新柏拉圖學派等，將人類思維帶往新領域，產生往後結合基督神學的精神。

早期斯多葛學派強調唯物論，物質作用大於心性，至帝國時期則被棄置一旁，開始崇尚一種新斯多葛主義。它不再只注重實務，而是趨向於唯心，強調禁欲主義及宿命論在帝國時期盛行一時。但由於不切實際，無法紓解帝國危機時的人心，而且將伊比鳩魯主義變成悲觀哲學，使唯心論散播於上層階級。奉行此種思想的代表主要以暴君尼祿（Nero）的大臣兼老師塞尼加（Lucius Annaeus Seneca，約西元前4年至西元65年）為首。

唯物論者首推琉善（Lucien，西元120年至西元200年），他因出生貧苦人家，能體會下層階級的辛勞及需求，對社會現實及人生經驗感觸至深，常以對話形式或諷諭表達其思想，作品有《渡口》、《諸神對話》等，他排斥虛假不實的迷信，同時堅信並竭力讚揚斯多葛派學說，對無神論學說形成一定影響。

四、文學

文學風格在不同時期呈現不同風貌，但藝術創作卻不高，分別敘述如下：

(一) 克勞狄時期

作品較無創造力，題材亦不廣泛，對於科技、史學涉及不深，以庫爾提烏斯（Quintus Curtius Rufus，約西元前41年至西元54年）、帕特爾庫魯斯（Velleius Paterculus）、科魯邁拉（Columella，西元4年至西元70年）等人的作品為代表，但大部分乏善可陳。當時最重要的作家為塞尼加，他的表現手法使人感受強烈的悲觀色彩，作品中往往為不連續的傷感，他不但廣泛地運用社會題材，並結合精神和文化層次，使作品深入人心。他極推崇斯多葛學說，作品帶有許多此種學說思想，《給盧基里烏斯（Lucilius）的信》感人肺腑，應是當時難得的佳作。

(二) 尼祿時期

　　文學墮落之風襲捲羅馬，充斥阿諛、逢迎及毫無建設的作品，波爾斯（Perse）及盧坎（Lucain）是極力跳脫出窠臼的新時代詩人，波爾斯由於不滿頑廢的浪漫不實，嘗試以各種尖銳、栩栩如生的動人詩篇力挽狂瀾，他與塞尼加同樣極力讚揚斯多葛學派，宣揚佳圖（Caton）及龐培（Pompée）的「共和主義」。

　　盧坎的作品《法薩羅》（*Pharsale*）是一部精彩的史詩，文中結合歷史背景及精湛的雄辯術，內容豐富引人入勝。但波爾斯及盧坎都英年早逝，只在文壇上曇花一現，未能將清新思潮遍及社會。

　　另一著名的作品為佩特羅尼烏斯（Gaius Petronius，西元27年至西元66年）的《薩瑞蒂貢》（*Satyricon*，諷刺小說），由於當時奴隸階級備受勞苦、生活艱辛，亦無社會地位，統治階層的剝削缺乏人道，佩特羅尼烏斯使用小說題材，以諷諭及尖酸的幽默語言，將親眼所見的社會弊病，具體化為社會寫實之作，呈現羅馬的浮靡墮落。

(三) 弗拉維王朝時期

　　文學直到此時終於有所突破，史學及雄辯術技巧更臻純熟，由昆體良（Marcus Fabius Quintilianus，約西元35年至西元100年）帶領，不但在各場演說中提倡「拉丁文」文學教育，更力主修辭學的重要，他於著名的《演說制度》中傳授許多雄辯術原則，具備健康且古典的修辭學養，他使羅馬上級法院人員的高等教育含有高度的修辭訓練，提升高明的雄辯術，該著作是拉丁文學重要的里程碑，更成為文藝復興的典範。昆體良受西塞羅（Cicéron）影響最深，感受希臘文化精髓之餘，促使他（昆體良）展開文學批判，並投入拉丁文學創作。

　　老普林尼致力史學及自然科學，其著作《百科全書》雖然文學價值不高，但內容嚴謹、敘述精闊詳細，也獲得好評。

(四) **圖密善及圖拉眞時期**

塔西佗（Tacite）及小普林尼可說此期最重要的文學家。當時不乏散文、修辭或雜文著作，小普林尼（Gaius Plinius Caecilius，西元61年至西元113年）是以書信體寫作的名家，他的書信作品不只對語言極下功夫，同時對雄辯術精闢探索，文字洗鍊、風格優雅而不失旨趣，見書信如見其人，生動扣人心弦。他不但熱愛文學，亦是一位正直的人，圖拉眞時期，他充分地展現盡忠職守的臣子本分，協助圖拉眞成爲一位明君。

塔西佗出身貴族，受過良好的貴族教育，不但精於寫作，更擅雄辯，曾力著《演說家》的對話。他雖爲元老院顯貴及執政官的女婿，但仍保持清流。經過圖密善的暴政直到圖拉眞時期，終能活躍於史學界。西元97年，他任執政官，曾發表二部史學著作，其中一部爲著名的《日耳曼人的歷史》。由於身處政治環境之便，寫史更具透視，由克勞狄王朝統治寫至弗拉維王朝。他悲傷的筆調、措辭強硬，顯出對專制及暴虐統治的壓抑；詩意及優雅言辭表達對圖拉眞賢主的敬重及讚揚，是一位具有羅馬共和思想及正直品德的眞正文學家、史學家。

圖拉眞及哈德良（Hardrien）皇帝時期，也誕生另一位著名的歷史學家蘇埃托尼烏斯（Gaius Suétonius，約西元69/75年至西元130年後），他曾擔任行政長官，標榜現實主義精神，著作中喜愛以故事手法表現。他首先使用檔案庫的資料及文獻寫作歷史，突破傳統的史學方法，他的歷史著作《十二位凱撒生平列傳》，獲得很高的評價。

西元二世紀時，由於羅馬帝國融合各地文化，不但帶有商業性，更含有國際性，但作家題材無法推陳出新，大多無新創意，只有阿普列尤斯（Lucius Apuleius，約西元124年至西元189年）的小說別出心裁，反映羅馬當時注重娛樂性及休閒生活。

阿普列尤斯出生於北非，父親曾任執政官，受過良好教育，不但曾習多種語文並遊歷各地，他突發奇想的《金驢記》，不僅生動活潑，更

因騙子、流浪漢的冒險故事題材，將當代背景、風俗、習慣融入，引人入勝——內容述及一個為求得魔法的流浪漢，騙得魔女的愛情只為得到魔藥，但陰錯陽差之下使自己變成一頭驢子，苦嘗喜怒哀樂、領悟人生真義，在廉恥心發現之下，受到埃及女神赦免，回復人形……。——故事精彩動人、膾炙人口，成為羅馬小說的經典。

小說之外，西元二世紀末有重大發展，拉丁文學也於塔西佗之後未能繼續生輝，崇尚現實主義的馬提亞爾（Marcus Valerius Martialis，約西元40年至西元104年）及尤維納利斯（Decimus Junius Juvenalis，約西元60年至西元127年）以諷刺短詩嚴正看待。

五、希臘文學的復興

西元二世紀，衰落的希臘文學因拉丁文學的沒落再度興起，除了東方文化大放異彩之外，亞洲城市的繁榮及希臘祕密教義興起都是主要助力。

著名文學作家中，以出身弗拉維家族的弗拉維·約瑟夫斯（Flavius Josèphe）為代表，儘管出身特殊，他具有民族思想及一顆悲憫之心，對文化的熱忱完全表露在文學中，著有《猶太人的古典文化》一書。另一位是亞歷山大城的斐洛·尤迪厄斯（Philo Judeaus，約西元前25年至西元40/50年），他雖生於卡瑞卡拉時期，但試圖於聖經中尋找他所關切的哲學及柏拉圖主義，藉諷喻的方式表現他對人道主義的關注。

小亞細亞也於安敦尼（Antonins）王朝期間大放異彩，許多文化皆是羅馬學習的楷模。尤其在哈德良時期，希臘文化受到保護及發展。此時出現一種新的雄辯術技巧，但卻極其複雜、冗長、誇張。這樣的雄辯技巧只適用於上層階級，他們有錢有閒並愛好虛榮，只得將不實用的雄辯術用於書寫，精簡有力的口頭雄辯術隨之沒落，取而代之的多半為如琉善（Lucien）等獨立思想家所寫的諷刺詩。

第二十八章
羅馬帝國的藝術與科學

　　羅馬帝國發展至西元一世紀時，公共工程已顯豐富，建築物的特性仍不脫羅馬人重視實用的精神。由於奧古斯都時期已奠定良好的基礎，帝國的建築成為當時最輝煌的表現。

　　其後克勞狄或尼祿等也都對建築特別重視，最主要因素是宣揚國威或粉飾太平，但最終目的仍為了個人享樂，間接造成羅馬及各行省建築藝術盛行。

　　羅馬幾次從災難中浴火重生，尼祿更藉此興建新皇宮，他令建築師採用全新技巧，設計出與以往共和時期不同的菱形磚塊，但也採用大批長形磚塊，都是建築的一大創新和突破，也精進建築結構、風格與技巧。

　　弗拉維王朝時期東方色彩逐漸消褪，大量運用土木，再度改良建築技巧，建築物不但堅實渾厚也顯得富麗堂皇。

一、藝術

　　西元79年，維蘇威（Vesuvius）火山爆發，岩漿掩蓋龐貝（Pompeji）、史塔畢亞（Stabiae）、赫庫蘭尼姆（Herculaneum）。考古學家陸續挖掘出龐貝的藝術品，繪畫顯出縹緲、細緻的風韻，表現唯美。作品

龐貝城劇場

大多為壁畫，主要是人物肖像，例如一幅畫像中高雅的貴婦，手持寫字板將筆桿放在唇邊沉思，唯妙唯肖。她頭上戴著黃金絲品飾品，耳環的適當裝飾更顯出高貴。其他還有著名的銀行家朱康杜斯（Jucundus）半身像，普奧庫呂斯（Proculus）及其妻的自畫像，畫中人使我們一窺當時社會的景象。

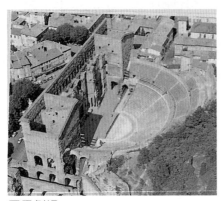
羅馬劇場

西元69年至89年，韋斯帕薌及提圖斯為紀念鎮壓猶太人叛亂而興建羅馬哥羅塞姆（Colisée）圓形競技場，這是羅馬及整個古代世界中最巨大的競技場。圓柱式的建築，配合空前絕後的精巧設計，優美的幾何圖形令人訝異，場內可容納五萬名觀眾，舞臺周長有五百二十多米。四層拱門，有多種設備如起居室、辦公室、倉儲室等應有盡有，可說是藝術史上的偉大鉅作。拱門的柱式使用多利克柱式與愛奧尼亞柱式，顯得秀美中帶有峻麗。

西元二世紀時，水泥（Caementum）普遍被使用為建材，它是以石灰、火山灰、水、陶土混合，堅固且耐用。此外灰泥（Stucco）也被大量使用於建築上，材料以石灰、大理石粉、水、沙等混攪而成，品質細膩，適用於粉飾。根據使用的建材顯示，此時期注重堅固實用，例如在圖拉真紀功柱刻上二千五百人的浮雕，表現達西亞戰爭浩大的場面及歷史珍貴文獻，建築師大馬士革（Damas）的阿波羅多洛斯（Apollodore of Damascus）更於圖拉真（Traian）廣場大顯身手。

圖拉真及哈德良統治時期使羅馬帝國藝術達到高峰，不但完全吸收希臘文化，發展出自身的創造，且各行省的文化相互交流，兼容並蓄。但令人訝異的是，各省間存在對帝國藝術的默契，甚至流行以羅馬為時尚風潮，文化上臻於難得的統一。

不論於小亞細亞、希臘、埃及、敘利亞都有極為優秀的手工業者、藝術家、建築師，他們貢獻專長，為羅馬文化與帝國文明努力。此一時期如哈德良所造的蒂沃利莊園（Tibur）、萬神殿、維納斯（Vénus）神廟使用東方式圓頂，搭配希臘化風格，展現高雅又富雄偉嚴肅的氣質。哈德良統治時期，最著名的代表作應屬

羅馬式建築

「萬神殿」。羅馬疆域廣闊，各地崇拜的神靈不盡相同，萬神殿供奉上萬的神靈，為建築藝術中的特例。萬神殿採圓頂的水泥結構（有此一說：哈德良皇帝之所好），象徵時代古典、包容、融合的精神，它不同於長形柱廊，而是希臘式八柱門廊；它不同於尼祿時期的八角廳堂，改以圓廳，彷彿置身於浩瀚蒼穹之中。萬神殿也是羅馬帝國文化建築保存最完善之一，屹立不搖象徵當時建築的一大進步。

雕刻仍是羅馬象徵實用的代表，以浮雕為主要表現，但就整體而言，主題顯得沉穩而不夠生動，技藝雖高超完美，卻缺少富生趣的題材搭配。帝王喜好在凱旋門上立半身或全身雕像，以標榜其建樹。在雕刻藝術中再摻上浮雕作品，使其更為熱鬧，如在君士坦丁的凱旋門刻上浮雕作品，不致使人感到乏味；又如馬可‧奧里略（Marc Aurele）浮雕位於宮殿中，雖表面使用圖拉真（Trajan）柱，但卻不失馬可‧奧里略柱式風格。圓形浮雕相形之下顯得更活躍，如哈德良皇帝的蒂沃利莊園，大量使用希臘風格，較多變化而豐富。

雕刻藝術中的代表為「勞孔群像」，現藏於梵蒂岡。一塊巨石卻

羅馬人的鑲嵌圖畫

描繪出栩栩如生令人恐懼的情景，特洛伊的祭司勞孔及二個兒子被巨蟒吞食的驚悚畫面，令人毛骨悚然是作品表現的高明處。

鑲嵌藝術發展成熟，澆鑄鉛板技術盛極一時，題材更為鮮明，取材神話故事，使內容更為豐富。各行省大量運用此種技藝，敘利亞、非洲、萊因河岸地區都以發展精細的鑲嵌藝術聞名，不但大量採其花邊紋飾，且有螺旋、直條式、滾邊式等各種圖案，使雕刻藝術頓時生色不少。

總之，羅馬浮雕藝術在圖拉真之後逐漸沒落，雖於哈德良時稍有振作，仍陷於仿效之勢。此時希臘的仿製品出現，羅馬藝術難再現古典主義風格，使人們意識到後期羅馬帝國文化衰敗的改變。

二、科學

羅馬所處的義大利半島，因其生活方式廣泛吸收各種文化精髓，加上實用精神，為科學發展提供良好的環境。科學在帝國時期，原可以有一番卓越的成就，發展潛力無限，卻因帝王傾全力發展宗教，使自然科學方法的研究停頓，許多科學研究方法不再進步。

自然科學史上最有成就的是老普林尼（Gaius Plinius，西元23年至西元79年），他出身騎士階層，為北義大利科莫人（Côme）。他雖為騎士但畢生致力於自然史，著有《自然史》，全書共三十七卷，是一套包含各種學門的百科全書。他一生專心學習，並將所見所聞記於筆記，考察各地手不釋卷，死後留筆記有一百六十多卷，《自然史》為其中菁華。他的百科全書包含甚廣，上及天文學、宇宙學，下至地理學、動物

學、植物學、歷史學、語文學、醫學、礦物學、生理學、人類學，不但有科技、文學、史學等，涉獵極廣，他還蒐集羅馬、希臘名人及著作，更參考二千餘種檔案文獻，極其用心，彌足珍貴。西元79年，老普林尼不顧危險，深入維蘇威火山直接觀察自然現象，但卻因吸入過多火山灰而死。其外甥小普林尼承襲其志，完成其著作。

　　另一位和老普林尼一樣執著的是斯塔蓬（Strabo，西元前64年至西元23年，又譯斯特拉博），他以希臘文寫下十七卷《地理學》，出身於小亞細亞貴族的他擔任埃及總督時曾實地考察羅馬版圖，包括希臘、黑海沿岸，囊括歐亞非三洲疆域，以嚴謹的態度完成這部地理專書，科學性質又比老普林尼的著作更為深入，成為地理科學的濫觴。

　　農學方面，西元一世紀的農學家科魯邁拉（Columella，西元4年至西元70年）研究各地農藝，並結合羅馬的經濟發展，其著作《農業論》也影響中世紀農學及莊園經濟。其他尚有植物家安東尼斯·卡斯特（Antonius Costor，西元一世紀中）記載百草，對科學與醫學貢獻卓著。

　　醫藥學上，塞爾蘇斯（Comelius Celsus，西元30年至45年）著有《醫學大全》，將外科實用及內科運用學科有翔實記載，對於各種病理、手術方法、牙科或骨折，皆有先進工具治療，還有取出鼻子息肉或針對外科整形術的構想，甚至對治癒膀胱或結石皆有記載，是頗為先進的醫學觀。由於醫學逐漸發達，羅馬政府於西元14年建立一所希臘醫校。

　　西元二世紀，安敦尼王朝時期，羅馬科技已發展至高峰，同時也正是由盛走衰的轉捩點。天文學也是為輝煌時期作結論之時，代表人物為亞歷山大城的托勒密（Claudius Ptolemaeos，西元85年至西元168年），他著有《天文學大成》將古代天文學總集而成，解釋宇宙各行星、恆星的運動，並推演各種曆算，證實天文學在此時已獲得相當成就。除此之外，他也著有《地理學》八卷、《光學》等書，將宇宙、天

文、地理合一，做精細的結合，同時將科學提升至更高層次。

　　此時，也有一位將理論結合實際應用的水道工程學家弗龍提努斯（Sextus Julius Frontinus，西元40年至103年），著有《論羅馬之供水》，他曾擔任水道工程師及羅馬水道管理，對於水道技術及測量都著有專書。他因大膽推演水的流速和水管口徑及管線深度的關係，在物理學及力學方面有卓越貢獻。

三、法學

　　羅馬民族講求秩序一如希臘民族愛好自由，法學規範人民及統治階層各種關係，但帝國時期以來，法學編纂更為興盛，法律規範也相形越多，代表著一種新的君主階級為主，社會階層承受壓力及矛盾的表徵。但法學的興盛使後人了解當代的種種。

　　羅馬法於西元一世紀時因二大派人士而強烈分歧，一派為薩比尼安學派（The Sabinian School），代表人物為薩比努斯（Sabinus）及薩爾維烏斯（Julianus Salivius），他們代表公民的利益，另一派為普羅庫利安學派（The Proculian School），代表學者為塞爾蘇斯（Celsus）及普羅庫盧斯（Sempronius Proculus）等，他們代表貴族的利益。二派人士爭執不下，但因羅馬法原則一致而握手言和。此時有法學家卡皮托（Ateius Capito）及拉比奧（Antisfius Labeo）整理羅馬法，加以註釋及分類。

　　西元二世紀時，蓋約（Gaius）著有《法學進階》（*Institutiones*）四卷，將各種訴訟及權利義務等詳加說明，是重要法學讀本。

　　其他著名法學家有鮑盧斯（Julius Paulus，西元121至西元180年）及烏爾比安努斯（Gnaeus Domitius Ulpianus，西元170年至西元228年），他們都為法學著作開啟新契機。帕皮尼亞努斯（Aemilius Papinianus，約西元140年至西元212年）及莫德斯丁努斯（Herennias

Modestinus，生年不詳，約卒於西元244年）則相繼活躍在西元三世紀，他們任職律師或法官，並以書面問答回覆各種法律時事及問題。

西元426年，西羅馬皇帝狄奧多西二世及東羅馬皇帝瓦倫提尼安三世（Valentinian III）共同成立「引證法敕令」（此乃追溯至屋大維稱帝後欲操控法律，只允許皇帝公開解釋法律為基礎，為帝王爭相仿效。直至哈德良規定，當皇帝及學者意見一致時，始產生法律效力）。此時二帝之引證法規定，以蓋約、鮑魯斯、烏爾比安努斯、帕皮尼亞努斯及莫德斯丁努斯之法律學說為依循標準，若此五家之說相左，則採多數論為法律效力；若五家又各為分歧，則應以帕皮尼亞努斯的法學為準則。

羅馬法學此時進入黃金時期，羅馬法的不成文習慣法，逐漸經由整理成為成文法。帝王藉以消除部落會議的立法權，擴張自己的權力，提比略皇帝之後更變本加厲，百姓的立法權也被剝削，演變至最後，儼然使帝王所欲皆成法律有失羅馬法的原則，因此帝國後期法學漸漸衰敗。

羅馬法律因全力維護奴隸制度，使奴隸永遠被壓在法律之下，為人所詬病。但可取之處為，羅馬先進的法律思想將法律繁瑣處簡化，對人法、商業貿易、民法、自然法、物法、財產法、權利、義務法詳盡規範，更成為今日法律世界的藍本，被法學界奉為圭臬，是不可或缺的準則。羅馬法學的成就如今仍顯而易見。

第二十九章
下帝國的文藝

　　自西元三世紀帝國面臨危機以來，羅馬社會、經濟及文化逐漸衰落，帝國文明也走下坡。帝國的軍事、政治大混亂影響社會極深。縱使戴克里先及君士坦丁大帝以專制力圖挽回，卻因更壓制奴隸，反而使經濟及社會問題日趨嚴重。

　　戴克里先繼承帝位後，逐步集所有權力於一身，臣民須向他跪拜叩首，地位前所未有地崇高。他欲調整以平衡各階層，無奈富人早已受盡優待，無法接受限制物價的做法，而且物價受拱抬，黑市交易因此更為熱絡，人民生活更加困難，與戴克里先為解決人民經濟困難的原意背道而馳，他因不能真正了解升斗小民之所需而失敗。君士坦丁雖力挽狂瀾改造社會，卻依然忽視、甚至更為欺壓奴隸，使上層階級與下層人民對立，人民紛紛起義或革命，因而決定了帝國走向東、西分治，加速西帝國快速敗亡。

　　帝國社會中，影響最大的是奴隸問題。早在共和時期，國家允許農民依附於土地之上，希臘化時期，人民更加依靠農地及田產，將其視為生存的依靠。西元二世紀起，帝國政策有重大變化，農民必須以實物取代金錢繳納田租，將農民固定在農地上，不能離開或休耕，農民失去自主，眼見政府無能及混亂，無暇顧及百姓，因此百姓只有群起反抗，為生存爭取權利。他們集結士兵，成立自衛軍團，共同對抗大地主或富者的壓迫，西元三世紀時終於造成社會大規模的動亂，各省紛紛響應。

　　西元四世紀時，農民地位因為進一步的限制而日趨下降，西元331年君士坦丁頒布法令禁止農民逃跑，否則處以刑罰，使農民苦不堪言造成更多的佃農只能依附於主人。除此之外，農民必須將收入的三分之一付給地主，三分之一繳交土地稅，這些都須以實物繳交，其他還有各種

運輸實物稅、替國家及主人服徭役，如維修道路等，農民生活艱困，是
農奴制度下的犧牲者。

西元四世紀以後的皇帝都效法君士坦丁的政策，農民再陷苦境，
法令規定不准他們逃跑，農奴隨土地一併出售；主人對農奴擁有一切權
利，而且農奴必須每五年接受一次調查，再依其「工作能力」徵收賦
稅。此外，這些暴君規定各省必須依時繳交嚴苛的賦稅，這些苛稅必須
由各省或各自治市議員擔保，若無法徵齊或如期上繳，擔保人將被處
死，議員往往因此逃亡他鄉，甚至成為農奴以求逃稅或免除刑罰。

政治衰敗是導致經濟下滑的必然因素，西元四世紀時，只剩下一些
依附於地主的孤苦農民，自由農早已隨法令政策消失殆盡。他們只能永
遠依附於租地上，並依時納稅。整個帝國經濟開始倒退，呈現負成長，
農業呈現萎縮之勢，進而受到影響的是手工業，大批奴隸在經濟蕭條下
失業，城市手工業及各行業都衰敗，惡性循環下導致物價膨脹，帝國經
濟崩潰。況且上層階級享受浮靡奢華，全年假日至四世紀時增加近三倍
之多，但一般民眾未能享有此權，帝國的衰敗實不足為奇，文化藝術的
衰退也是必然。

一、學術

西元三世紀至五世紀時，帝國因經濟問題耗去太多時間及精力，許
多羅馬人已不再以身為羅馬人為榮，最後竟羨慕蠻族人民的自由、不受
外物束縛而講求人道，可見帝國末期人們面對物質困難情況下，對藝術
或文化，已不再有太多閒情及心力。取而代之的是深入心靈的基督教，
它不但可求得心靈的慰藉，對社會人民而言較為實用，古典文化因而逐
漸沒落。

唯有古希臘文化稍有復興，文學方面的成就不大，狄奧‧卡西烏
斯（Dio Cassius，西元150至西元235年）曾寫作《羅馬史》，記敘古

代羅馬至塞維魯王朝的史事；里巴尼烏斯（Libanius，西元314年至393年）在眾多書信及著作中傳達文化修養，深入修辭研究，其餘大多以模仿者居多，極少有創新的作品。

另一方面，基督教文學或神學隨基督教的興起而發展，以亞歷山大城的克萊門特（Clément）、西普利安（Cyprien）、特圖里安（Tertllien）、俄利根（Origène）於西元四世紀時表現活躍，有助於將文學與宗教合一的宗教文學。

哲學方面，值得一提的代表為亞歷山大城的普羅提諾（Plotinus，西元204至西元270年），他自創「新柏拉圖主義」（Neuplanismus），結合基督教及東方印度、波斯文化的菁華，再融合柏拉圖、亞里斯多德及畢達哥拉斯的學說與思想，強調一種放射力量（Emamation）。他認為人們的享樂或富貴如夢幻泡影，一切將歸為零，故應善用一種屬於自我的放射力量，放射出世界靈魂（Weltseele），然世界靈魂必回歸於善源，合而為一。這種進步的宗教哲學思想深深影響基督教思想及哲學觀。

二、教育

羅馬注重公民的教育，十一、二歲時便接受專業教育，培養建全人格。教師的學識淵博，甚至任教於君主或成為君主顧問，例如狄米斯提厄斯（Thémistius，西元317年至西元387年）曾受僱於君士坦丁（Constance）、瓦倫斯（Valens）、狄奧多西（Théodose）。里巴尼烏斯（Libanius）除大為倡導「人道主義」，更善於演說，他留下大量書信供知識界參考，他也是朱里安（Julien）時的名師。著名的教師不乏來自行省的優秀人才，位於高盧的馬梅丁（Mamertin）及帕卡特斯（Pacatus）就曾使用拉丁語寫作；又如希默留斯（Himerius，約西元315年至386年）和狄米提厄斯（Thémistius）也曾使用希臘語寫作。

此時期也是詭辯學派盛行之時，尤以西元四世紀時，強調詭辯學教育，融入東方教育的精髓，安提阿（Antoche）、亞歷山大城、君士坦丁堡、高盧的歐坦（Autun）、波爾多及義大利的米蘭，皆爲詭辯學派盛行的地區。

三、藝術

羅馬藝術發展至晚期，技藝與寫實性及技巧都呈現退步，較無生趣，大多爲表現而表現。

以雕塑而言，凱旋門上的浮雕僅剩枯燥、呆滯，不見前期藝術的大方、沉穩。

塞維魯王朝所建的凱旋門，風格或特色已大不如前，立於羅馬廣場的東北方，以雄偉著稱，大門兩旁有浮雕裝飾，可惜缺乏巧思，內容一無可取，面無表情的士兵列隊行進，只突顯塞維魯的豐功偉業，毫無藝術之美，建築雖堅固耐用，但卻無情感的表現。

羅馬凱旋門　　　　　　　　　君士坦丁皇帝凱旋門

其後將近五十年的動亂，直到戴克里先才大肆整頓，君士坦丁時才又建立凱旋門。

羅馬的廢墟（科林斯式的建築）

　　君士坦丁的凱旋門位於哥羅賽姆大競技場旁，君士坦丁戰勝馬克森提烏斯（Maxentius）後，元老院及人民為顯示其功勳，於西元315年所建，建築壯觀宏偉，使用三門三拱式，襯以科林斯柱式，柱頂有浮雕裝飾。但風格仿奧理略凱旋門上的作品；科林斯柱也是模仿圖密善（Domitianus）時期的作品，人物立像也是圖拉真凱旋門的風格，只有圖形浮雕為君士坦丁大帝時期創作，但手工粗糙，較無特色。二個橫浮雕描述皇帝向眾人發放救濟糧食與發表演說的情景，不但毫無創意且過分拘泥形式，雕刻技藝也大不如前，古典藝術注重靈活及富於變化的風味也消失殆盡。

　　繪畫方面則呈現複雜變化。從塞維魯王朝起已背離古典傳統，投向現實主義，以加利安（Gallien，或譯加里恩努斯）、朱里安（Julien）的肖像畫為代表。但之後為了過分誇顯雄偉效果而失去原本質樸實在的性質，直到狄奧多西（Théodose）及其子嗣的皇室畫像及肖像，彷彿又重現一種脫俗清新風格，這時已是追求一種拜占庭式的特殊表現手法。

　　公共建築方面，最著名的是公共浴池。自奧古斯都時代起，已有最

巴黎拉丁區的古羅馬浴場

早的公共浴池，但戴克里先（西元302至西元305年）繼尼祿、提圖斯（Titus）、圖拉真之後，修築當時規模最龐大的公共浴池，比卡瑞卡拉所建的浴池更寬敞，占地四萬多坪，可容納三千人，現今為羅馬國家博物館。卡瑞卡拉（Caracalla）所建的公共浴池規模稍遜，它曾多次被焚毀，但歷次修建後氣勢更加龐大。它占地三萬多坪，可容納一千五百多人使用。建築物強調雄偉高大，形式簡化，忽略和諧的美感，古典時期的精巧風格已不復見。

　　古典文化逐漸消退之時，另一種文化趨於勃興。隨著政局混亂、理性及法治崩潰，文化素質衰落，基督教藝術更獲得人民青睞，它的發揚，代表古典文化的徹底沒落及退化，但卻是中世紀宗教藝術的基石。西元四世紀，宗教文化廣布於羅馬，教堂如雨後春筍般出現。

　　教堂建築以二種形式為代表：一是受東方傳統文化及東方宗教影響的中心式建築，圓形或圓屋頂下以十字型為中心結構，強調神聖及中心信仰；另一建築形式，天花板以平面為主，代表羅馬會堂形式，又稱「巴西利卡」（Basilical）式風格。浮雕及鑲嵌充滿濃厚的宗教情感，多以基督宗教故事為題材，莊嚴而肅穆。

　　基督教歷經打擊迫害後再獲新生，教會文化的精神明顯覆蓋古典文化，自西元392年皇帝狄奧多西禁異教以來，大量摧毀古典傳統文化精髓，從此基督教文化象徵另一個新紀元。古典文化雖暫時結束，但它深遠、優美、靜謐、清新脫俗的精神卻沒有消失，仍然持續影響後世西方藝術及文明，它是古代世界及今日文化世界的寶藏。

基督教的發展

　　基督教是整個羅馬帝國的社會產物，當人民在政治及現實生活缺乏安全感，只有尋求精神慰藉以平復心靈創傷。

　　基督教最早可能溯自猶太人。猶大王國在歷經西元前586年新巴比倫將大批猶太人擄至巴比倫成「巴比倫之囚」後，猶大王國可謂滅亡。猶太人又歷經波斯、塞琉古王國、埃及的統治，再度被羅馬征服。小亞細亞地區最早興起一種猶太宗教儀式，但新生的基督教曾吸收東方神學、斯多葛學派、希臘哲學，發展出救世、博愛、平等的基督哲學，成為基督教，奉行「一神」的觀念，這個思想正和希臘及猶太教的「一神論」理念相同。新興的基督教信徒完全接收猶太教的聖經教義，稱為《舊約》。基督新教的新約則強調上帝的選民不只是猶太民族，而是每一個民族、每一個民族，每一人種的博愛精神。

一、耶穌的生平

　　耶穌生於西元前4年，耶路撒冷以南的伯利恆（Bethlehem），其父約瑟為木匠，其母為瑪利亞，成長於加利利省的拿撒勒（Nazareth in Galilee）。他接受約旦河的「施洗者」（The Baptist）約翰施洗，成為約翰的繼承者。

　　耶穌三十歲出外傳教，收門徒十二人，傳授救世之觀，堅守信仰，奉勸人民接受天國福音，信仰上帝，終能得救。耶穌自稱為「彌賽亞」（Messisah，先知），人們認為他不只是施洗者約翰的繼承者，同時是救世主，信眾逐漸增多，信仰更加堅定。

　　信眾人數的增多，使羅馬政府感到威脅，因而試圖予以鎮壓，此

時正逢對信仰堅定的耶穌曾指責羅馬的罪惡，因此藉口遭致陷害。出賣他的爲其弟子猶大。耶穌被捕並接受猶太教會的審判。猶太教會宣判耶穌犯反叛罪，罪名三次皆被總督彼拉多（Potius Pilate，西元26年至西元36年）斥回，認爲其無罪，但彼拉多受到猶太大祭司（High Priest Caiaphas）及反對者威脅，宣判耶穌的「反叛罪」，處以釘死十字架（此時爲提比略皇帝在位之時）。耶穌死前曾表示他將於三日後復活（基督教復活節之始）。

基督在殉教後，十二位門徒繼續傳教。使徒保羅（Paul）信仰最晚，卻最虔誠地將基督信仰遠播。

保羅是羅馬公民，曾接受良好的希臘教育，原本信仰猶太教，後來皈依基督教，立志要服務世人，到世界各地旅行，宣揚基督教，說耶穌是上帝的兒子，講授天國的永恆。他到安提阿（Antioch）之後，使基督教逐漸發展，讓安提阿成爲「基督徒」（Christians）最多的地方。他的努力不懈使塞普勒斯（Cyprus）、小亞細亞、馬其頓、科林斯、羅馬各地都接受基督教信仰。

西元43年，因爲基督徒越來越多，彼得（Peter）到羅馬建立教會，是爲羅馬教會，也是首任「教宗」（Pope/Papa），他終生致力帶領基督教會。教宗之下有「主教」（Episcopi/Bishops/Archbishope），主教之下有神父（father），組成教會組織。

二、最初兩個世紀的基督教

耶穌死後，基督教因使徒保羅及彼得的傳播，在城市的下階層人民間引起廣大迴響，反映人們面對不平等所投注的希望。基督教在提比略（Tibére）統治時相當活躍，經由保羅努力，小亞細亞及敘利亞發展起宗教力量；尼祿統治時則傳到羅馬。

西元64年，暴君尼祿將馬克西姆競技場（Circus Maximus，古羅戰

車比賽）發生的大火怪罪基督徒，是首次迫害基督徒，保羅及彼得因此殉教，許多男女老幼基督徒被處死刑或被競技場的野獸吞食，犧牲慘烈，「教會的種子由許多殉教者的血灌溉而成」。

弗拉維王朝時，基督教獲得喘息，再度向外傳播。但圖密善（Titus Flavius Domitianus）時再受迫害，因為他害怕「一神論」者奪位。此後，基督教一再被皇帝迫害，三個世紀中慘遭六次嚴重的迫害，殉教者不可勝數，但基督徒卻毫不氣餒，不但教會組織擴大，教徒也越益增多。

圖拉真時期，就連對基督教也無法真正給予宗教寬容，因基督教義只奉行嚴格的「一神論」，反對帝王崇拜的神化，而受到迫害。

西元一世紀時，基督教信仰已在東方各省廣泛流行，二世紀時更於西方各省中盛行，除非洲外，連羅馬、里昂都散布信徒，有產階級的手工業者，商人、農民、地主或富人也紛紛皈依。由於各行各業及各階層人士越來越多皆信教使原本仇視富人的思想亦隨之改變，漸漸地走向愛人如己的博愛精神，這是宗教思想上很大的進展。

馬可・奧理略（Marcus Aurelianus）統治時期由於尊重婦女及奴隸與服膺斯多葛學派，卻依然使基督教受到二次迫害。西元177年，發生里昂殉教事件，西元180年又發生北非西里居姆城（Scillium）殉教，給予基督教徒沉痛的打擊。

康茂德時期教會終於能稍有喘息，至少教會能穩健地重新發展，渡過危機，安定一段時期，基督教慢慢臻於成熟，西元三世紀起，接受許多上層階級人士，甚至為統治階層服務，基督神學體系也告完成。

君士坦丁時期，由於史載言君士坦丁之所能夠大勝馬克森提馬斯，其有關基督教之助（因此說尚有待驗證，因否君士坦丁有其政治意圖；則暫且不論之），而能以進坐皇位。他不但興建聖保羅（St. Paul）、聖彼得（St. Peter）、聖若翰（St. John Lateran，即聖約翰）、聖勞倫斯（St. Lorence）及聖女艾格尼絲（St Agnes）等殿堂，更和東帝李錫

尼又簽署使基督教享獲自由之《米蘭勒令》（The Edict of Milan）內容中更強調崇敬一神一上帝，並給予教徒們宗教自由及人權保障。

君士坦丁兼併東帝國後，西元325年將東帝及皇族處死，統一羅馬並建新首都。他將羅馬新都作為基督教之都，稱為「君士坦丁堡」（Constantinopolis）。君士坦丁大帝晚年傾向獨裁、專制，並開啟「國君可兼大祭司」的前例。西元328年放逐奉基督為上帝的正統派主教亞他那修（Athanase d'Alexadrie，西元296年至西元373年），轉而支持阿里烏斯（Arius，西元256年至西元336年）。西元337年去世前接受阿里烏斯派主教優西比烏斯（Eusebius）施洗。

君士坦丁大帝死後由君士坦丁二世（Constamtius II，西元337至西元361年）繼位，他熱衷宗教事務，處事能力卻較其父差，在位期間，阿里烏斯教派教義和亞他那修（Athanase）衝突，他再度將亞他那修那充軍。而君士坦丁二世臨終前也接受阿里烏斯派施洗。

朱里安致力恢復羅馬宗教及傳統，他原本接受基督教教育，但因為異教哲學家及受到小亞細亞奇蹟的感召，私下放棄基督教信仰，西元355年登位後忽略基督教，將大多數異教羅馬貴族及軍人、官員收為幕僚，基督教稱朱里安皇帝為「叛教者」。

基督教在約維安（Jovien）、瓦倫提尼安（Valentinien）及其弟瓦倫斯（Valens）統治時復興，但他們一為信仰東正教，一為阿里烏斯派教徒，基督教於此時期則獲得極大的寬容及空間。

三、狄奧多西

狄奧多西（Théodose）是西班牙人，他曾為東羅馬帝國皇帝。瓦倫提尼安之子格拉提安（Gratians）被刺、西羅馬皇帝友金（Eugen）也被刺之後才接掌羅馬帝國，羅馬再度統一。狄奧多西熱心宗教，曾排解東方教會及教皇達瑪蘇一世（Pape Damasus I，約西元305年至西元

384年）的爭端。西元380年，他頒布一道通諭，論文規定所有人都必須認同達瑪蘇一世及亞歷山大主教彼得一世（Pierre d'Alexandrie）的教義，同時接受三位一體論。

西元381年，再度於君士坦丁堡召開的宗教會議，不但規範主教區主教的重要地位，更提升羅馬主教為其他城市之首。此項決議使得教會發生極大變化，阿里烏斯教派徹底地被消滅，東正教獲得勝利，而教皇達瑪蘇一世卻利用宗教信仰而服務於政治及世俗權力，更因此成為羅馬主教。從此東正教獲得發展，教會隨之繁榮。西元392年，狄奧多西下令將迫害、摧毀異教的任何事物，古典文化竟被禁止，更使古代化受到嚴重破壞。基督教文化獲得空前發展，如聖傑羅姆（Saint Jerome，約西元340年至西元420年）、希萊爾（Hilaire）等神學興盛，奧古斯丁（Augnstin）將上帝之城喻為基督教，並表示基督教將獲得勝利。此外神祕主義學家格列高里‧納齊安（Gregory of Nazianzius，西元257年至西元331年）學說也獲青睞。除此之外，狄奧多西受到米蘭主教聖安布羅斯（Saint Ambroise，西元340至西元397年）影響，發動反對馬克西姆斯（Maximes）戰爭，造成西元390年帖薩羅尼加（Thessalonique）被屠城。狄奧多西將教會視為至高無上，將教會置於國家之上，同時宣布教會及正統基督教於羅馬獲得勝利，走向歐洲世界萬民敬仰的宗教之路。

參考書目

中文部分

《中歐西歐的羅馬行省和社會宗教》　劉增泉譯　國立編譯館　民86年

《吉朋的羅馬帝國衰亡史》　吉朋著　梅寅生譯　楓城出版社　民65年

《西方文明史》　陳驥著　九思文化公司　民73年

《西方文明史》　陳驥著　九思文化公司　民74年

《西洋上古史》　羅漁著　中國文化大學　民77年

《西洋文化史》　劉景輝譯　學生書局　民73年

《西洋全史》　黎東方校訂　燕京文化公司　民66年

《西洋通史》　陳冀著　九思文化公司　民74年

《西洋簡明上古史》　劉增泉譯　國立編譯館　民86年

《希伯來文化》　朱維之主編　淑馨出版社　民81年

《歷史從蘇美人開始》　劉增泉譯　國立編譯館　民85年

《羅馬帝國時期的旅行及旅行者之探討》　劉增泉著　漢唐出版社　民87年

《羅馬與中世紀》　劉增泉譯　漢唐出版社　民88年

外文部分

A. Calderini, *I Severi. La crisi dell'impero nel III secolo* (*Storia di Roma*, VII), Bologne, 1949.

A. et R. Neher, *Hisoire biblique du peuple d'Israël,* Paris, 1962.

A. Frova, *L'arte di Roma*, Turin, 1961.

A. Lesky, *A History of Greek Literature*, Londres, 1966.

A. Parrot, *Mari, capitale fabuleuse,* Paris, 1974.

A. Pelletier, *Lexique d'antiquités*, coll. "U 2", Paris, 1972.

A. Piganiol, *L'empire chrétien (325-395)*, ibid., t. IV, 2, Paris, 2e éd., 1972.

A. Piganiol, *L'Empire chrétien et P. Petit, Histoire général de l'Empire romain*, cités supra, p. 305.

A. Piganiol, *La conquête romaine*, nouv. éd., Paris, 1967.

A. Rivaud, *Histoire de la philosophie*, I, Paris, 1948.

A. Séveryns, *Grèce et Proch-Prient avant Homère,* Bruxelles, 1960.

A. Snodgrass, *La Grèce archaïque. Le temps des appretissages,* Paris, 1986.

A.J. Toynbee, *Hannibal's Legacy*, t. II (supra, p. 225).

A.Piganiol, *L'empereur Constantin*, Paris, 1932.

A.Piganiol, *La conquête romaine*, coll. "Peuples et Civilisations", 5e éd. Entièrement refondue, Paris, 1967.

Aymars-Auboyer, *Rome et son Empire*, 5e éd., Paris, 1967.

B. Andreae, *L'art de l'ancienne Rome*, Paris, 1973.

B. Combet-Farnoux, *Les querres puniques*, coll. "Que sais-je?", Paris, 1960.

Bloch-Carcopino, *Des Gracques à Sylla* (coll. Glotz), pp. 3-154.

C. Desroches-Noblecourt, L'extraordinaire aventure amarnienne, Paris, 1960.

C. et G.-Ch. Picard, *La vie quotidienne à Carthage au temps d'Hannibal*, Paris, 1958.

Cambridge Ancient History, t. X : *The Augustan Empire (44 B. C. - A. D. 70)*, Cambridge, 1934.

Cambridge Ancient History, t. XII, *The Imperial Crisis and Recovery (A. D. 193-324)*, Cambridge, 1939.

Ch. Zervos, *La civilisation hllénique, I:Xie-VIIIe siècles,* Paris, 1969.

Chr. Et J. Palou, *La Perse antique,* coll. "Que sais-je?", Paris, 1963.

Chr. et J. Palou, *La Perse antique,* coll. "Que sais-je?", Paris, 2e éd., 1967.

Cl. Lepelley, *L'Empire romain et le christianisme*, Paris, 1969.

Cl. Mossé, *Histoire d'une démocratie : Athènes*, Paris, 1971.

Cl. Mossé, *La colonisation dans l'antiquité,* Paris, 1970.

Cl. Mossé, *La tyrannie dans la Grèce antique,* Paris, 1969.

Cl. Mossé, *Le travail en Grèce et à Rome*, coll. "Que sais-je?", Paris, 1966 (concerne surtout la Grèce).

Cl. Nicolet, *L'ordre équestre à l'époque républicaine*, t. I : *Définitions juridiques et structures sociales* ; t. II : *Prosopographie*, Paris, 1966-1974.

Cl. Nicolet, *Le métier de citoyen dans la Rome républicaine*, Paris, 1976.

Cl. Nicolet, *Rome et la conquête du monde méditerranéen*, II : *Genèse d'un empire*, coll. "Nouvelle Clio", Paris, 1978.

Cl. Nicolet, *Rome et lw monde méditerranéen*, I : *Les structures de l'Italie romaine*, coll. "Nouvelle Clio", Paris, 1979.

D. B. Harden, *The Phenicians,* New York, 1962.

Divers auteurs, *Rome au temps d'Auguste*, coll. "Age d'or et Réalités", Paris, 1967.

E. Albertini, *L'Emoire romain*, coll. "Peuples et civilisations", nouv. éd. Par A. Chastagnol, Paris, 1970.

E. Brehier, *Histoire de la philosophie*, t. I : *L'Antiquite*, reimpre., Paris, 1960.

E. Drioton, G. Contenau, J. Duchesne-Guillemin, *Les religions de l'Orient ancien*, Paris, 1957.

E. Drioton-J. Vander, *L'Égypte*, coll. "Clio", Paris, 5e éd., 1975.

E. Gjerstad, *Early Rome*, VI : *Historical Survey*, Lund, 1973.

E. Stein et J.-R. Palanque, *Histoire du Bas-Empire*, 2vol., Paris, 1959.

Ed. Des Places, *La religion grecque, dieux, cultes, rites et sentiments religeux dans la Grece* antique, Paris, 1969.

Ed. Will, Cl. Mossé, P. Goukowsky, *Le monde grec et l'Orient*, t. II : *Le IVe SIècle et L'Époque hellénisque*, Paris, 1975.

Ed. Will, *Korinthiaka, recherches sur l'histoire et la civilisation de Corinthe des origines aux querres médiques,* Paris, 1955.

Ed. Will, *Le monde grec et l'Orient*, I-II (cites supra, pp. 105 et 111).

Ed. Will, *Le monde grec et l'Orient*, t. I (cité supra, p. 105) et t. II : *Le VIe siècle et l'époque helléistique*, Paris, 1975 (avec Cl. Mossé et P. Goukowsky).

Ed. Will, *Le monde grec et l'Orient*, t. I : *Le Ve siècle (510-404),* Paris, 1972.

F. Chamoux, *L'art grec*, Paris, 1966.

F. Chamoux, *La civilisation grecque a l'epoque archaique et classique,* Paris, 1983.

F. Cumont, *Les religions orientales dans l'Empire romain*, Paris, 1929.

F. de Martino, *Storia della costituzion romana*, t. I-II, 2e éd., Naples, 1958-1960.

F. de Martino, *Storia della costituzione romana*, t. II, 2e éd., Naples, 1960.

F. de Martino, *Storia della costituzione romana*, t. IV, 1-2, Naples, 1965.

F. Van der Meer et Chr. Mohrmann, *Atlas de l'Antiquité chrétienne*, Paris, 1960.

G. Contenau, *La civilisation d'Assur et de Babylone,* Paris, 1951.

G. Contenau, *La civilisation phénicienne,* Paris, 1949.

G. Contenau, *La vie quotidienne à Babylone et en Mésopotamie,* Paris, 1950.

G. Daumas, *La civilisation de, Égypte pharaonique,* Paris, 1965.

G. Glotz, *Le travail dans la Grèce ancienne, histoire économique de la Grèce depuis la période homérique jusqu'à la conquête romaine*, Paris, 1920 (réed. Angl. Ancient Grcece at Work, New Tork, 1965).

G. Lafforgue, *La haute Antiquité, des origines à 550 av. J.-C.,* coll. "Histoire universelle"

(Larousse de poche), Paris, 1969.

G. M. A. Hanemann, *Chefs-d'oeuvre de l'art romain*, Paris, 1965 (monuments commentés).

G. M. A. Richter, *A Handbook of Greek Art*, 3e éd., Londres, 1963.

G. Mylonas, *Ancient Mycenae, The Capital City of Agamemnon*, Londres, 1957.

G. Picard, *Hannibal*, Paris, 1967.

G. Picard, *L'Empire*, coll. "L'architecture universelle", Friboug (Suisse), 1965.

G. Posener, *Dictionnaire de la civilisation égyptienne*, Paris, 2e éd. 1970.

G.-Ch. Picard, *La civilisation de l'Afrique romaine*, Paris, 1959.

G.-Ch. Picard, *Les religios de l'Afrique antique*, Paris, 1954.

Groupe de recherches de Nice, *L'empereur Julien. De l'histoire à la légende*, Paris, 1978.

H. H. Scullard, *Roman Politics, 220-150 B. C.*, Oxford, 1951.

H. I. Marrou, *Histoire de l'éducation dans l'Antiquité*, 6e éd., Paris, 1965.

H. Kähler, *Rome et son Empire*, coll. "L'art dans le monde", Paris, 1963.

H. Schmökel, *Sumer et la civilisation sumerienne*, Paris, 1964.

H. Van Effenterre, cité supra, p. 105.

H. Van Effenterre, *L'âge grec, 550-270 av. J.-C.*, coll. "Larousse de poche" Paris, 1968.

H. Van Effenterre, *La seconde fin du monde, Mycènes et la mort d'une civilisation*, Paris, 1976.

H.-I. Marrou, *Histoire de l'éducation dans l'Antiquité*, Paris, 1965.

Henri Van Effenterre, *La cité grwcque. Des origines à la défaite de Marathon*, Paris, 1985.

Id. *La Perse*, Paris, 1964.

Id., *L'art romain*, coll. "Les Neuf Muses", Paris, 1962.

Id., *La civilisation hellénistique et la montée de Rome*, Paris, 1968.

Id., *La vie quotidienne à Babylone et en Assyrie*, Paris, 1950.

Id., *La vie quotidienne chez les Étrusques*, Paris, 1961.

Id., *Rome, la fin du monde antique* (même collection), Paris, 1970.

Id., *Thèbes de Béotie, des origines à la conquête romaine*, Louvain, 1952.

Id., *Vie et mort de Carthage*, Paris, 1970.

J. A. O. Larsen, *Greek Federal States, theirs Institutions and History*, Oxford, 1968.

J. Beaujeu, *La religion romaine à l'apogée de l'Empire*, I : *Lu politique religeuse des Antoins*, Paris, 1955.

J. Bérad, *L'expansion et la colonisation grecques jusqu'aux guerres médiques*, Paris, 1964.

J. Bidez, *La vie de l'empereur Julien*, Paris, 1930.

J. Boardman, *The Greeks overseas,* Harmondsworth, 1973.

J. Carcopino, *La vie quotidienne à Rome à l'apogée de l'Empire*, Paris, 1939.

J. Carcopino, *Les étapes de l'impérialisme romaine*, nouv. Éd., Paris, 1961.

J. Daniélou-H. I. Marrou, *Nouvelle histoire de l'Église*, I : *des origines à s. Grégoire le Grand*, Paris, 1963.

J. Defradas, *La littérature grecque*, Paris, 1960.

J. Defrads, *La Grece,* coll. "Religions du Monde", Paris, 1963.

J. Dheilly, *Les Prophètes,* coll. "Je sais-je crois", Paris, 1960.

J. Gagé, *La chute des Tarquins et les débuts de la République romaine*, Paris, 1976.

J. Gagé, *Les classes sociales dans l'Empire romain*, Paris, 1964.

J. Gaudeme, *Institutions de l'Antiquité*, Paris, 1967.

J. Harmand, *L'armée et le sodat à Rome de 107 à 50 av. Notre ère*, Paris, 1967.

J. Hatzfeld, *Histoire de la Grèce ancienne,* Paris, 3e éd. 1950.

J. Hatzfeld, *Histoire de la Grèce ancienne*, Paris.

J. Heurgon, *Rome et la Méditerranée occidentale jusqu'aux querres puniques*, coll. "Nouvelle Clio", Paris, 1969.

J. Leclant, Les pharaons, I: Le temps des pyramïdes, Loll, L'univers des Formas paris, 1979.

J. Leclant, *Les Pharaons, I:Le temps des Pyramides,* coll. "L'univers des formes", Paris, 1979.

J. Leclant, Les Pharaons, II:L'Empire des Conquérants, coll. "L'univers des formes", Paris, 1980.

J. Leclant, *Les Pharaons, III: L'Égypte du crépuscule,* coll. "L'univers des formes", Paris, 1981.

J. -M. André, *Le siècle d'Auguste*, Paris, 1974.

J. M. Cook, *The Greeks in Ionia and Near East,* Londres, 1963.

J. Rougé, *Les institutions romaines*, coll. "U 2", Paris, 1969.

J. Vercoutter, *L'Égypte ancienne,* coll. "Que sais-je?", Paris, 6e éd., 1968.

J. Vieillefond (édit.), *Rome ressuscitée*, Florence, 1963.

J. Vieyra, *Les Assyriens,* Paris, 1961.

J. Vogt, *The Decline of Rome. The Metamorphosis of Ancient Civilization*, Londres, 1967.

L. Homo, *Le Haut-Empire*, coll. "Hist. rom." de Glotz, t. III, Paris, 1933.

L. Hpmo, *Les institutions politiques romaines, de la cité de l'État*, coll. "Évolution de l'humanité", Paris, 1950.

L. Sechan, P. Lévêque, *Les grandes divinités de la Grèce*, Paris, 1966.

La mosaïque gréco-romaine, Paris, C.N.R.S., 1965.

Les origines de la *République romaine*, Entretiens Fondation Hardt, XIII, Genève, 1967.

M. Austin, P. Vidal-Naquet, *Économies et société en Grèce ancienne*, coll. "U 2", Paris, 2e éd., 1975.

M. Besnier, *L'Empire romain de l'avènement des Sévères au concile de Nicée*, coll. "Hist. rom." de Glotz, t. IV, 1, Paris, 1945.

M. Clavel, P. Lévêque, *Villes et structuews urbaines dans l'Occident romain*, coll. "U 2", Paris, 1971.

M. Hatzopoulos, *Philippe de Macédoine*, Paris, 1982.

M. I. Finley (dir.) *Problèmes de la terre en Grèce ancienne*, Paris, 1973.

M. I. Finley, *Economie et société en Greèce ancienne*, Paris, 1984.

M. I. Finley, *La Sicile antique,* Paris, 1986.

M. I. Finley, *Les anciens Grecs*, Paris, 1971.

M. I. Finley, *Les premiers temps de la Grèce : l'âge du bronze et l'époque archaïque,*4 Paris, 1973.

M. Meslin, *Le christianisme dans l'Empire romain*, Paris, 1970.

M. Meuleau, *Le mond antique*, t. I, Paris, 1965.

M. Rouche, *Les Empires universels*, coll. Larousse de poche, Paris, 1968.

M. Rutten, *La science des Chaldéens,* coll. "Que sais-je?", Paris, 2e éd., 1970.

M. Simon, A. Benoit, *Le judaïsme et le christianisme antique*, coll. "Nouvelle Clio" Paris, 1968.

M. Simon, *La ccivilisation de l'Antiquité et le christianisme*, Paris, 1972.

M. Sorda, *Il cristianesimo e Roma* (Storia di Roma, XIX), Bologne, 1965.

M. Wegner, *L'art grec*, Bâle-Paris, 1955.

M.-C. Baldry, *Le théâtre trgique des Grecs*, Paris, 1975.

N. A. Masckin, *Il principato di Augusto*, 2 vol., Rome, 1956.

N. Platon, *La Crète,* Paris, 1966.

O. Picard, *Les Grecs devant la menace perse,* Paris, 1980.

O. R. Gurney, The Hittites, Londres, 1952.

Ourages cités *supra,* p. 11.

P. A. Brunt, *Italian Man-Power 225 B. C. - A. D. 14*, Oxford, 1971.

P. Briant, *Alexandre le Grand*, coll. "Que sais-je?", Paris, 1975.

P. Cloché, *Histoire de la Macédoine*, Paris, 1960.

P. de Labriolle, *La réaction païenne. Étude sur la polémique antichrétienne du Ie au VIe siècles apr. J.-C.*, 9e éd., Paris, 1940.

P. Devambez, P.-M. Schuhl, R. Martin, *Dicitionnaire de la civilisation greque*, Paris, 1966.

P. Garelli, *L'assyriologie,* coll. "Que sais-je?", Paris, 1964.

P. Garelli, *Le Proche-Orient asiatique,* coll. "Nouvelle Clio", Paris, 1969.

P. Garelli, V. Nikiprowetzky, *Le Proche-Orient asiatique,* coll. "Nouvelle Clio", Paris, 2e éd., 1974.

P. Grimal, *Le siècle d'Auguste*, coll. "Que sais-je?", 4e éd., Paris, 1968.

P. Grimal, *Le siècle des Scipions*, 1953.

P. Grimal, *Les villes romaines*, coll. "Que sais-je?", Paris, 3e éd., 1966.

P. Jouguet (et alii), *Les premières civilisations,* coll. "Peuples et Civilisations", Paris, 1950.

P. Lévêque, *Empires et barbries*, coll. "Larousse de poch", Paris, 1968.

P. Lévêque, *L'aventure grecque,* Paris, 1964.

P. Lévêque, P. Vidal-Naquet, *Clisthène l'Athénien,* Paris, 1964.

P. Montet, La vie quotidienne au temps des Ramsès, Paris, 1961.

P. Petit, *Histoire générale de l'Empire romain*, Paris, 1974.

P. Petit, *La paix romaine*, coll. "Nouvelle Clio",2e éd., Paris, 1971.

P. Roussel, *Sparte,* Paris, 1960.

P.-M. Duval, *La vie quotidienne en Gaule pendant la paix romaine*, Paris, 1953.

R. Bianchi-Bandinelli, *Rome, le centre du pouvoir* (cité supra, p. 263).

R. Bianchi-Bandinelli, *Rome, le centre du pouvoir* (coll. "Univers des formes"), Paris, 1969.

R. Bloch, *L'art et la civilisation étrusques*, 2e éd., Paris, 1959.

R. Bloch, *Les origines de Rome*, Paris, 1959.

R. Flacelière, Cl. Mossé, P. Vidal-Naquet, *Athènes au temps de Périclès*, coll. "Age d'or et Réalités", Paris, 1965.

R. Flaceliere, *Histoire litteraire de la Grece,* Paris, 1962.

R. Ghirshan, *L'Iran des origines à l'Islam,* Paris, 1951.

R. Ginouves, *L'art grec*, coll. "Les Neuf Muses", Paris, 1981.

R. Martin et H. Metzger, *La religion grecque,* coll. "L'Historien", Paris, 1967.

R. Martin, H. Metzger *La religion, grecque*, Paris, 1976.

R. Rémondon, *La crise de l'Empire romain, de Marc Aurèle à Anastase*, coll. "Nouvelle Clio", 2e éd., Paris, 1970.

R. Syme, *La révolution romaine*, Paris, 1967.

S. Moscati, *L'Orient avant les Grecs,* Paris, 1963.

S. Moscatl, *L'Orient avant les Grèce: les civilisations de la Méditerranée antique,* Paris, 1963.

S. Sauneron, Les prêtres de l'ancienne Égypte, Paris, 1957.

S. W. Baron, *Histoire d'Israël,* I, Paris, 1956.

T. B. L. Webster, La Grèce de Mycènes à Homère, Paris, 1962.

V. Ehrenberg, *L'État grec*, Paris, 1976.

VIIIr Congrès international d'Archéologie classique, II : *Le rayonnement des civilisations grecque et romaine sur les cultures périphériques*, Paris, 1965.

W. G. Forrest, *Storia di Sparta*, Bari, 1970.

W. Jaeger, Paideia, *the Ideals of Greek Culture*, 3 vol., Oxford, 1944-1945 (trad. Fr. Partiellr : *Paideia, la formation de l'homme grec*, I : *La Grèce archaïque, le génie d'Athènes*, Paris, 1964).

W. Seston, *Dioclétien et la tétrarchie*, t. I : *Guerres et réformes*, Paris, 1947.

Y. Garlan, *La querre dans l'antiquité*, Paris, 1972.

Y. Garlan, *Les esclaves en Grèce ancienne*, Paris, 1982.

國家圖書館出版品預行編目資料

西洋上古史／劉增泉編著. -- 二版. -- 臺北
市：五南圖書出版股份有限公司，2021.08
　　面；　　公分
　ISBN 978-986-522-012-9 (平裝)

1.古代史　2.歐洲

740.21　　　　　　　　　　　109006147

1W65 西洋史系列

西洋上古史（第二版）

編　　著 ─ 劉增泉

發 行 人 ─ 楊榮川

總 經 理 ─ 楊士清

總 編 輯 ─ 楊秀麗

副總編輯 ─ 黃惠娟

責任編輯 ─ 江莉瑩

封面設計 ─ 王麗娟

校　　對 ─ 李鳳珠

出 版 者 ─ 五南圖書出版股份有限公司

地　　址：106台北市大安區和平東路二段339號4樓

電　　話：(02)2705-5066　　傳　　真：(02)2706-6100

網　　址：https://www.wunan.com.tw

電子郵件：wunan@wunan.com.tw

劃撥帳號：01068953

戶　　名：五南圖書出版股份有限公司

法律顧問　林勝安律師事務所　林勝安律師

出版日期　2002年3月初版一刷
　　　　　2021年8月二版一刷

定　　價　新臺幣440元

經典永恆・名著常在

五十週年的獻禮──經典名著文庫

五南，五十年了，半個世紀，人生旅程的一大半，走過來了。
思索著，邁向百年的未來歷程，能為知識界、文化學術界作些什麼？
在速食文化的生態下，有什麼值得讓人雋永品味的？

歷代經典・當今名著，經過時間的洗禮，千錘百鍊，流傳至今，光芒耀人；
不僅使我們能領悟前人的智慧，同時也增深加廣我們思考的深度與視野。
我們決心投入巨資，有計畫的系統梳選，成立「經典名著文庫」，
希望收入古今中外思想性的、充滿睿智與獨見的經典、名著。
這是一項理想性的、永續性的巨大出版工程。
不在意讀者的眾寡，只考慮它的學術價值，力求完整展現先哲思想的軌跡；
為知識界開啟一片智慧之窗，營造一座百花綻放的世界文明公園，
任君遨遊、取菁吸蜜、嘉惠學子！